On the Reduction of Proof Responsibility

证明责任减轻论

王 刚 / 著

中国法制出版社
CHINA LEGAL PUBLISHING HOUSE

序

在现代文明社会，人与人之间的交往是通过言语往来和平展开的。基于语言的内在张力也就是语言本身的抽象性和言语交往情境的具体性，人们在交往过程中会经常性地发生异议。为了化解在第一阶交往中所产生的异议，人们往往会进一步展开第二阶的言语交往，例如谈判、协商、调解、仲裁、公断以及诉讼等。诉讼是人们为了化解异议而展开的第二阶的言语交往，当人们通过诉讼来化解异议的时候，他们之间的言语交往就进入法律系统，需要按照法律系统的交往规则展开。法律系统的言语交往规则就是诉讼程序。诉讼中的言语交往既要遵循法律系统的特殊论辩规则，又要遵循社会交往的普遍论证规则。所谓特殊论辩规则，是指法律系统的言语交往主要是依照程序法展开的关于当事人的某种行为之合法与非法的论辩；社会交往的普遍论证规则主要是指每个人都要为自己提出的主张承担论证责任。二者之间的耦合点就是证明责任（这个责任，在证据法上是指主观意义的证明责任，而不是客观意义上的证明责任，后者是作为证明对象的事实陷入真伪不明状态时的风险归属）。

根据普遍论证规则，提出主张的人应当对他所提出的主张承担论证责任。主张事实的人应当对其所主张的事实承担证明责任，这是我们建构证明责任分配规则的首要依据。建构证明责任分配规则应当遵循的第二个要求，是对案件事实真相的追求。因为在传统理性主义民事诉讼目的论下，主观意义上的证明责任所指向的是事实真相。这是因为，一方面，在理性主义认识论下，人们认为有一个事实真相存在，而且这个事实真相是可以发现的；另一方面，法律规范尤其是裁判性规范的语言结构也要求我们尽量在发现真相的情况下进行裁判。法律规范一般是由事实构成和法律效果两部分构成，也就是：裁判性规范＝事实构成＋法律效果。在这种情况下，越是能够在真相的基础上进行裁判，对法律效果的适用就越能够达到法律规范的目的。如果偏离事实真相进行裁判，对法律规范的适用就背离了规范目的。无论是将不存在的事实认定为存在，还是将存在的事实认定为不存在，对于规范在"法律效果"部分所规定的法律责任的适用，都偏离了我们追求法律适用之"正确性"的理想。基于此，证明责任在分配上就应当促进系争事实之真相的发现。建构证明责任分配规则的第三个要求是武器平等原则，也即证明责任的分配，要尽量使系争双方保持言语交往中的地位平等。这是由民事诉讼平等原则决定的。在具体个案中，当事人双方在证明能力上可能是不平等的，有的人主张了事实，却欠缺证明能力；有的人了解事实，也掌握了证明该项事实的证据资料，却不是主张事实的人，不用承担证明责任。这种证明能力上的不平等，同时也会阻碍案件真相的发现。以上三个方面的要求，我们在建构证明责任分配规则时，不可偏废。而证明责任减轻规则，主要就是对以上第三个要求的回应，同时也是对第二个要求的促进。

关于证明责任减轻的具体规则，理论上是有分歧的，大致来说有广义和狭义两种立场。一种是主张，凡是不同于"谁主张，谁举证"这一证明责任分配之一般规则的其他分配规则，都属于证明责任减轻规则，包括证明责任倒置、推定、司法认知、自认、损害赔偿酌定、降低证明标准、摸索证明、表见证明、事实自证、证明妨碍、解明义务等，都列在证明责任减轻范畴下；一种是认为在前述的范围中，有一些规则其实是对当事人证明责任的免除，也就是将当事人所主张的事实，虽然纳入裁判基础事实的范围，但是却排除在证明对象的范围之外。既然是当事人无须承担证明责任的事实，那么也就不存在证明责任问题，没有证明责任，自然也就没有证明责任减轻之说。

据此，只有摸索证明、损害赔偿酌定和降低证明标准这三项规则才具有减轻证明责任的性质。从本书内容来看，是采狭义说。狭义说的好处是聚焦证明责任减轻的核心规则，可以集中精力进行比较深入的分析和思考。本书超过25万字，首先对证明责任减轻的基础理论进行了分析，然后分别对摸索证明、损害赔偿酌定和降低证明标准这三项规则进行了深入讨论，最后对我国建构证明责任减轻的具体规则提出了建议。本书对证明责任减轻问题的研究系统深入，将我国学界在证明责任减轻问题上的研究又向前推进了一步。尤其是王刚同志长期在实务部门工作，对基层审判中遇到的与证明责任有关的问题有着切身体会，他的研究不仅具有较高的理论意义，更有很强的实践价值。本书的出版对我国在证明责任减轻领域的理论、立法与实践的发展，都有助益。

王刚同志是我指导的博士，本书是在他的博士学位论文基础上修改完善而成的。看着王刚同志在实践和理论两个领域持续进步，乃至有较高水平专著出版，我亦感有荣。

是为序。

2023年春于晨庐

目 录

摘　要

导　论

第一章　证明责任减轻的基本理论

第一节　证明责任减轻的概念与性质 \ 49

　　一、证明责任减轻的概念 \ 49

　　二、证明责任减轻的性质 \ 57

第二节　证明责任减轻的法律地位 \ 68

　　一、关于证明责任分配理论的比较分析 \ 68

　　二、关于证明责任减轻与一般规则的关系界定 \ 80

第三节　证明责任减轻的理论基础 \ 84

　　一、证明责任减轻的法理基础 \ 84

　　二、证明责任减轻的价值追求 \ 99

第四节　证明责任减轻的具体方法 \ 110

　　一、证明责任减轻的方法 \ 110

　　二、本书重点讨论的方法 \ 114

第二章 证明责任减轻的典型方法之一：摸索证明

引　言 \ 118

第一节　摸索证明的内涵与性质 \ 120
　　一、摸索证明的概念内涵 \ 120
　　二、摸索证明的法律性质 \ 124
　　三、摸索证明的表现形态 \ 125

第二节　摸索证明许可性问题的比较分析 \ 127
　　一、英美法系的证据开示与摸索证明之见解 \ 127
　　二、德国理论学说与司法判例之流变 \ 130
　　三、日本理论学说与立法判例之流变 \ 134

第三节　摸索证明许可性问题的法理分析 \ 139
　　一、摸索证明许可性问题的本质探究 \ 139
　　二、摸索证明与传统诉讼理论的冲突表现 \ 141
　　三、摸索证明与传统诉讼理论的协调发展 \ 145

第四节　摸索证明理论对于我国民事诉讼的启示 \ 148
　　一、辩论主义之于我国民事立法及实务现状 \ 148
　　二、本书对于我国民事诉讼中摸索证明的
　　　　基本观点 \ 154
　　三、摸索证明之于我国民事诉讼的具体适用 \ 157

结　语 \ 168

第三章 证明责任减轻的典型方法之二：损害赔偿酌定

引　言 \ 169

第一节　损害赔偿酌定的基本理论 \ 171
　　一、损害的概念及其内涵 \ 171
　　二、损害赔偿酌定的法律性质 \ 173
　　三、以损害赔偿酌定来减轻当事人证明责任的

　　　　　积极意义 \ 178
　　第二节　损害赔偿酌定的域外经验 \ 179
　　　　一、大陆法系主要国家关于损害赔偿酌定
　　　　　的制度 \ 179
　　　　二、英美法系有关损害赔偿酌定的实践 \ 181
　　第三节　损害赔偿酌定的本土实践 \ 182
　　　　一、立法探索 \ 182
　　　　二、实务见解 \ 184
　　　　三、我国损害赔偿酌定的制度与实践存在的
　　　　　不足 \ 187
　　第四节　我国损害赔偿酌定的制度完善 \ 189
　　　　一、损害赔偿酌定的适用对象 \ 189
　　　　二、损害赔偿酌定的适用要件 \ 190
　　　　三、损害赔偿酌定的适用方法 \ 194
　　　　四、损害赔偿酌定的程序保障 \ 199
　结　语 \ 201

第四章　证明责任减轻的典型方法之三：证明标准降低

　引　言 \ 202
　第一节　证明标准降低的法律性质与价值功能 \ 205
　　　　一、证明标准的内涵特征 \ 205
　　　　二、证明标准降低的法律性质 \ 208
　　　　三、证明标准降低的地位与功能 \ 211
　第二节　证明标准降低的域外镜鉴 \ 215
　　　　一、大陆法系主要国家关于证明标准降低的
　　　　　制度 \ 215
　　　　二、英美法系关于证明标准降低的制度 \ 219

第三节　我国证明标准降低的实践 \ 221
　　　　一、我国民事诉讼规范层面上的一般性
　　　　　　证明标准 \ 221
　　　　二、我国实务上民事诉讼证明标准降低的
　　　　　　现状 \ 223
　　第四节　我国证明标准降低制度的建构 \ 227
　　　　一、证明标准降低的适用领域 \ 227
　　　　二、证明标准降低的适用条件 \ 230
　　　　三、证明标准降低的路径选择 \ 231
　　　　四、证明标准降低的规制 \ 236
　　结　语 \ 239

第五章 | 建构我国证明责任减轻制度的基本思路

　　第一节　我国证明责任分配的现状 \ 241
　　　　一、我国证明责任分配的制度现状 \ 241
　　　　二、我国证明责任分配的司法实践 \ 244
　　　　三、实务与理论"背离"的根源分析 \ 249
　　第二节　证明责任减轻制度建构的意义 \ 254
　　　　一、证明责任理论研究的发展 \ 254
　　　　二、证明责任减轻制度构建的现实必要 \ 263
　　第三节　建构我国证明责任减轻制度的设想 \ 266
　　　　一、证明责任减轻制度建构的基本追求 \ 266
　　　　二、证明责任减轻规则建构的基本设计 \ 268
　　　　三、证明责任减轻规则建构的程序保障 \ 273
　　　　四、证明责任减轻制度建构的立法建议 \ 275
　　结　语 \ 279

后　记

摘　要

　　法谚云"证明责任之所在，败诉之所在"，证明责任分配之于民事诉讼的地位可见一斑，"证明责任分配的意义超出人们通常的想象"[①]。如此重要的民事诉讼法理论问题，国内外诉讼法学界自古以来均将其作为重要研究课题。"在任何诉讼，任何诉讼种类，并且在任何国家的法律体系中都可能面临一个基本问题。其核心问题是，当诉讼基于的事实问题再也无法查明时，法官（同样包括当事人）如何对法律问题进行评价"[②]；以上为德国的普维庭教授所提到的在事实无法查明时如何裁判的方法论问题，即为"证明责任问题"。证明责任理论主要包括证明责任的含义和证明责任的分配两大命题，其中：第一个命题主要回答证明责任的基本概念及其本质问题，证明责任的本质问题是指如何理解证明责任与案件要件事实真伪不明的关系，也就是案件要件事实真伪不明时的裁判方法论问题；第二个命题主要解决证明责任分配的标准问题，也即，如何确定在总体意义上和具体适用情况下证明责任分配的根据问题。证明责任理论对于构筑现代证明责任理论与制度体系是不可或缺的，是整个基础，如同大楼之地基。证明责任分配贯穿于诉讼的全过程，依据证

[①] ［德］莱奥·罗森贝克：《证明责任论》（第5版），庄敬华译，中国法制出版社2018年版，第75页。
[②] 普维庭于1999年9月在其《现代证明责任问题》一书中文版"序"中论证了证明责任之于民事诉讼法的重要地位和意义。参见［德］普维庭：《现代证明责任问题》，吴越译，法律出版社2006年版。

明责任分配作出的裁判结果与当事人利益相关，也会对法官产生一定的影响。可以说，证明责任分配是诉讼中的实质性问题。

自罗马法以降，如何确定证明责任分配的标准，一直是大陆法系诉讼法学领域研究的焦点之一。罗森贝克的"规范说"一经提出便引起巨大反响，并以其逻辑清楚、简单易懂、可操作性强而成为通说。后经普维庭等人修正发展，以"规范说"基础建构的证明责任分配[①]一般规则，逐步发展成为大陆法系主要国家或地区证明责任分配的基本规则。证明责任分配的一般规则能够最大限度地维护法律的程序正义，有助于保障法的安定性与可预测性，追求普遍性的正义。但是，不能回避的是，除了被德、日部分学者所批判的"三个命题"所存在的不自洽之外，"规范说"在实际运用中还涌现了无法兼顾个案公正的问题。最为突出的是"不适用规范说"只解决了案件事实真伪不明情况下的裁判方法——适用客观证明责任裁判，而却未能指出如何避免"真伪不明"；其寻求通过以"规范说"所确立的一般规则分配证明责任，但"规范说"的前提是有事先制定的完备的实体法规范，而此已被证明难度极大；再者，即使制定有非常完善的法律规范，因实体法所具有的稳定性特征，有时也无法应对变化多端的诉讼纠纷。坚持证明责任分配的形式标准，无法兼顾具体案件中的实体考量因素；无法应对包括现代型诉讼在内的证据偏在案件、新类型案件及其他证明困难案件的证明责任分配问题，特别是在实体法规定模糊或者未作规定时，按一般规则分配证明责任可能造成程序与实体上的双重不正义。针对其缺陷，可以通过证明责任减轻规则予以弥补。证明责任减轻概念是为修正与弥补以罗森贝克证明责任理论为基础建构的证明责任分配一般规则的缺陷而提出的。

本书试图建构我国的证明责任减轻理论与制度体系，此需要对证明责任

[①] 证明责任分配，指向的是客观证明责任分配。在本书中，若不特别说明，证明责任分配就是指对客观证明责任进行分配；负（有）证明责任，是指负（有）客观证明责任。当然，若某个国家、地区在某个时期尚无客观证明责任概念，证明责任分配只是指对主观证明责任的分配，本书仍然使用"证明责任分配"这一表述，是为尊重其表述习惯的需要。如在罗马法时期、德国法早期、日本法早期，并无客观证明责任概念。我国也是自20世纪80年代起开始引入客观证明责任概念的。下文导论及第五章中会对相应的概念史进行简要回顾。

减轻的基本理论问题进行研究，如概念、性质、法理基础和价值追求，以及具体的减轻方法。我国民事诉讼中"自生自发"的司法实践，为证明责任减轻理论的建构提供了良好的经验基础。随着研究的深入，如何界定证明责任减轻与证明责任分配的一般规则之间的关系，或者说如何定位证明责任减轻规则的法律地位，自然成为不可回避的问题。尽管"规范说"存在诸多缺陷，但从其具有促进法律安定性、保障普遍正义、防止裁判恣意等意义而言，其地位仍不应否认。鉴于此，本书提出证明责任减轻规则不是对一般规则的否认，而是在坚持一般规则作为证明责任分配基本规则前提下的一种减轻规则。

除导论和结语之外，本书一共分为五章，基本内容如下：

导论部分主要是说明证明责任减轻的选题依据（理论背景与实践意义）、文献综述、研究方法、研究内容（研究路径与本书拟解决的主要问题）及创新之处。首先，从理论背景和实践意义两个方面论证了选题的依据。其次，对大陆法系、英美法系的证明责任减轻研究现状进行了比较分析，并对我国的证明责任减轻研究现状作了梳理。再次，对本书重点运用的研究方法进行了介绍，分别是案例分析与经验实证法、比较分析法、规范分析法、文本分析法及价值分析法等。最后，说明了本书的研究路径及拟解决的主要问题，并提出本书可能存在的创新点。作为一个新生概念，我国对于证明责任减轻理论及制度的建构尚缺乏应有的体系化研究。从证明责任减轻的概念着手，对其基本理论及制度建构进行了系统化研究，是本书最大的创新之处。

第一章对证明责任减轻的基本理论进行了系统研究。证明责任减轻的基本理论是本书的重点内容，也是整个研究的根基，是内容最多的一章。首先，对证明责任减轻的概念及性质进行了界定，这是整个研究的基础。本章先是梳理了大陆法系主要国家或地区学界关于证明责任减轻概念的理解，最后给出本书的观点。本书认为证明责任减轻是主要通过对主观证明责任的运用，或者同时结合其他手段，直接或者间接地减轻负（客观）证明责任一方当事人的证明负担,以实现克服真伪不明与避免证明责任裁判[①]的目的。其次,对证明责任减轻的法律地位进行了界定,提出了证明责任分配一般规则与证明责任减轻之间为"一般与例外"的关系定位。证明责任减轻仍是在坚持证明责任分配一般规则的前提下的一种减轻规则,不是对一般规则的否定。再次,对证明责任减轻的理论基础进行了研究,认为证明责任减轻的法理基础为追求实体正义的民事诉讼法目的、武器平等理论及诚实信用原则三个方面,证明责任减轻的价值追求是追求实体公正和程序正义,最大限度地兼顾诉讼效率。最后,从广义角度分析存在多种证明责任减轻的方法实践,但是从本书对证明责任减轻概念及内涵的界定出发,证明责任减轻的典型方法的范围大大缩小。本书重点讨论的是,本身负有(客观)证明责任的一方当事人遇到证明困难时的减轻问题,而非免除其证明责任;相应地,针对司法实务中运用较多且具有典型意义的减轻方法——摸索证明、损害赔偿酌定及证明标准降低——进行类型化研究。

第二、三、四章重点讨论了证明责任减轻的典型方法与实践。这三章分别围绕三个证明责任减轻的典型方法展开,由摸索证明、损害赔偿酌定及证明标准降低三个独立的章节组成,其研究结构基本相似。通过对摸索证明、损害赔偿酌定及证明标准降低这三种实务中运用最多亦是最为典型的证明责任减轻方法进行专题研究[②],以检验本书提出的证明责任减轻基本理论的妥当性与自洽性。首先,分别对摸索证明、损害赔偿酌定及证明标准降低的概念内涵、法律性质与价值功能进行了讨论。其次,比较分析了这三种典型方法的域外经验。再次,研究了这三种典型方法在我国的实践与不足。最后,提出了建构与完善我国相应证明责任减轻制度的思考。对于以上三种证明责任减轻的典型实践,本书认为:其一,我国民事诉讼对于摸索证明可以持谨慎

[①] 证明责任裁判,又称客观证明责任裁判,是指在辩论终结时案件要件事实处于真伪不明状态,法官根据证明责任的分配情况判决由对该要件事实负证明责任的一方当事人承担相应不利的后果。在下文中,若不特别说明,证明责任裁判与客观证明责任裁判同义。
[②] 关于证明责任减轻的典型方法及本书研究的重点,将在第一章"本书重点讨论的方法"中予以专门交代。

的许可态度——一般性地否定，例外地许可。其二，我国民事诉讼应当构建统一的损害赔偿酌定制度。其三，我国民事诉讼有必要构建统一且多层次的证明标准制度，明确建立一般性证明标准与证明标准降低制度，并辅以证明标准提高制度为补充。通过分别对三种减轻制度进行类型化研究，归纳和提炼证明责任减轻的共性问题，为最后一章的制度建构打下基础。

第五章对如何建构我国证明责任减轻制度提出了基本思路。在此思路指引下，为突出"中国问题"意识，首先研究了我国证明责任分配的制度现状与司法实践，提出证明责任与证明责任减轻在我国学界与实务中出现了两个截然相反的背离现象。在证明责任上的背离为，客观证明责任在学界已形成理论共识，而主观证明责任在实务上更被法官所推崇；法官在审理案件时更多的是采用反复的证明转换，通过循环论证直到形成心证为止，只在个别案件中不情愿地适用客观证明责任进行裁判。特别是在出现当事人遭遇非因自身原因的证明困难时，上述背离彰显得更为突出。在证明责任减轻上的背离表现为，学界研究的不温不火与实务上的自发实践形成对比。本书对产生以上问题的根源进行了分析。其次，在准确把握我国证明责任分配的现状后，具体回答了证明责任减轻制度建构的意义，该部分通过对大陆法系及我国证明责任理论发展进路的分析，从历史视野与现实必要两个层面进行展开。最后，具体提出了建构我国证明责任减轻制度的基本思路。合理设计证明责任减轻的理论模型，是最为核心的内容。本书结合我国证明责任分配的制度现状与司法实践，提出从"规则体系：一般与例外""减轻前提：证明困难""证明过程：动态证明"三个方面设计我国证明责任减轻的制度模式，结合我国实务上的动态证明实践，提炼了我国证明责任减轻规则运用"三步递进"的范式。另外提出，建构证明责任减轻制度，应当对证明责任减轻规则的运用设置边界和禁区，以减少减轻规则运用可能造成的裁判不统一与法律的不安定性问题。引入程序保障制度，要求法官适时公开心证，赋予当事人程序参与权，以限制可能产生的法官裁判恣意。在以上研究基础上，本书提出了我国证明责任减轻制度建构的立法建议。

导 论

一、选题依据

在民事诉讼中，证明责任的分配具有重大的实践意义，故而在德国、日本相继有学者将其称为"民事诉讼的脊梁"[1]。证明责任减轻，是指依证明责任分配的一般规则，负客观证明责任一方当事人遇到非可归责于自身的原因出现证明困难，导致案件基本事实真伪不明，若判决由其负担不利后果明显有失公平，而由法院采取一定的方法缓解其证明困难，减轻其证明负担，最大限度地查明事实真相，避免证明责任裁判，最终实现个案裁判结果的实体正义。证明责任减轻是在对罗森贝克证明责任理论缺陷的批判中发展起来的概念。在国外证明责任减轻已经有了一定的理论基础，在我国实践上也有一系列的做法，但是理论上对其缺乏系统研究，导致概念理解与实际运用上的混乱，需要我们进行完整的研究。

---

[1] 德国学者施特尔策尔、施瓦布认为"证明责任的负担就是败诉的一半"，而罗森贝克则是直接认为"证明责任分配理论是民事诉讼的脊梁"。罗氏认为，人们将证明责任称为"民事诉讼的脊梁"，主要是因为将事实材料划分为诉讼理由、抗辩、再抗辩等，均是以证明责任为基础的。参见[德]莱奥·罗森贝克：《证明责任论》（第5版），庄敬华译，中国法制出版社2018年版，第76、91页。克格尔则按照盖然性来构造并由此认为证明责任乃"诉讼之脊梁"。普维庭认为，证明责任及其作用从一开始就参与决定了每一个诉讼的进程，在诉讼中双方的主张责任、提供证明责任和风险范围都在影响和组织着每一个生活事实，此恰好证明了法谚"证明责任乃诉讼之脊梁"的合理性。参见[德]普维庭：《现代证明责任问题》，吴越译，法律出版社2006年版，第29页注③。

（一）证明责任减轻提出的理论价值

以罗森贝克"规范说"为基础建构的证明责任分配一般规则虽为通说，但该理论本身存在缺陷而被指不能自洽，证明责任减轻的提出对于完善证明责任分配理论具有十分重要的意义。

1. 以"规范说"为基础的证明责任分配理论被指无法达成自洽

罗森贝克提出的证明责任分配的基本原则是："不适用特定的法律规范其诉讼请求（Prozessbegehr）就不可能实现的当事人，必须对法律规范的特征在真实的事实中得以实现承担主张责任和证明责任"；为避免产生误解，他还对上述内容作进一步解释，即："每一方当事人均必须主张和证明对自己有利的规范（＝法律效果对自己有利的规范）的条件"[①]。罗森贝克立足于法律规范之间的逻辑关系，分析不同法律规范的具体分类，以此为据寻找证明责任分配的原则，故其证明责任理论在德国被称为"规范说"。罗森贝克、普维庭均认为应当寻找一个统一的证明责任分配原则，证明责任分配规则是立法者进行的独立的风险分配，"倘若立法者为每一个法定的要件事实都规定一个证明责任规范的话，那将是一个法律内容和相应成本都无法承受的计划"[②]。罗森贝克在认识到法律规范之间的补充支持和排斥抵触共存的现状后，将引起实体法效果的法律规范分为对立的两类，即基本规范和对立规范，并在此基础上将法律要件规范区分为权利产生规范、权利妨碍规范、权利消灭规范及权利阻碍规范。[③] 以上述理论为基础而建构的证明责任分配原则又被称为"罗森贝克模式"，其在实际应用中被表述为："请求权人承担权利形成要件的证明责任，请求权人的对方当事人承担权利妨碍要件、权利消灭要件和权利阻碍要件的证明责任"[④]。自1900年罗森贝克提出"规范说"后，大约在1923年成为德国的通说。准确地说，罗森贝克所提出的"不适用规范

[①] ［德］莱奥·罗森贝克：《证明责任论》（第5版），庄敬华译，中国法制出版社2018年版，第121页。
[②] ［德］普维庭：《现代证明责任问题》，吴越译，法律出版社2006年版，第361页。
[③] 罗森贝克指出："相同的民事法律规范有时相互补充和支持，有时则又相互抵触，而不同的法律规范又彼此没有什么联系，且在构成要件及其后果方面相互排斥。"参见［德］莱奥·罗森贝克：《证明责任论》（第5版），庄敬华译，中国法制出版社2018年版，第122-124页。
[④] ［德］普维庭：《现代证明责任问题》，吴越译，法律出版社2006年版，第362-363页。

说"与"规范说"共同构成了德国证明责任分配的基本规则。现在德国证明责任分配的通说虽是以修正规范说为基础建构起来的,但此系对"规范说"的发展而非背离。① 后来"规范说"传入日本,并逐渐取得通说地位。"于规范出发型的日本民事诉讼法基础上,证明责任之学说、判例皆采规范说,自不待言。"② 在日本也有观点称之为法律要件分类说,这是从广义角度作出的理解。③

20世纪60年代中期,德国本土学者率先对罗森贝克的"规范说"发起挑战,代表人物是瓦亨道夫(Wahrendorf)和莱波尔特(Leipold)。此后,日本学者也加入挑战阵营,带头人物有新堂幸司、石田穰、松本博之、春日伟知郎等。④ 在德国、日本,"规范说"受到的质疑和批判主要集中在三个方面:

第一,针对"不适用规范原则"展开批判。最早由德国学者莱波尔特(Leipold)提出,他认为在真伪不明条件下既不能适用规范,也不能不适用规范,此时存在一个特别规范,其以真伪不明为法律要件,该种特别的证明责任规范适用的法律后果是对法律事实要件的虚拟和证明责任的分配。也就是说,在事实真伪不明的情况下,并不一定会导致规范的不被适用,此时应该通过一定的考量来引导法律规范的适用与否,此即所谓的特殊证明责任规范。证明责任规范是以真伪不明为内容的;相应地,证明责任规范的法律后果就是对作为其前提要件真伪不明的法律要件事实满足(或者不能满足)的拟

---

① 普维庭在其《现代证明责任问题》(2006年版,第362页)一书中专门指出,"按照通说,迄今所使用的基本规则仍然可以追溯到罗森贝克的规范说"。其在2010年发表的《证明责任与证明标准:罗森贝克和施瓦布对现代证据法发展的影响》一文中再次明确指出其《现代证明责任问题》一书是在坚持罗森贝克"规范说"的基础上进行的研究。Vgl. Prütting, Beweislast und Beweisma: Der Einfluss Leo Rosenbergs und Karl Heinz Schwabs auf die Entwicklung eines modernen Beweis-rechts, ZZP 123 (2010), S. 140. [参见普维庭:《证明责任与证明标准:罗森贝克和施瓦布对现代证据法发展的影响》,载《民事诉讼杂志》第123卷(2010年),第140页。]
② [日]中村宗雄、中村英朗:《诉讼法学方法论——中村民事诉讼理论精要》,陈刚、段文波译,中国法制出版社2009年版,第311页。
③ 日本学界主流观点认为,"使通说观点得以确立的罗森贝克学说应当被称为'规范说'"。参见[日]高桥宏志:《民事诉讼法:制度与理论的深层分析》,林剑锋译,法律出版社2003年版,第438-439页。
④ 参见张卫平:《民事证据法》,法律出版社2017年版,第293页。

制。① 法官在要件事实真伪不明时，可以通过特别证明责任规范将其拟制为存在或者不存在。虽然莱波尔特的观点本身是一种抽象论，但的确动摇了"规范说"的基础。② 莱波尔特的观点在日本民事诉讼法学界也产生了巨大影响并有不少支持者，如春日伟知郎、石田穰等人。

第二，针对由实体法预先规定证明责任分配这一预设的不完备性进行批判。对于实体法的构造能否满足所有证明责任的分配，在德国受到的批判要小于日本。《德国民法典》第一草案（该草案于1888年1月公布）第193条曾就证明责任分配的基本规则进行规定，但后来将其删除，立法者认为其自是现行民法典的组成部分，无需专门加以规定。③ 但是与德国不同的是，日本民法典的条文表述并不是以证明责任分配为基准而进行规范的，这一点也得到了其起草者（梅谦太郎、穗积陈重、富井政章）的承认。④ 日本民法典主要考虑的是明白易懂，只有少数条文规定了证明责任的分配问题。⑤ 以"规范说"为基础确立的证明责任分配只是建立在有完备的实体法规定这一理想预设的基础上，而这实际上有时是无法完全实现的。

第三，针对法律规范分类的不合理性进行批判。批判者对于"规范说"将法律规范划分为基本规范与对立规范基本不持异议，但是对于其中的权利妨碍规范划分的必要性和合理性存在不同观点，认为将权利发生要件事实与

---

① 莱波尔特的"特别规范说"也是由此而来。当然特别规范说也有其自身的缺陷，如将导致法律规范成倍增加。参见［德］普维庭：《现代证明责任问题》，吴越译，法律出版社2006年版，第161-162、212-216页。
② 参见［日］高桥宏志：《民事诉讼法：制度与理论的深层分析》，林剑锋译，法律出版社2003年版，第441页。
③ 该第一草案第193条规定："如果谁提出请求权，应当证明其依据必要的事实。如果谁提出请求权的消除或者请求权的阻碍，就应当证明消除或者阻碍请求权的必要的事实依据"；尽管后来删除了这一条规定，是因为在立法当初即已考虑到了第193条隐含的基本规则，但立法者承认其仍然是证明责任分配的基本规则。参见［德］普维庭：《现代证明责任问题》，吴越译，法律出版社2006年版，第381-382页。
④ 日本民法典起草者认为，关于法律条文的表述方式，应当以使国民易于理解的方式去制定，哪怕这种方式牺牲了证明责任的分配。参见［日］石田穰：《民法与民事诉讼法的交错》，东京大学出版会1980年版，第46页以下。转引自［日］高桥宏志：《民事诉讼法：制度与理论的深层分析》，林剑锋译，法律出版社2003年版，第444页。
⑤ 参见［日］小林秀之：《证据法》，东京弘文堂1992年版，第159-161页。转引自王亚新：《对抗与判定——日本民事诉讼的基本结构》（第2版），清华大学出版社2010年版，第173页。

证明责任减轻论
Issue on the Reduction of Burden of Proof

权利妨碍要件事实进行划分没有必要，其只是表述上的不同而已。[1]

伴随着对"规范说"的质疑和批判，在德国、日本等国家一些新的学说被提出，有较大影响和较具代表性的学说为危险领域说、利益衡量说、盖然性说[2]等。其中，危险领域说与利益衡量说为证明责任减轻的提出提供了一定的理论基础。[3]危险领域说认为，各方当事人对处于自己范围、自己支配领域或者组织领域的情形承担证明责任。[4]当受害人离危险领域较远时，原有的证明责任分配存在漏洞，将导致出现受害人的证明危机；此时，应由加害人对待证事实负证明责任（危险领域处于加害人控制之下）。[5]危险领域说在证明责任的分配时充分考虑了公正性，而不像"规范说"那样教条。利益衡量说，代表性人物是日本学者石田穰和新堂幸司，他们之间的观点略有差异，故也

---

[1] 率先发起批判的依然是德国本土，莱昂哈德在名为《证明责任》（1904年版，1926年第2版）一书中直接否认权利妨碍规范的存在及其合理性，只承认权利产生规范和消灭规范，认为统一的证明责任分配原则为：原告必须主张和证明权利产生事实的所有前提条件以及权利妨碍事实的不存在，被告只需主张和证明权利消灭的事实。参见[德]莱奥·罗森贝克：《证明责任论》（第5版），庄敬华译，中国法制出版社2018年版，第161页。日本学者石田穰认为，"规范说"所确立的权利产生、妨碍和消灭规范，特别是发生规范与妨碍规范之间是难以有效区分的，比如意思表示与内心意思一致是属于发生规范的范畴，还是意思表示与内心意思不一致是属于妨碍规范的范畴，在司法实践中无法有效界定。若以此作为证明责任分配的实质性标准，是有失妥当的，在逻辑上也会显得有些舍本逐末。因为，有时只是立法对两者进行不同的表述而已。参见[日]石田穰：《举证责任论的现状与未来》，载《法学协会杂志》第90卷第8号，1956年，第1059页以下。转引自[日]新堂幸司：《新民事诉讼法》，林剑锋译，法律出版社2008年版，第399页。

[2] 德国学者皮特斯（C.Peters）、克格尔（G.Kegel）、莱纳克（G.Reinecke）等人主张，依生活经验及统计数字，主张事实盖然性高的当事人不负证明责任，而应由相对人对该事实的不存在负证明责任。参见[德]普维庭：《现代证明责任问题》，吴越译，法律出版社2006年版，第262-266页。

[3] 当然，危险领域说和利益衡量说自身也存在不确定性和不可预测性的缺陷，使其无法成为一般性规则。司法实践中，"领域"概念存在不确定性，界定起来较为困难，且有时证据距离与危险领域并不完全关联；而具体案件具体分析，使社会公众无法对诉讼形成有效预期，也可能造成恣意裁判。

[4] 该说由德国学者普霍斯（Prölss）率先提出并倡导，他在对德国联邦最高法院判决加以研究的基础上，提出了危险领域说并将其体系化及一般化。参见[德]罗森贝克、施瓦布、戈特瓦尔德：《德国民事诉讼法（下册）》（第16版），李大雪译，中国法制出版社2007年版，第851页。

[5] 参见[德]普维庭：《现代证明责任问题》，吴越译，法律出版社2006年版，第289-310页。

称"石田说"①和"新堂说"②。总体上,利益衡量说主张,在具体个案中决定何种要件事实的证明责任由何方当事人负担,应当是建立在率先对证明责任分配涉及的不同利益加以权衡的基础之上。③特别是认为,应从当事人之间的公平观点出发重新考虑证明责任。④可见,危险领域说与利益衡量说都认为,应当根据具体案件中的具体情形来分配证明责任,分配规则不应是严格形式化与一成不变的。

2. 证明责任减轻的提出有助于使证明责任分配理论更加完备

尽管自提出伊始其理论上的不自洽即受到批判⑤,不过依据罗森贝克"规范说"确立的证明责任分配一般规则,逻辑清楚、标准明确、易于操作,能够最大限度地维持法律的程序正义,有助于法的安定性与可预测性。这些是其他批判学说所不具备的。本书亦认同"规范说"所建构的证明责任分配一般规则仍应为证明责任分配的首要选择。但是,不能回避的是,"规范说"除了被德、日学者所批判的"三个命题"之外,在实际运用中的确还涌现了无法兼顾个案公正的问题。⑥在认可"规范说"为一般规则的前提下,证明责任减轻的提出有助于完善证明责任分配理论内容体系,也可促进其实现逻辑自

---

① 石田说的特点是,对于证明分配标准的解释体现出明显的顺序性。该说认为:"决定证明责任分配的顺序为:首先,若立法者意思是明确的,则依据这种明确的立法者意思,如果立法者的意思不明确,那么按照当事人与证据距离的远近;其次,依据举证的难易程度;再次,则依据盖然性的高低;最后,由当事人对规定于己有利法律效果的权利根据规定与权利消灭规定进行举证。"参见[日]石田穰:《民法与民事诉讼法的交错》,东京大学出版会1980年版,第45页以下。转引自[日]高桥宏志:《民事诉讼法:制度与理论的深层分析》,林剑锋译,法律出版社2003年版,第445页,注[40]。
② 新堂说认为,应当说公平理念与立法趣旨是决定证明责任分配的实质性要素,对证据分布不对等的情况,如果让不持有也无法收集证据方当事人负证明责任,从利益衡量角度而言是不公正的;而若让本身持有证据资料或者更易于收集、更加靠近证据方方当事人负证明责任,则可能会更加符合人们所共同认知的公平理念。新堂幸司所持的利益衡量说并不否认"规范说"的积极意义和根本地位。参见[日]新堂幸司:《新民事诉讼法》,林剑锋译,法律出版社2008年版,第397-400页。
③ 参见王亚新:《对抗与判定——日本民事诉讼的基本结构》(第2版),清华大学出版社2010年版,第171页、第174页。
④ 参见[日]中村英朗:《新民事诉讼法讲义》,陈刚、林剑锋、郭美松译,法律出版社2001年版,第205页。
⑤ 虽然批判者们还针对罗森贝克的推定理论、间接反证事实与抗辩的模糊不清等方面进行了批判,但更集中的批判对象是其"三大命题"所存在的不自洽问题。
⑥ 本书接下来将在"证明责任减轻提出的实践意义"中讨论以"规范说"为基础建构的证明责任分配一般规则在实际运用中暴露出的问题,主要是三个方面:形式构造无法兼顾个案公正、既有规范无法应对未知正义、一般规则无法应对例外情况。

11

洽。即使是从根本上认同罗森贝克证明责任分配理论的普维庭，也提出要寻找例外规则以应对一般规则无法应对复杂局面的问题，并探索在客观证明责任之外的其他克服真伪不明的替代办法。①每一个原则都有其局限性②，"单靠一个原则永远不可能穷尽所有的证明责任问题""生活过程和权利的多样性并非一个原则所能主宰，倘若人们将证明责任问题归结为一条原则，那么对每一个证明法学上的结论来说就存在观点僵化的问题"，正是鉴于此，谷口安平指出，罗森贝克理论实际上只是给出了一般的原则，而不是什么绝对不可更改的标准，对此运用需要在实践中根据各种具体情况加以丰富和发展。③"规范说"无法涵盖社会生活与权利多样性所产生的全部诉讼中的证明责任分配问题，在其无法顾及的领域内，摸索证明、损害赔偿酌定、证明标准降低等证明责任减轻制度可以发挥应有的作用，而这就是证明责任减轻提出的理论价值。

（二）证明责任减轻提出的实践意义

除了上述为德、日学者所集中批判的理论自洽问题以外，随着社会的发展变迁，矛盾纠纷呈现多样性，特别是证据偏在型案件④、新类型诉讼案件及其他因事实性质本身造成证明困难的案件在增多，依"规范说"对这些案件进行证明责任分配便遇到了诸多困境。"规范说"仅考量实体法及实体利益问题，欠缺从证据偏在、证明困难的诉讼法视角考量证明责任分配问题。作为

---

① 普维庭在《现代证明责任问题》一书的最后一章"对最重要结论的总结"中评价道"就证明责任的分配而言，罗森贝克规范说的有效性从本质上已经得到验证"，只是需要在坚持"规范说"的基础上对其进行修正。参见［德］普维庭：《现代证明责任问题》，吴越译，法律出版社 2006 年版，第 485 页。
② 如危险领域说的前提要件是对损害的存在和在某人的危险领域之内的加害行为存在的证明责任已经按照另外的某个规则进行了分配，盖然性说在比值为 50：50 时会出现无法适用的僵局，利益衡量说则无法处理多个利益发生冲突时的协调问题，多元说则会因为标准之间的界限难以划分而造成更多的冲突。这些学说应当是找准了"规范说"的不足之处，但是其理论本身却又存在其他缺陷。
③ 参见［日］谷口安平：《程序的正义与诉讼》，王亚新、刘荣军译，中国政法大学出版社 1996 年版，第 245 页。
④ 证据偏在的现象主要存在于现代型诉讼之中，但并不仅仅存在于该类型案件，其他有些类型案件虽然从整个案件（可能存在多个要件事实或者待证事实）来看并非证据偏在型案件，但是其中某个待证事实的证据资料却有可能偏在于一方，如劳动争议纠纷、保险理赔纠纷及票据有关纠纷等案件。

一种抽象的原则规范,"规范说"有时很难避免个案分配上的不公正与不合理问题。

"规范说"立足于形式标准上的分配规则,可能造成个案审理结果的不公正。"规范说"过于注重法条结构形式,完全不考虑个案中的证明难易程度以及证据偏在情况,使得对证明责任的分配制度陷入了教条主义,有时难以顾及个案中实质意义上的公平与正义。"规范说"将实体法规范分为基本规范与相对规范,这种规范分类是"纯粹从法律形式上所作出的区分,无法同时顾及证明责任分配对于双方利益的衡量效果,不能从法律价值的角度来作适当的分配,体现的是概念法学上的证明责任分配形式"[1]。"规范说"是通过客观证明责任(不利后果风险的负担)建立起来的证明责任分配原则,但其并没有考虑到真伪不明有时是不可归责于当事人的原因造成的。若当事人因客观原因造成证明困难,而其已尽其所能收集和提出证据,仍要求其承担无法证明或者真伪不明的不利后果,不符合一般社会公众的合理期待。"规范说"内含一个潜在前提——客观证明责任之所在决定主观证明责任的分配,然而现实中会出现一些结构性的原因打破这一形式上看似固定的局面,使得根据一般规则分配证明责任造成实质上的不公正。

罗森贝克于1900年在其专著《证明责任论》一书中提出"规范说"。彼时的经济社会发展状况与今日不可同日而语,诉讼案件类型、性质和复杂程度也自是有着天壤之别。随着工业化的快速推进、科学技术的迅猛发展和生活方式的变化革新,在给人们带来便利的同时也引发一系列现代型诉讼,特别是在侵权责任领域表现更加突出,如环境污染损害赔偿纠纷、消费者权益保护纠纷等。在这些现代型诉讼中,"加害方和受害方在社会结构的层次上固定下来,原、被告的角色几乎失去了可互换性"[2]。现代型诉讼在证明制度上的最大特征是,证据及事实信息通常于处于优势地位的一方当事人。证据偏在

---

[1] 参见毕玉谦:《"一强多元"模式下的证明责任学说——以克服"规范说"局限性为重心》,载《政法论坛》2011年第2期,第48页。
[2] 王亚新:《民事诉讼中的举证责任》,载《证据科学》2014年第1期,第124页。

使双方当事人于诉讼中实质上是处于不对等状态，因为能够证明案件基本事实的证据资料通常掌握在加害人一方，而作为负证明责任一方当事人的权利人无法收集和提出相应的证据，若仍判决其承担不利后果，则显然有失公正。根据既有证据认定的事实也很可能背离事实真相，作出的判决将不会为当事人所信服，也不符合社会公众的期待。针对证据偏在导致的当事人证明困难问题，须对证明责任分配的一般规则进行修正，即在坚持证明责任分配既有基本规则的前提下，通过适度地允许摸索证明提高当事人收集和提出证据的能力，实现当事人武器平等。除证据偏在型诉讼以外，还有因待证事实本身造成的证明困难的案件[1]，通过证明责任分配的一般规则有时同样难以有效解决当事人证明负担的合理性问题，而需要对当事人的证明责任进行减轻。如对于消极性事实的证明，依"规范说"当事人应就于其有利的事实负主张和证明责任，当消极性事实是权利发生的要件事实时，就"未曾发生的事实"而言，仍要求当事人的证明达到一般性诉讼证明标准（高度盖然性），无疑是有失公正的。

"规范说"立足于构建普遍适用的一般规则，可能无法应对例外情况的证明责任分配问题。要立法者为每一个法定的要件事实都规定一个证明责任规范的话，那将是无法承受的任务与负担。所以，构建一个普遍适用的统一的证明责任分配原则是非常有必要的。此即为罗森贝克提出"规范说"以确立证明责任分配基本规则的初衷，"理论界不能也不可放弃寻找这样的规则，实践需要它，实践要求理论界找到这样的规则"[2]。但是，一般规则只是面向通常的诉讼类型案件，而并不能解决所有案件的证明责任分配问题。人的认识不是无限的，只能是建立在既有经验和逻辑思维上有限度的认识，由此提炼出的原则、规则或者其他论断并不能保证"放之四海而皆准"。社会生活日趋复杂，照此标准不能恰当处理的问题时有发生，包括且并不限于现代型诉讼及

---

[1] 如消极性事实证明问题及银行卡被盗刷（涉及伪卡交易）、数字货币投资纠纷等特定类型案件，上述事实的证明困难均非可归责于当事人自身原因。详见本书第四章"证明标准降低"。
[2] ［德］莱奥·罗森贝克：《证明责任论》（第5版），庄敬华译，中国法制出版社2018年版，第121页。

其他证据偏在型案件。若单令原告对全部要件事实承担证明责任，显为不妥。此时，需要基于当事人公平立场，依情势令被告对相关要件事实的不存在承担证明责任方为更加妥当。①对此普维庭也清醒地指出，"规范说"确立的证明责任分配基本规则，仅仅是一般性的概括，但是单凭基本规则不能应付复杂的情况，因为现实司法实务中事实关系和法律关系都十分复杂，所以允许基本规则在之外还存在例外情况是绝对必要的。②这并非凭空想象出来的问题，而是实践告诉我们有时不得不求助于例外规则。如近年来高发的民间借贷纠纷案件，依据"规范说"只能解决理想状态下③的证明责任分配问题，而无法解决非常态④下的证明责任分配带来的无法查明事实及确保裁判结果公正的问题。根据证明责任分配一般规则，民间借贷案件中借贷关系存在、借贷事实发生的证明责任由出借人负担，出借人为此提供借款人签字的借条和收据，借款人提出抗辩主张借贷事实未实际发生但并未提交任何证据，通常情况下法官即可以被告未对其主张提出证据支持而对其辩称不予采纳，而判决支持原告的诉讼请求。但是，这种判决可能恰恰就是违背客观事实真相的。⑤为解决证明责任分配一般规则可能遇到的失灵问题，司法实践中法官有时会通过降低证明标准的方式，克服真伪不明状态和避免证明责任裁判。

---

① 参见［日］中村宗雄、中村英朗：《诉讼法学方法论——中村民事诉讼理论精要》，陈刚、段文波译，中国法制出版社 2009 年版，第 311 页。
② 参见［德］普维庭：《现代证明责任问题》，吴越译，法律出版社 2006 年版，第 385 页。
③ 所谓理想状态，是指参与诉讼的双方当事人都能遵守诚实信用原则，如实陈述和还原案件事实，并履行具体化义务与真实义务。
④ 所谓非常态，是指形式上为民间借贷，而实际上是套路贷、赌债、情感债、无中生有的债（虚假诉讼，或者其他）；也可能是存在借贷关系，但借贷本金与借条上载明的金额相差很大，或者实际上是业务往来转换为借款；还有原告作为出借人起诉，借条上载明的出借人处也通过手写方式注明为原告，但实际上并不是原告，原告的名字只是其自己事后添加上去。而这个"非常态"的民间借贷纠纷案件时有发生。为妥善审理民间借贷纠纷案件，最高人民法院先后出台了民间借贷方面的司法解释，最新的是 2015 年 9 月 1 日起施行的《关于审理民间借贷案件适用法律若干问题的规定》（后分别于 2020 年 8 月和 12 月进行修正，现在施行的是第二次修正后的规定），其中有多条是针对非常规下"民间借贷"案件事实查明的证明责任分配的规定，如第 2 条、第 15 条、第 16 条、第 17 条等。
⑤ 事实真相是，原告的确未实际交付借款，案涉借条及收据上载明的借款金额只是由赌债"利滚利"而来。如在冯某、曾某某与宁某民间借贷纠纷一案中，其最大的争议焦点即为案涉贷款是否涉嫌赌债，而该案围绕赌债的认定历经一审、二审及再审方结束。参见广东省高级人民法院（2018）粤民再 170 号民事判决书。(本书中民事判决书如无特别说明来源均为中国裁判文书网，后文不再单独说明。)

尽管根据证据责任分配理论,在案件处于真伪不明时,法官可以判定负证明责任一方败诉,但是进行证明责任裁判是否为法官所期待?答案是否定的。虽然可以下判,但毕竟案件事实尚未查清,法官内心总有不安。① 正如英国著名的法理学家、哲学家边沁所言,"司法的直接目的是将有关事实主张真相之裁判准确性达到最大化"②。"在案件事实真伪不明的情况下进行裁判,绝非民事诉讼所追求的目的,因此真伪不明也绝不是证明活动所追求的目标。"③ 证明责任分配既有的研究对司法实践的指导意义尚未达到预期的效果。④ 为克服出现真伪不明情况,在新的法律规范就证据偏在型案件及新类型诉讼的证明责任分配作出规定之前,法官已经在探索如何合理地分配证明责任以使案件的处理结果符合个案上的实体正义。为避免个案上裁判结果出现明显的不公正问题,司法实践中自生自发地通过摸索证明、证明标准降低⑤、损害赔偿酌定⑥等方式,减轻当事人的证明困难,实现武器对等原则,在一定程度上探索出了一条最大可能地查明案件事实的路径。然而这种自发式的探索并不能完全保障裁判结果的实体正义,亦存在法官自由裁量权过大甚至恣意裁判的风险,也不利于司法裁判标准的统一。若能对这种"自生自发"地减轻证明责任的探索进行中国语境下的理论提升,选择"从经验到理论"的研究之路,⑦将会有更为深远的实践意义。证明责任减轻研究既具有弥补通说所存在

---

① 据观察,法官审理案件最为担心的就是案件事实无法查清,也最不希望作出的裁判是背离事实真相的。而现实中又确有部分案件碍于当事人举证能力不足、时间久远、证据收集困难等原因,导致案件事实无法真正地查清。
② 转引自[英]威廉·特文宁:《证据理论:边沁与威格摩尔》,吴洪淇、杜国栋译,中国人民大学出版社 2015 年版,第 76 页。
③ 段厚省:《证明评价影响因素分析》,法律出版社 2009 年版,第 86 页。
④ 王刚:《"两维度"证明责任分配标准的运用》,载《人民司法》2016 年第 10 期,第 85 页。
⑤ 在该案再审中,再审法院即采取降低证明标准的方式对争议事实进行认定。参见广东省高级人民法院(2018)粤民再 170 号民事判决书。在最高人民法院发布的第 128 号指导案例中,法院也采取了证明标准降低的方式减轻了原告的证明负担。参见最高人民法院第 128 号指导案例[李某某诉某置地(重庆)有限公司环境污染责任纠纷案],发布时间为 2019 年 12 月 26 日。
⑥ 对损害赔偿酌定的情况常见于环境污染损害赔偿纠纷、知识产权损害赔偿纠纷及损害公司利益纠纷等类型案件中,其中有的案件并不存在证据偏在或者当事人武器不对等情况,但因待证事实本身的特殊原因客观上造成当事人证明困难。
⑦ 该提法系借鉴陈瑞华教授在其《论法学研究方法——法学研究的第三条道路》(法律出版社 2017 年版)一书中提出的法学研究的第三条道路——"从经验到理论",其认为法学研究的另外两条道路为"以西方理论和制度为中心"和"以中国本土问题为中心"。

的缺陷的理论意义,也对解决当前我国司法实际问题具有现实意义。

二、文献综述

证明责任减轻概念是为修正与弥补以罗森贝克证明责任理论为基础而建构的证明责任分配一般规则的不完善之处而提出的[①],其系大陆法系证明责任理论中的概念。英美法系因其独特的证明责任分层理论,并没有明确的证明责任减轻概念及理论体系。但是,英美法系证明责任分层理论中的阶段性特质,对于丰富证明责任减轻的理论基础及制度建构有着一定的借鉴意义。反观,以德国、日本为代表的大陆法系,其证明责任减轻理论的发展进路相似,均是伴随着主观证明责任说向客观证明责任本质论提出挑战的轨迹。应当说,国外证明责任减轻理论的系统提出,也是在主观证明责任的地位与功能重新为学界所充分认识之后。同时,关于证明责任减轻的主要制度,如摸索证明等,国外进行了有益的探索与实践,这些进一步加深了人们对证明责任减轻的概念、内涵及功能的认识。我国台湾地区对证明责任减轻也有一定的探索与研究及相应的成果面世。近年来,我国大陆学界开始关注证明责任减轻概念,但尚未形成系统性的研究。[②]

(一)大陆法系研究状况概述

1. 德国证明责任减轻理论的发展进路

随着1900年罗森贝克在其博士学位论文《德国民事诉讼法和民法典中的证明责任》[即《证明责任论》(第1版)]中将客观证明责任与案件事实真伪不明联系起来,提出了克服真伪不明的"不适用规范说"这一裁判方法论和确立证明责任分配一般规则的"规范说",并以此为基础建构了德国证明责任分配的基本规则,自此正式将德国带入现代证明责任时代。罗森贝克的证明

---

① 参见王刚:《证明责任减轻制度研究》,载《比较法研究》2021年第6期。
② 因证明责任减轻的提出与发展,有其相应的理论演变脉络与实践背景,所以,对国内外证明责任减轻的研究进行详细综述时,本书也对证明责任理论进行了简要回顾。

责任理论经过 20 余年的发展,在 1923 年成为通说。罗氏将证明责任区分为两层含义①,一层是,当事人为避免败诉,通过自己的行为对系争事实加以证明的责任,即主观证明责任;另一层是,不考虑承担证明责任的当事人的任何证明活动,而只考虑诉讼终结时重要事实的不确定性(真伪不明)由谁负担,即客观证明责任。②尽管罗氏并不否认主观证明责任的独立意义,"如果认为基于这些理由即可以完全排除主观证明责任的概念,就等于是将小孩与洗澡水一起倒掉",但他认为,客观证明责任是首要的,决定主观证明责任的范围。③1983 年,普维庭出版《现代证明责任问题》一书,在基本认同罗森贝克"规范说"的基础上提出了"修正规范说",将德国的证明责任理论推向了新的发展阶段。普维庭认为,"如果这样理解罗森贝克的规范说,那么规范说将是有生命力的"④。从客观证明责任理论在德国的形成和发展来看,如果从莱昂哈特提出"证明说"起算,其中经过罗森贝克"规范说",一直到普维庭的"修正规范说"问世为止,关于客观证明责任的论争在德国法学界持续长达一个世纪。此后,虽然就客观证明责任仍有不少新兴观点,但总体上自此德国关于客观证明责任的研究基本告一段落。

考察学术史可知,罗森贝克以"规范说"和"不适用规范说"为核心内容的证明责任理论虽受到诸多批评,但其通说地位一直未受到根本撼动。相应地,罗森贝克的证明责任分配理论在面对证据偏在型案件及其他非可归责于当事人本人原因造成证明困难的案件时,无法兼顾个案审理结果实体正义的缺陷,也未能得到有效的克服。不过,德国证明责任理论在由唯客观证明责任论向开始重视主观证明责任的功能,并逐步地提出证明责任减轻理论的

---

① 尽管率先将证明责任进行客观和主观划分的是费亭和博臣甲,首次使用概念组"实质的证明责任与诉讼上的证明责任"的是格拉泽,但明确而又具体地对主观与客观证明责任的含义进行界定,并指出客观证明责任决定论的是罗森贝克。参见[德]普维庭:《现代证明责任问题》,吴越译,法律出版社 2006 年版,第 11 页。
② 参见[德]莱奥·罗森贝克:《证明责任论》(第 5 版),庄敬华译,中国法制出版社 2018 年版,第 20 页。
③ 参见[德]莱奥·罗森贝克:《证明责任论》(第 5 版),庄敬华译,中国法制出版社 2018 年版,第 26 页、第 52 页。
④ 即,从修正规范说的角度理解"规范说"。参见[德]普维庭:《现代证明责任问题》,吴越译,法律出版社 2006 年版,第 485 页。

道路慢慢转向。正是在对以罗森贝克理论为基础构建的证明责任分配基本规则的反思中，证明责任减轻理论得到了孕育和发展。作为现代证明责任理论重要内容之一的证明责任减轻理论，其最早的孕育之地依然是德国。甚至有观点指出，德国已经用证明减轻规则代替了证明责任论。①

在罗森贝克证明责任理论成为通说以后，德国学界通过致力于对主观证明责任的独立性意义和价值进行研究，对"证明责任减轻理论"进行探索的萌芽大概是在20世纪30年代末期。②1939年弗里茨·冯佩尔发表《民事诉讼中当事人的真实义务和阐明义务》一文，从不负证明责任当事人的一般性阐明义务的角度出发，开启了阐明义务研究的序幕。虽然该文起初并未引起学界充分重视，但随着德国经济社会的发展，不同于传统的新型侵权案件开始出现，强化纯粹当事人证明责任的辩论主义受到了一定程度的修正。1966年莱波尔特发表《证明责任规范以及法律上推定》，针对"不适用规范说"的局限性展开，逻辑地回答了法官在真伪不明情况下进行裁判的理论上的装置，其对"法律上推定"的研究为证明责任减轻理论打下了一些基础。到80年代初期，彼得·阿伦斯和罗尔夫·施蒂尔纳相继发表当事人的阐明义务方面文章，将德国学界对不负证明责任一方当事人的阐明义务研究推向新的高潮。1983年，彼得·阿伦斯发表《民事诉讼中无证明责任当事人的阐明义务》，对罗尔夫·施蒂尔纳于1976年发表的教授资格论文《民事诉讼当事人的阐明义务》中提出的当事人有阐明义务意味着证明责任只有在阐明义务不成功时才能发挥作用的观点进行批判。阿伦斯明确反对阐明义务的一般化，施瓦布则认为阐明义务过度地干预了客观和主观证明责任制度。1985年，罗尔夫·施蒂尔纳发表《民事诉讼中案件事实阐明时的当事人义务——兼论证明妨碍理论》一文，认为在德国居于主导地位的辩论主义诉讼模式并不影响阐明义务

---

① 转引自任重：《论中国"现代"证明责任问题——兼评德国理论新进展》，载《当代法学》2017年第5期，第24页。
② 这一时期的理论探索尚不能称为真正意义上的证明责任减轻理论，但是德国学界对主观证明责任（或者与其相关的概念）功能的研究，为后来证明责任减轻理论的提出与司法裁判上的尝试打下了基础，所以本书将其称为"萌芽"状态。

的适用，恰恰在适用带有对抗主义烙印的程序和严格的辩论主义的国家却规定了更加全面的阐明义务，如英国和美国的证据开示制度。阐明义务并没有过度干预主观证明责任，相反通过阐明义务等协助义务可以减轻负证明责任一方当事人的证明负担。施蒂尔纳认为施瓦布反对无证明责任的当事人负一般性的诉讼阐明义务，其理由并不足以令人信服，因为证明责任裁判只是最后的手段，而不能在不尽到应有的证据调查便采用之。[①]诉讼上的阐明义务可以更好地对案件事实阐明，以减少真相不明式的裁判，这何尝不是一件有意义的事情呢？但是，阐明义务是构成诉讼证明活动的基本原则还是例外，施蒂尔纳并没有给出明确的答案。

　　弗里茨·冯佩尔、彼得·阿伦斯和罗尔夫·施蒂尔纳是从阐明义务角度出发研究如何减轻当事人的证明难度和负担的，虽然没有直接针对主观证明责任进行研究，但是客观上通过阐明义务减轻了当事人的主观证明责任，提高了查清案件事实的概率。其实，就连"规范说"的拥趸者普维庭，在其1983年发表的专著《现代证明责任问题》中，他先是认同并在罗森贝克证明责任理论的基础上提出了修正规范说，同时，他还探讨了在实体法说之外克服真伪不明的替代办法，而这种替代办法就是证明责任减轻的各种表现形式和技术手段。理论上的研究在德国民事司法改革及民事诉讼法典中得到了回应，当事人的真实义务、诉讼促进义务及法官的指示义务和释明义务在历次的修订中得到了体现。[②]而释明义务的主要内容之一就是要求双方当事人就一切重要的事实作出及时完整的说明义务，特别是通过要求不负证明责任一方当事人对其知晓的案件事实履行及时说明的义务，进一步查明案件事实真相，以减少证明责任裁判。

[①] 以上内容参见[德]彼得·阿伦斯:《民事诉讼中无证明责任当事人的阐明义务》，载[德]米夏埃尔·施蒂尔纳编:《德国民事诉讼法学文萃（上）》，赵秀举译，中国政法大学出版社2005年版，第291-312页；[德]罗尔夫·施蒂尔纳:《民事诉讼中案件事实阐明时的当事人义务——兼论证明妨碍理论》，载[德]米夏埃尔·施蒂尔纳编:《德国民事诉讼法学文萃（上）》，赵秀举译，中国政法大学出版社2005年版，第340-358页。
[②]《德国民事诉讼法》自1877年颁布实施以来，历经多次修订，其中，1933年首次规定了当事人的真实义务、1976年规定了当事人的诉讼促进任务，这是证明责任减轻相关概念的理论研究在立法上的体现。

德国学界围绕摸索证明及具体化义务展开的讨论及态度上的变化，也为证明责任减轻的提出打下了基础。早期，德国学界普遍认为应当禁止摸索证明。尧厄尼希认为，如果仅是模糊的对证明对象进行说明而没有其他可以让人信服的理由，这种证据申请就是无充分根据的摸索性证明；仅为碰运气的证据申请在性质上是一样的，都没有提出其主张所据以成立的具体理由。[①] 穆泽拉克指出，摸索证明是以不合法的证据手段举证，法院不应当进行证据调查，在适用辩论原则的程序中大家一致认为摸索证据不合法。[②] 正是对事实陈述具体化的高要求，成为学界与实务上不许可摸索证明合法性的主要理论基础。吕德里茨（Alexander Luderitz）从诚实信用原则出发，认为完全无根据之证据申请是基于欺诈或者诉讼拖延的目的，有权利滥用的嫌疑，对其不应允许。[③] 自20世纪初期起，因应经济社会发展对于实体正义的要求，德国法院判例对摸索证明的态度开始有所转变。相应地，辩论主义也在依随德国民事诉讼法理论的发展而进行修正。在这种背景下，学界开始对一些可能突破辩论主义限制的概念和理论予以接受，体现在摸索证明理论上即为对其有限度的认可。以德国民事诉讼法学者布雷姆（Brehm）为代表，他认为，单从当事人对事实陈述的责任中是无法得出证实的必要性的，为此提出一个概略的陈述就足够了，这一陈述在实践中通过证据调查而被具体化。[④] 布氏认为，"真实义务并不禁止当事人作推测性的陈述，故一方当事人试图经由证据调查获悉与证据有关的事实以便将其作为新的陈述的基础并不违法"[⑤]。德国新近的民事诉讼法学教科书及评注也开始有限度地认可摸索证明，或者对摸索证明的认定持谨慎态度，也就是本来认为应纳入摸索证明予以禁止的证明行为现

---

① 参见［德］奥特马·尧厄尼希：《民事诉讼法》（第27版），周翠译，法律出版社2003年版，第277页。
② 参见［德］汉斯-约阿希姆·穆泽拉克：《德国民事诉讼法基础教程》，周翠译，中国政法大学出版社2005年版，第249-251页。
③ Vgl.Lüderitz, Ausforschungsverbot und Auskunftsanspruch bei der Verfolgung privater Rechte, 1966, S.8ff（参见吕德里茨：《为追求私人权利而禁止研究和信息权》，1966年，第8页以下。）
④ 参见［德］彼得·阿伦斯：《民事诉讼中无证明责任当事人的阐明义务》，载［德］米夏埃尔·施蒂尔纳编：《德国民事诉讼法学文萃（上）》，赵秀举译，中国政法大学出版社2005年版，第292页。
⑤ 参见［日］畑瑞穗：《民事诉讼主张过程的规律》（二），载《法学协会杂志》1997年第1期。转引自占善刚：《主张的具体化研究》，载《法学研究》2010年第2期，第117页。

在倾向于不认定为摸索证明。如罗森贝克等人合著的《德国民事诉讼法》即认为,"证明申请只有在极少数的情形中才能被视为不合法的探询证明。判例和学术界存在混乱认识的原因在于,在拒绝证明申请时经常以宣称的实际需要为标准,而不是以教义上的认识为标准"[①]。这其实也可以看成罗森贝克在对其"规范说"——在当事人遭遇证明困难导致出现真伪不明而适用证明责任裁判导致的实体上的不正义——于实际运用中暴露出的缺陷及不自洽进行自我救赎。

尽管以上学说并没有明确提出证明责任减轻的概念,但其所追求的共同目的是,通过对主观证明责任的利用,以克服真伪不明,避免证明责任裁判。正如罗森贝克自己也认为的那样,不承担证明责任一方当事人的阐明义务,通常可以避免真伪不明状态的发生。在其与他人合著的教科书中已经涉及证明责任减轻这一概念,该书在解读《德国民事诉讼法》第287条所规定的损害赔偿酌定制度时,认为该项制度的本质上为法定证明简化。[②]赛勒(Sailer)也将证明减轻(Beweiserleichterung)与减轻证明困难、法定证明简化联系在一起。[③]此处的法定证明简化即属于证明责任减轻范畴。后来,随着实务上对不断出现的证明困难问题进行探索,学界针对这种本质上为减轻当事人证明负担的做法进行提炼并提出了证明减轻概念。穆科姆(MünchKomm)、瓦格纳(Wagner)明确地提出了证明减轻概念。[④]普维庭等人所著的《举证责任手册》对"证明减轻"进行了定义,认为其是指在当事人非因自身原因造成证明困难时,通过引入证明减轻措施以克服真伪不明状态的发生,并对证明责

---

① [德]罗森贝克、施瓦布、戈特瓦尔德:《德国民事诉讼法(下)》(第16版),李大雪译,中国法制出版社2007年版,第863页。
② [德]罗森贝克、施瓦布、戈特瓦尔德:《德国民事诉讼法(下)》(第16版),李大雪译,中国法制出版社2007年版,第843页。
③ Vgl.Sailer, Beweisrechtliche Folgen der Verletzung von Dokumentationspflichten und der Vernichtung eines Beweisgegenstands, Juristische Blätter, 133 (2011), S. 253 ff.(参见赛勒:《违反文件义务和销毁证据标的后果》,载《法律汇编》第133卷(2011年),第253页以下。]
④ Vgl. MünchKomm/Wagner, BGB, 6. Aufl., 2009, § 830 Rn. 30.(参见穆科姆、瓦格纳:《民法典》2009年第6版,第830节页边码30。)

任减轻的相关制度进行了研究。① 至此，证明减轻概念得以在德国明确化及系统化。

2. 日本证明责任减轻理论的发展进路

日本证明责任理论深受德国法及其证明责任学说的影响②，证明责任减轻理论的提出及发展也与德国一样遵循着相似的轨迹，通过对客观证明责任本质论的反思，开始重视主观证明责任的功能，并期望通过对主观证明责任的使用以减轻出现证明困难一方当事人的证明负担，寻找更多的克服真伪不明以避免证明责任裁判的方法或者技术。

在德国证明责任理论传入之前，日本是以主观证明责任为基础构建其证明责任理论的。20世纪初期，松冈义正在其专著《民事证据论》中便是从行为责任角度解释证明责任。③ 从历史上看，客观证明责任概念在日本的确立则是后来的事情。20世纪50年代起莱昂哈德的证明责任学说被全面介绍到日本，并被兼子一、斋藤秀夫、中田淳一等学者所采纳，自此客观证明责任概念在日本得以正式确立并逐渐成为通说。自70年代起，罗森贝克的证明责任理论先在日本实务界得到了广泛认可，其中影响力最大的是仓田卓次法官，正是他最早将罗森贝克的《证明责任论》翻译成日文。仓田卓次认为，从逻辑角度看也许不能说罗氏的证明责任理论是天经地义，但可以将此作为一种预设的"公准"或"公理"来看待。④ "规范说"经兼子一、竹下守夫等人的发展在日本成为通说，但日本学界对客观证明责任的反思及批判并没有因此而停止，观点对立最具代表性的是学者石田穰与法官仓田卓次之间的论战。后来，日本学界对于"规范说"的批判主要集中在其理论上的不自洽部分，

---

① Laumen/Prütting, Handbuch der Beweislast, Band I, 4. Aufl., 2019, §12 Rn. 4. [劳曼、普维庭：《举证责任手册》（第1卷），2019年第4版，第12节页边码4。] 该书广泛涉及了证明责任的不同制度，经多次修订出版，在德国民事诉讼法界有着极大的影响力。
② 1890年的《日本民事诉讼法典》即以《德国民事诉讼法典》（1877年）为蓝本制定。
③ 松冈义正认为："举证责任者，即当事人为避免败诉之结果或蒙得利于自己之裁判见起，有就其主张之特定事实加以证明之必要（Nathwendigkeit）也。"参见[日]松冈义正：《民事证据论》，张知本译，中国政法大学出版社2004年版，第32页。
④ 参见[日]谷口安平：《程序的正义与诉讼》，王亚新、刘荣军译，中国政法大学出版社1996年版，第236-237页。

开始呼吁重视主观证明责任的作用，并在20世纪80年代初期达到顶峰。

新堂幸司提出了"证明的必要"概念，也就是具体的证据提出责任。他认为，对于待证事实的证明行为，在原告已经履行证据提出责任后，法官对要件事实形成内心确信的，此时若对方不提出相反证据，则证明活动以原告主张的事实得到法官认定（胜诉）而结束；若对方想获得对其有利的诉讼结果，就需要提出反证以使法官对前一阶段已经形成的心证产生动摇，这种进一步提出证据的必要，即为证明的必要。[①]高桥宏志对新堂幸司的证明必要说进行了继承与发扬。松本博之则将主观证明责任研究推到了新的高度，成为主观证明责任的竭力倡导者，他相继对大致的推定、间接反证等问题进行研究，以说明主观证明责任存在的独立意义，并进一步提出了具体的证据提出责任概念。[②]并木茂、小林秀之在松本博之的基础上进一步明确了证据提出责任的概念。[③]并木茂于1987年发表《民事诉讼中主张和证明的法理》一文，主张证据提出责任为证明责任本质的学说，他竭力主张取消客观证明责任这一概念，认为诉讼的结果只有黑白两种可能，当事人的证明责任只需从如何通过举证争取使自己的主张得到肯定或避免被否定这种行为责任的角度来理解就足够了。身为法官的他对审判实践更为熟悉，还从司法实务角度对其主观证明责任本质论进行了论证。[④]

日本学界对于摸索证明的态度一样，也经历了从否定到谨慎地肯定，再到更大程度地认可的过程。这种态度上的转变，与日本的经济社会发展及"二战"后受美国法的影响不无关系。日本传统民事诉讼理论认为，当事人所提出的诉讼主张（事实主张）若是不具体的，不能被视为适格的主张，法院不得对

[①] 参见［日］新堂幸司：《新民事诉讼法》，林剑锋译，法律出版社2008年版，第394页。
[②] 参见［日］新堂幸司：《新民事诉讼法》，林剑锋译，法律出版社2008年版，第397页。
[③] 小林秀之与并木茂在对于日本于1890年（明治23年）制定的旧民法证据编第1条的理解上是相同的，他们均认为该条规定是从行为责任的角度上来理解证明责任的，并且此已为审判实务奉为默示的实定法。参见［日］小林秀之：《新证据法》，弘文堂1998年版，第167页；［日］并木茂：《证明责任の意义と机能》，载三ヶ月章、青山善充编：《民事诉讼法の争点》（新版），第247页。
[④] 参见［日］并木茂：《民事诉讼中主张和证明的法理》，载《判例时代》1987年第454号，第4页以下。转引自王亚新：《对抗与判定——日本民事诉讼的基本结构》（第2版），清华大学出版社2010年版，第171页。

其进行审理。二战以后受美国法的影响，一些制度被吸纳进日本民事诉讼法典中。[①]其中最引人注目的是诉讼系属后的当事人照会制度，被作为当事人获取信息的重要制度而确立下来。[②]最初，日本学界倾向于认为摸索证明是不合法的，不负证明责任的当事人承担的具体事实陈述义务与摸索证明是性质不同的两个问题。但是，随着日本经济社会发展的变化，以及当事人照会制度的实施，日本法院开始出现有限度地许可摸索证明的判例，学界也开始对一概否认摸索证明合法性的观点进行反思。兼子一等学者认为，即使原告的主张暂时不能明确，但若其有正当理由且该主张在接下来的证明中能够得到证明，那么原告的暂时主张是抽象的、不特定的甚至是单纯的权利主张，其证据声明都应该得到许可。高桥宏志也认为，直接认定摸索证明不合法显得过于武断。[③]

以上各种坚持主观证明责任的学说，虽然没有明确地提出证明责任减轻这一概念，但通过对主观证明责任及其相关概念（证据提出责任、证据的必要、间接反证及大致的推定等）的研究及解读，为日本学界下一步提出证明责任减轻做好了理论铺垫。在20世纪80年代初，野口明宏针对医事法学领域的矛盾纠纷不断增多，围绕医务人员的说明义务与患者对侵权责任的因果关系等要件事实的证明责任问题进行了研究，提出医务人员若未履行相应的说明义务，则患者的证明责任可以相应减轻，其理论依据是利益衡量论。[④]尽

[①] 比如：1948年民事诉讼法修改时引进了交叉询问制度，该制度系借鉴于美国陪审团制度；以及该次修正时一并引进的变更判决制度，系仿效美国法上案件重新审理申请（motion for new trail）制度；1950年民事诉讼法修正时引进了连续审理主义；以及1996年民事诉讼法修改引入的小额案件诉讼程序、限制上告、诉讼系属后的当事人照会制度等。参见[日]中村英朗：《美国法对日本民事诉讼法之影响》，载中村宗雄、中村英朗：《诉讼法学方法论——中村民事诉讼理论精要》，陈刚、段文波译，中国法制出版社2009年版，第316-321页。
[②] 《日本民事诉讼法典》第163条（当事人照会）规定："当事人于诉讼系属中，为了对主张及举证进行准备，对于必要事项可以书面形式向对方当事人进行照会，并可以确定相当期间，要求对方当事人以书面形式予以回答。但是该照会符合下列任何一项时，不在此限：（1）抽象或不具体的照会；（2）侮辱或使相对方困惑的照会；（3）重复照会；（4）要求相对方当事人发表意见的照会；（5）致相对方花费不合理的费用或时间的照会；（6）对第196条或第197条规定的可拒绝作证的事项的照会。"参见《日本民事诉讼法典》，曹云吉译，厦门大学出版社2017年版，第56页。
[③] 参见[日]高桥宏志：《重点讲义民事诉讼法》，张卫平、许可译，法律出版社2007年版，第74页。
[④] 参见[日]野口明宏：《説明義務の法の側面について》，载《杏林医学会雑誌》1981年第3期，第296-306页。（参见[日]野口明宏：《说明义务的法律方面》，载《杏林医学会杂志》1981年第3期，第296-306页。）

管论者认为其理论基础是利益衡量论而非证明责任减轻,但这应该算是较早提出当事人的证明责任可以减轻的观点。新堂幸司以其证明必要论为基础提出了通过变更举证命题来减轻举证负担,这种举证命题的变更一般是基于"举证困难""保障对受害方的救济"等实体法考量而作出。伊藤真提出,关于特定事实,法官未形成确信时,对该特定事实负担证明责任的当事人会受"不支持对其有利的法律效果"的不利益;若这样的结果无法被社会正义所肯定,则需要相应的方法来修正证明责任的分配。伊氏指出,为了减轻举证负担,应当通过充实举证方法的途径予以实现;为了减轻主张负担,则应通过使要件事实的内容具体化的途径予以实现。①新堂幸司与伊藤真所提的"减轻举证负担"这一概念与证明责任减轻已经没有本质区别,都是希望减轻当事人的证明负担,以查明事实真相,避免证明责任裁判。中村英朗也认为,"一成不变地适用法律要件分类说引发了损害当事人之间公平的事件",并对日本理论、立法、判例及学说的梳理总结后指出,证明责任的转换、大致推定理论及以利益衡量为基准的证明责任论等方式已经被用来克服法律要件分类说所存在的上述问题。②高桥宏志指出,法官适用证明责任裁判可能产生个案上的不正义,需要采用一些法律技术或者手段来避免这种现象的出现,也就是说从根本减少案件事实真伪不明情况的发生。为此,他从实体法与程序法两个角度提出了一系列的避免证明责任判决的对策(法律技术)。③尽管没有直接提出证明责任减轻这一概念,但高桥宏志显然是从证明责任减轻的视角来理解上述对策(法律技术)的。到20世纪末,春日伟知郎对证明责任减轻制度进行了系统研究,提出一系列证明责任减轻技术方法。该观点得到了诸多学者的肯定,其诉讼证明行为理论研究正在日本和平崛起。④到21世纪初,

---

① 伊藤真认为,证明责任分配的修正方法有证明责任的转换与推定两类。参见[日]伊藤真:《民事诉讼法》(第4版补订版),曹云吉译,北京大学出版社2019年版,第255-259页。
② 参见[日]中村英朗:《新民事诉讼法讲义》,陈刚、林剑锋、郭美松译,法律出版社2001年版,第205-206页。
③ 参见[日]高桥宏志:《民事诉讼法:制度与理论的深层分析》,林剑锋译,法律出版社2003年版,第456-476页。
④ 参见胡学军:《从"证明责任分配"到"证明责任减轻"——论证明责任理论的现代发展趋势》,载《南昌大学学报(人文社会科学版)》2013年第2期,第87页。

在结构上存在证据偏在的现代型诉讼（特别是公害诉讼、环境诉讼、药害诉讼）中，作为减轻负证明责任一方当事人的举证困难的理论已经引起广泛关注，学界对事实上的推定、证明责任的转换及证明度（标准）减轻问题进行较为集中的讨论。①

德、日两国对于证明责任减轻理论的研究，还体现在摸索证明、损害赔偿酌定、证明标准降低等这些具体的证明责任减轻制度上。除摸索证明以外，自损害赔偿酌定、证明标准降低等证明责任减轻规则被提出之日起，德、日两国学界对其规则存在的价值本身即没有太大争议，只是对其法律性质存在不同的理解。本书对上述几种证明责任减轻制度的研究文献不再予以梳理，对于相关制度的域外经验、法律性质、价值功能等将设专章予以研究。

（二）英美法系理论研究概况

英美法上的证明责任概念，在内涵构造上的最大特色即是其分层性，围绕多层性概念的各种观点和主张统称为"证明责任分层学说"。英美法系并没有明确的证明责任减轻概念及理论体系，但其独特的证明责任分层制度，在实际运用中同样起到了证明责任减轻的效果。

英美法系中的证明责任的英语表述为"Burden of Proof"。② 现代英美证据法学界通常认为其有三个相关概念，即证明责任（Burden of Proof）、提供证据责任/举证责任（Burden of Producing Evidence / Burden of Production / Burden of Evidence）和说服责任（Burden of Persuasion）。提供证据责任相当于初步的证明责任，说服责任则相当于最终的证明责任。斯特龙等人编著的证据法教材《麦考密克论证据》认为，证明责任自身具有两个相互冲突的含义，其指向不同的证明责任——针对争点事实提出证据使法官相信的责任

---

① 参见［日］安井英俊：《現代型訴訟における「一応の推定」の機能について》，载"The Doshisha law review" 2007 年第 3 期，第 279-310 页。（参见［日］安井英俊：《关于现代型诉讼中"初步推定"的功能》，载《同志社法律评论》2007 年第 3 期，第 279-310 页。）

② See Bryan A. Garner, *Black's Law Dictionary*(Tenth Edition), Thomson Reuters, 2014, p.236. ［参见布莱恩加纳：《布莱克法律词典》（第 10 版），汤森路透，2014 年，第 236 页。］

和说服法官相信争点事实为真的责任。①麦克埃文认为:"证据责任本身就是'提出'争点或者提供证据支持争点以'通过法官审查'的义务。如果不能成功地提出争点及提出证据支持争点的话,法院就不会审理该争点。"②与大陆法系一元式审判法庭模式不同,英美法系采取特殊的二分式审判法庭模式,由法官与陪审团分别负责法律适用与事实认定。③正如达马斯卡所言,英美法系的证明责任分层理论与其对抗制的诉讼结构是密不可分的。④艾伦教授认为,施加给诉讼当事人并一起构建成诉讼的责任流程图可以表述为,当事人可被要求提出争点,就争点提出证据,并承担对该争点的说服责任,也就是提出诉讼主张的责任(Burden of Pleading)、举证责任和说服责任,共同构成了证明责任(Burdens of Proof)。⑤从艾伦所描述的责任流程图,可以非常清晰地看出证明责任的分层性与阶段性。当事人要获得有利判决须经过两道关口——第一道关口提供证据责任和第二道关口证明责任。⑥艾伦指出,诉讼中每一个争点都伴随着举证责任(提供证据责任),权利主张一方当事人应提供与这一特定争点相关的证据。⑦

证明责任分层理论在证明责任减轻方面最为直接的体现是,其对于证据提出责任与最终的说服责任确定不同的证明标准(证明度)。奥伦斯坦认为,承担说服责任的一方当事人必须说服事实审理者至适当程度的确定性,也就是其承担者说服事实认定者相信其主张有效且满足了必要证明标准(优势证据标

---

① 参见[美]约翰·W. 斯特龙、肯尼斯·S. 布荣、乔治·F. 狄克斯等编著:《麦考密克论证据》(第5版),汤维建等译,中国政法大学出版社2004年版,第648-649页。
② [英]詹妮·麦克埃文:《现代证据法与对抗式程序》,法律出版社2006年版,第100页。
③ 美国证据法学家达马斯卡将审判法院的特殊结构、诉讼程序的集中、诉讼当事人及其律师在法律程序中的显著作用称为英美法证据制度的三大支柱。其中,审判法院的特殊结构主要是指,将事实认定与法律适用分离,分别交由非专业裁判者陪审团与专业裁判者法官负责,即其法庭为二元法庭、分化的法庭。参见[美]米尔建·R. 达马斯卡:《漂移的证据法》,李学军等译,中国政法大学出版社2003年版。
④ 参见[美]米尔建·R. 达马斯卡:《漂移的证据法》,李学军等译,中国政法大学出版社2003年版,第3页。
⑤ 参见[美]罗纳德·J. 艾伦:《证明责任》,蒋雨佳、强卉、张姝丽译,载《证据科学》2012年第5期,第601页;[美]罗纳德·J. 艾伦:《艾伦教授论证据法(上)》,张保生、王进喜、汪诸豪译,中国人民大学出版社2014年版,第147页。
⑥ 参见王丹峰:《法官如何裁判真假难辨案件》,载《当代法学》2003年第11期,第143页。
⑦ 参见[美]罗纳德·J. 艾伦:《证明责任》,蒋雨佳、强卉、张姝丽译,载《证据科学》2012年第5期,第601页。

准，即可能的概率高于不可能的概率）的责任。说服责任在诉讼开始前即确定，不会在当事人双方之间发生转移并在整个诉讼过程中保持不变。[①] 而就证据提出责任而言，则为"是否一个合理的陪审团可以认定该事实存在或者不存在"即可，有时证明标准（证明度）以数值表示甚至达到25%就可认定为该阶段当事人证明成功。相较于大陆法系的高度盖然性证明标准，英美法系就说服责任要求盖然性优势（通常为大于50%）及证据提出责任要求更低的证据标准，其制度设计本身已与证明标准降低这一典型的证明责任减轻方法无异。

美国法上的证据开示制度（Discovery）则为摸索证明的运用提供了理论基础和制度保障。与"摸索证明"相对应的英语词汇为"Fishing Expedition"，又称为钓鱼之旅（Fishing Trip），是指尝试通过广泛的发现请求或者随机问题，以期从另一方获取到相关的信息资料。[②] 双方当事人在诉讼前后均应向对方开示其所掌握的于案件主要事实有裁判意义的证据资料。在强制披露制度要求下，即使是对本方可能不利的证据，证据持有一方也必须向对方披露。弗兰德泰尔等人所著的《民事诉讼法》教材认为，证据开示制度准许当事人获取信息，可以强制要求不愿意同当事人交谈的证人提供书面证词，可以从对方当事人处获取有关案件资讯、文件及其他信息。[③] 证据开示制度使当事人有着更加公平的机会接近和使用与案件事实相关的证据资料，以保障当事人实现武器对等。而缓解负证明责任一方当事人的证明困难，也正是摸索证明的功能所在。除了一些特别限制事项外，证据开示制度的确立让美国民事诉讼法及实务对摸索证明持开放性态度。所以，在英美法系摸索证明从未被明确地禁止过。当然，苏本、米卢等学者也清醒地指出，过于广泛的证据开示

[①] 参见［美］阿维娃·奥伦斯坦：《证据法要义》，汪诸豪、黄燕妮译，中国政法大学出版社2018年版，第221页。
[②] See Bryan A. Garner, *Black's Law Dictionary*(Tenth Edition), Thomson Reuters, 2014, p.754. ［参见布莱恩加纳：《布莱克法律词典》（第10版），汤森路透，2014年，第754页。］
[③] 参见［美］杰克·H.弗兰德泰尔、玛丽·凯.凯恩、阿瑟·R.米勒：《民事诉讼法》（第3版），夏登峻等译，中国政法大学出版社2003年版，第368页。

制度也带来了诸多弊端①，此也给我们如何建构更为完善的摸索证明制度提供了颇有价值的启示意义。

（三）我国的理论研究概况

我国台湾地区证明责任分配理论的通说为法律要件分类说（也有称规范说，两者无本质不同），系自20世纪70年代从日本引入。虽然不乏学者坚定支持主观证明责任观点，但总体上学界偏重客观证明责任，认为证明责任是指法院就案件事实的存在或不存在陷于真伪不明时作为裁判规范的基准。不过，近年来我国台湾地区民事诉讼法学界时有对"规范说"的僵化倾向及无法兼顾部分案件实体公正的固有缺陷进行批判，从而开始了证明责任减轻的概念。学者姜世明则对"举证责任减轻"概念进行了系统的阐述，有的学者也从摸索证明、事案解明义务等方面入手研究如何减轻当事人的证明责任。②后我国台湾地区于2000年2月9日修订所谓"民事诉讼法"时，在第277条③增加一句"但法律另有规定，或依其情形显失公平者，不在此限"。该修正的目的是，对于证明责任分配可能面临的复杂情形，特别是针对如环境损害等现代型诉讼，通过增加但书的方式，以避免适用一般规则造成的不公正情况。

自20世纪80年代起，我国大陆地区诉讼法学界开始对证明责任理论进行研究，并有大量文章及专著面世。由于我国研究起步较晚，最初难以形成理论共识，仅就证明责任概念及其内涵争论颇多。经过多年发展，我国就证

---

① 苏本等学者指出，某些诉讼当事人，利用证据开示向对手施加过多的负担，或者向对方提出过度的证据开示，证据开示没有成为一个追求公正的主导因素，相反，却被证明为一个阻止诉讼公正前行的障碍。参见［美］斯蒂文·N.苏本、马莎·L.米卢、马克·N.布诺丁、托马斯·O.梅茵：《民事诉讼法——原理、实务与运作环境》，傅郁林等译，中国政法大学出版社2004年版，第295页。
② 参见王刚：《证明责任减轻制度研究》，载《比较法研究》2021年第6期，第185页。
③ 原第277条规定："当事人主张有利于己之事实者，就其事实有举证之责任。"

明责任内涵包括主观证明责任和客观证明责任两方面内容基本达成共识。[1] 以"规范说"为基础确立我国证明责任分配原则业已为学界多数学者所主张[2]，认为"规范说"是证明责任分配各种学说中最为成熟的理论，从未有学说能够真正取代它。所以，应当以"规范说"为基础构建我国民事诉讼证明责任分配的一般规则。[3]

但是，近年来针对"规范说"的缺陷进行批判的意见仍时有出现。叶自强教授指出法律要件分类说（规范说）及修正后的"规范说"存在概念繁多混乱、研究方法错误等严重的缺陷，应以当前最为先进的现代英美法系的举证责任分层理论代替之，并提出了"举证责任分割理论"。[4] 尽管有文章为罗森贝克的"不适用规范说"进行辩护[5]，然仍挡不住来自学界的反思声音。开始有文章以主观证明责任为研究对象，以寻求解决我国证明责任理论存在的不足问题。[6]

---

[1] 据李浩教授所著的《民事证明责任研究》（法律出版社2003年版，第15页）所记载，其最早提出双重含义说的文章应该是发表在《西北政法学院学报》1986年第3期的《我国民事诉讼中证明责任含义新探》（第43-45页）。其他认为证明责任包含主观与客观含义的观点，还可参见陈刚：《证明责任概念辨析》，载《现代法学》1997年第2期；李祥琴：《论民事诉讼中的证明责任》，载《法学研究》1990年第44期；张卫平：《证据责任概念解析》，载《郑州大学学报》2000年第6期；毕玉谦：《证明责任与证明责任分配规则》，载《法律适用》2002年第4期；翁晓斌：《论我国民事诉讼证明责任分配的一般规则》，载《现代法学》2003年第4期；等等。

[2] 持该观点的文章可参见张卫平：《民事证据法》，法律出版社2017年版，第287-291页；李浩：《民事判决中的举证责任分配——以〈公报〉案例为样本的分析》，载《清华法学》2008年第6期；王亚新、陈杭平、刘君博：《中国民事诉讼法重点讲义》，高等教育出版社2017年版，第105-107页，当然该书作者也提到了"规范说"自身也在不断地修正与调整；胡学军：《法官分配证明责任：一个法学迷思概念的分析》，载《清华法学》2010年第4期，该文作者认为我国证明责任分配应采取并实际上是采取了"规范说"；任重：《论中国"现代"证明责任问题——兼评德国理论新进展》，载《当代法学》2017年第5期，该文作者认为罗森贝克证明责任论可以肯定地确认已为我国民事诉讼的理论共识。

[3] 参见肖建华、周伟：《民事证明责任分配体系刍论》，载《北京科学大学学报（社会科学版）》2009年第4期，第48页。

[4] 参见叶自强：《举证责任》，法律出版社2011年版。在该书中，叶自强教授系统地介绍了英美法系的证明责任理论，并主张我国应当摒弃晦涩难懂的罗森贝克证明责任理论，而借鉴英美法系的证明责任理论构建我国相应的制度体系。

[5] 有学者专门撰文指出，"不适用规范说"用通俗易懂的方式解释了证明责任存在的原因，以及在案件真相不明时法院为何会采取证明责任裁判，这就是其最大的魅力所在，所以，从理论与实务上来看其在今天仍然不失为一种有价值的学说。参见李浩：《证明责任与不适用规范说——罗森贝克的学说及其意义》，载《现代法学》2003年第4期。

[6] 参见季桥龙：《民事举证责任概念研究》，中国政法大学出版社2011年版，第133页。

随着我国经济社会的快速发展，现代型诉讼不断涌入法院，这些案件出现了严重的证据偏在情况，同时还出现了其他非可归责于当事人原因造成证明困难的案件，使得依"规范说"负证明责任的一方当事人遭遇证明困境，若让其承受败诉的不利后果，将导致案件审理实体结果上的不公正。司法实务中法官开始采取循环证明、动态证明方式以减轻负证明责任一方当事人的证明负担，力争在查明事实真相的基础上作出裁判，维护当事人之间的实质平等。

相应地，关于证明妨碍、表见证明、事实推定等方面的研究在增多，也有学者开始关注证明责任减轻制度。王亚新教授从"当事人举证负担减轻"问题入手研究证明责任减轻问题，将当事人举证负担减轻区分为直接减轻和间接减轻两种，认为在证据的收集与提出、证明责任的再分配及证明标准等不同场域，理论上已经进行的探讨与实务上的探索均对证明责任减轻有所涉及。为实现个案上的公平正义，在基本承认和维持现有规则的前提下，有必要采取一定的方法对证明责任的分配进行适度的调整；相应的调整方法即为证明责任减轻规则，有证明责任倒置（转移）、表见证明、大致推定及证明妨碍等。[①] 学者邵明认为，"所谓'民事证明责任的减轻'，实际上是对难以证明的事项，采取合理法律技术或替代方法，适当减轻当事人的证明难度，以满足个案的妥当性要求和实质正义"[②]。张卫平教授提出，如果以"规范说"为基础，针对具体的特殊类型予以适当修正，证明责任分配的正当性是可以保证的。[③] 胡学军教授则认为，证明责任减轻是一种补救制度，其是为缓解证明活动中证明责任分配的缺陷而产生；证明责任减轻是一套概念体系与制度工具，其是为大陆法系国家理论及司法实践中在出现模糊事实与短缺证据时缓解事

[①] 参见王亚新：《民事诉讼中的举证责任》，载《证据科学》2014年第1期。
[②] 邵明：《试析民事证明责任的减轻技术——以"诉讼法与实体法二元观"为分析视角》，载《东南司法评论》2009年卷，第373页；邵明：《正当程序中的实现真实——民事诉讼证明法理之现代阐释》，法律出版社2009年版，第342页。
[③] 参见张卫平：《民事证据法》，法律出版社2017年版，第297页。

实认定困难所采用。①魏庆玉博士在其博士学位论文《证明责任减轻论》中对证明责任减轻进行专题研究,重点论述了证明责任减轻提出的背景、必要性及可行性,并对其所理解的证明责任减轻方法(表见证明、摸索证明、证明妨碍及事案解明义务)进行了研究,最后提出如何化解证明减轻下证明难题的思路。②孙晨曦博士在其博士学位论文中对民事证明负担减轻进行了研究。③以上两位博士的研究,均主要以现代型诉讼所存在的证据偏在情况为中心展开,以论证证明责任减轻的必要性。有的学者虽未明确提出证明责任减轻概念,但针对"规范说"的固有缺陷进行分析及提出解决之策,也为证明责任减轻的提出打下了理论基础。④

但是,与对证明责任基本理论的研究相比,我国民事诉讼法学界对证明责任减轻的研究,还未达到系统性与深入性⑤,对一些基本问题也未形成共识。主要表现为:首先,对证明责任减轻的基本理论缺乏系统研究。对证明责任减轻的概念与内涵,虽然有所涉及,但未形成共识;对证明责任减轻的性质进行研究的文章偏少;对证明责任减轻的法律地位的研究也不够,尚未真正厘清其与一般规则之间的关系。其次,由于对证明责任减轻的性质的研究不够深入,导致对如何准确识别和认定证明责任减轻的具体方法存在难度,以至于出现多种分类方法,甚至认为证明责任减轻的方法有十多种。这也造成了"证明责任减轻是一个筐,什么萝卜都往里装"的现象,使大量相关概念都被吸纳进来。再次,由于没有准确界定证明责任减轻的具体方法,导致类

---

① 参见胡学军:《从"证明责任分配"到"证明责任减轻"——论证明责任理论的现代发展趋势》,载《南昌大学学报(人文社会科学版)》2013年第2期,第89页。
② 参见魏庆玉:《证明责任减轻论》,上海交通大学2013年博士学位论文。
③ 参见孙晨曦:《民事证明负担减轻研究》,西南政法大学2018年博士学位论文。
④ 相应文章可参见毕玉谦:《"一强多元"模式下的证明责任学说——以克服"规范说"局限性为重心》,载《政法论坛》2011年第2期;潘剑锋:《民事证明责任论纲——对民事证明责任基本问题的认识》,许尚豪:《证明责任理论的证据语境批判》,均载《政治与法律》2016年第11期。部分法学期刊如《政治与法律》(2016年第11期)专门对证明责任在司法实践中遭遇的困境进行了主题研讨,《当代法学》(2017年第5期)也就证明责任的新发展动向,特别是就出现的对客观证明责任的质疑组织了专门研讨。
⑤ 笔者通过中国知网检索,截至2022年1月2日,以"证明责任减轻"为题的学位论文仅为8篇,其中,博士学位论文1篇,其他论文7篇(但并非专题研究论文,系与其他概念一同研究);以"证明负担减轻"为题的学位论文3篇,其中:博士学位论文1篇,其他论文2篇。

型化的研究缺乏针对性和可比性，从而无法总结提炼出证明责任减轻规则中的共性问题。还有应当引起注意的是，证明责任减轻的适用案件类型并非仅仅为现代型诉讼，在现有全部诉讼类型中存在证据偏在情况的也并非仅仅局限于现代型诉讼。准确地说，出现非可归责于当事人自身原因的证明困难，是适用证明责任减轻适用的真正前提条件，对于这一点既有研究的认识并不深入。最后，目前尚缺少就如何建构我国证明责任减轻制度与体系进行系统研究的文章。以上既有研究存在的问题，与司法实务中法官自发式的对探索减轻当事人证明负担的丰富实践形成明显反差。正如学者王亚新所言："对于我国司法实务中种种旨在调整或减轻当事人举证负担的实际做法，目前民事诉讼法学界虽然也在介绍相关比较法知识有所涉及，但更为全面深入的研究总结还有待于今后的展开。"[1] 随着经济社会的快速发展，现代型诉讼的不断涌现和新型复杂的矛盾纠纷的不断出现，证据偏在案件、案件自身性质特殊及其他非可归责于当事人自身原因造成证明困难的案件逐渐增多，在一般规则之外寻求例外的证明责任减轻规则显得尤为必要。何谓证明责任减轻？其内涵与性质如何界定，其法理基础和价值追求为何，其意义与功能何在？如何界定证明责任减轻与证明责任分配一般规则之间的关系？证明责任减轻的典型方法又有哪些？中国语境下证明责任减轻制度如何建构与完善？通过对上述问题的提出与解决，以期完善我国证明责任及其分配理论。此为本书研究之初衷。

三、研究方法

（一）案例分析与经验实证法

案例分析法，在本书中是指通过分析不同类型的案例（最高人民法院指导案例、公报案例及其他案例等），总结提炼法官对于证明责任分配如何理解及在出现证明困难时如何减轻当事人的证明负担的方法。所谓经验实证

---

[1] 王亚新：《民事诉讼中的举证责任》，载《证据科学》2014年第1期，第125页。

法，是指通过对一些作为法律实施的社会现象，从社会学的角度进行解释的方法。[1]严格地说，经验实证法本身包括个案分析、数据统计分析、访谈及社会调查等经验分析方法。但是，考虑到本书选取了大量个案进行分析，为突出案例分析对整个论文研究的重要性，故单独突出案例分析法。对于"证明责任减轻"这一选题，本身即是问题导向的结果，这是司法审判中最为重要的命题之一。在案件审理中，对于多数案件，法官根据生活常识、法律规范及个人的职业经验即可做出准确的事实认定。但是，对于少数疑难复杂案件，特别是那种证据偏在型及其他非可归责于当事人自身原因造成证明困难的案件，往往遭遇事实认定上的困境。专业法官会议对于该类案件的讨论结果通常就是如何分配证明责任，最终被认定为负证明责任一方的当事人则对事实真伪不明承担不利后果。然而，如果根据证明责任分配一般规则作出裁判，结果有的明显有失公正，这就反衬出证明责任分配本身出现了不妥当，在这种情况下，有时法官（法官会议也会建议）可能会反过来对（主观）责任分配进行修正，或者进一步地采取允许摸索证明、强化证据调查、要求不负证明责任一方当事人到庭陈述案情、酌定损害赔偿及降低证明标准等方式，以平衡当事人之间的证明能力与程序利益，追求个案审理的实体公正。所以，本书在研究和论证过程中选取了大量的司法案例作为样本进行分析，这些案例本身是司法实务上对证明责任减轻方法的摸索与实践，同时也反过来印证本书所提出的论点。对于案例的选取，本书重点考虑案件的代表性和广泛性，既有指导性案例、公报案例及最高人民法院作出的其他生效判决，也有省及市中级人民法院作出的生效判决，还有大量基层法院作出的生效判决[2]。之所

---

[1] 陈瑞华：《论法学研究方法——法学研究的第三条道路》，北京大学出版社2009年版，第225页。
[2] 我国民事诉讼案件90%以上是由基层法院进行一审，这一点在最高人民法院推进四级法院审级职能改革后更为明显。自2021年10月1日起施行的《最高人民法院关于完善四级法院审级职能定位改革试点的实施办法》规定，健全工作衔接机制、完善内设机构设置、优化审判力量配置，在实现审判重心进一步下沉的同时，推动将涉及重大国家利益、社会公共利益和具有普遍法律适用指导意义的案件交由较高层级法院审理，基层人民法院重在准确查明事实、实质化解纠纷。同日起施行的还有《最高人民法院关于调整中级人民法院管辖第一审民事案件标准的通知》，将中级人民法院管辖的标的额进一步上提，这样基层人民法院管辖的案件也相应地增多。就笔者经验，基层法院审理绝大多数的一审案件（还有相当一部分是小额诉讼案件，一审终审），最早接触到当事人提交的证据和争点事实，法官在一审过程中对于证明责任的分配和事实认定的心证是最直接的，也最为重要。

以同时选取部分基层法院作出的生效文书，是考虑到证明责任分配及减轻的指向主要是事实认定，我国民事诉讼案件的审理主体是以基层法院为主，即使是案件上诉至二审法院，对于案件审理需要查明的证据与事实，一审法院法官最先接触到感受也最为直接，其心证判断相对更为接近真实和准确。

证明责任分配可以说是民事诉讼理论中与审判实务联系最为紧密的一个理论问题。法院的裁判活动，认定事实与适用法律是其核心所在，而证明责任分配法则与认定事实密不可分。美国著名大法官霍姆斯认为，"法律的生命一直并非逻辑，法律的生命一直是经验"[①]。由于笔者自身的实务工作经历，在写作过程中自然地运用到了经验实证的分析方法。这些经验既有笔者本人的工作体会，也有对司法审判的观察与总结。另外，本书还对我国证明责任分配及证明责任减轻的司法实践进行了数据分析。如在第五章"建构我国证明责任减轻制度的基本思路"中，通过对中国裁判文书网上发布的裁判文书设定关键词与时间跨度进行检索与分析，得出证明责任与证明责任减轻在学界与实务中的"两个背离"现象的结论。在第三章"证明标准降低"中，分别以"优势证据""证据优势"为关键词检索生效的裁判文书，以分析我国无明显分类特征的证明标准降低实践。类似研究方式在其他章节中也经常出现。从司法实务自发的实践经验出发，论证证明责任减轻的实践基础。同时，结合司法案例证成证明责任减轻理论的自洽性，及其对于保障个案实体正义的实践意义。

（二）比较分析法

比较方法是本书所运用的基本方法之一。本书所采用的比较分析法，是指通过比较大陆法系与英美法系关于证明责任理论与制度的异同，总结其关于证明责任减轻的发展路径及趋势，同时在大陆法系内部选取有代表性的国家及地区进行再比较分析，以给研究和建构我国证明责任减轻制度提供参考和借鉴。日本学者大木雅夫认为，在法学研究领域中比较法"主要研究各种

[①] 转引自［美］本杰明·卡多佐：《司法过程的性质》，苏力译，商务印书馆2003年版，第17页。

法律秩序中可比较的各种法律制度和解决问题的方法，以认识和完善法制为课题"[1]。比较分析法对于证明责任减轻的研究具有十分重要的意义。

首先，本书要研究的证明责任减轻是在坚持证明责任分配一般规则的前提下的例外规则，而证明责任分配一般规则是以罗森贝克证明责任理论为基础建构起来的证明责任分配基本规则。早在罗马法初期，古罗马法学家便使用了证明责任概念，并形成了如何分配证明责任的学说，对后来德国的证明责任理论也产生了深远的影响。后来客观证明责任概念相继被奥地利、德国学者正式提出，罗森贝克的证明责任理论开启了现代证明责任的征程并被视为通说，同时为日本及其他大陆法系国家及地区所采用。然而，也正是在大陆法系国家或地区对罗森贝克的证明责任理论的不自洽的反思与批判中，一些新的学说被提出。这些新说尽管由于自身原因无法成为通说，但为证明责任减轻的提出打下了一定的理论基础，并逐渐发展出了证明责任减轻的方法及与之相关的概念，且有了深入的讨论与实践。德国、日本在证明责任减轻方面有着较为丰富的经验。因此，作为一个外来法律概念，在研究证明责任减轻的基本理论与典型方法时，不可避免地要追溯到大陆法系国家和地区的相关概念和制度。英美法系的证明责任分层理论，在保障双方当事人之间拥有平等的收集和提出证据能力方面有其独到之处，有利于保障当事人实现武器对等，此与证明责任减轻的法理基础有一定的联系。

其次，本书研究比较法上的经验主要是基于功能主义的比较方法（Functionalism in Comparative Law）。立足于功能主义的比较方法，主要是以问题为导向，也就是"在本国法律秩序中有通过这种法律制度处理的某种法律需求，而外国是通过什么方式满足这一需求的"[2]；也就是说，类似问题，类似解决。在证明责任减轻问题上，功能主义比较分析法是一种很好的研究路径。证明责任减轻是对证明责任分配一般规则的例外规则。包括现代型诉讼在内的证据偏在型案件及其他非可归责于当事人自身原因造成证明困难的案

---

[1] ［日］大木雅夫：《比较法》，范愉译，法律出版社1999年版，第67页。
[2] ［日］大木雅夫：《比较法》，范愉译，法律出版社1999年版，第88页。

件不断增多，如何减轻当事人的证明负担，最大限度地实现个案审理结果上的公平正义，这是现代国家所必将共同面对和应对的问题。在研究中，对于证明责任减轻概念的界定，本书先是梳理了大陆法系主要国家或地区学界关于证明责任减轻概念的理解，最后给出本书的观点。通过对比分析德国、日本等关于证明责任分配的学说之争，本书亦认同以罗森贝克证明责任理论为基础建构的证明责任分配基本规则的一般规则地位，新说虽然针对其理论上不自洽部分及司法实践上暴露出的漏洞进行批判，但尚无一新说能够取代"规范说"而成为通说，故对于证明责任减轻的法律地位——减轻规则与一般规则之间的关系问题——界定为减轻规则是对一般规则的例外，而非否定；也就是说，仍应以一般规则为前提。本书在重点讨论的三种证明责任减轻的典型方法中，均对大陆法系主要代表性国家和地区，以及英美法系的制度与实践进行了比较研究，为建构与完善我国证明责任减轻理论与制度提供参考。

最后，比较方法的好处及其局限性。正如有学者所指出的，"功能主义不仅起到认识和理解外国法资料、提供比较根据、寻找功能对应物、建立比较体系的作用，而且还从分析层面上升到规范层面，起着评价研究结果、从而决定'最好解决办法'的作用"[①]。证明责任分配及减轻理论是外来法律术语，通过比较分析（包括历史分析）追溯该概念的渊源及对发展进路进行梳理和考证，可以更加全面地了解域外的理论、制度及实践。这样，结合我国学界、实务以及立法上的研究、探索及实践，追寻证明责任理论的演变脉络，为本书界定证明责任减轻的概念打下了基础。证明责任减轻是全球（特别是大陆法系国家）民事诉讼理论与实践所共同面对的问题，功能主义比较方法可以使该问题在相同视角下进行分析研究。但是，任何一种方法都是有其正反意义的，功能主义比较方法同样如此。本书也意识到功能主义比较方法是有其局限性的。虽然制度的构想存在一定的相似性或者共同性，问题的产生可能

[①] 朱淑丽：《挣扎在理想与现实之间：功能主义比较法9年回顾》，载《中外法学》2011年第6期，第1288页。

也存在一定的同质性，但是不能忽视的是，我国与欧美在基本理念与制度设计上还是有着实质性区别。"每一种制度都有其特定的功能、优势、重点和一定的局限性甚至弊端。"[①] 每一种制度的建立都是根植于其属国所特有的政治、经济、文化及社会发展背景，而每个国家都会有所不同，也就使比较法上的经验不能照搬至我国。因此，本书更加强调中国问题意识，比较分析法只能追溯了解域外经验，若不考虑中国政治、社会制度及文化背景而一概移植，则很可能会产生"水土不服"甚至"排异"现象。如同属大陆法系的德国和日本，尽管"规范说"都是其证明责任分配的通说，然而对于实体法的构造能否满足所有案件类型证明责任的分配问题，在德国受到的批判明显小于日本。[②] 客观证明责任理论自引入我国后迅速在学界成为通说，但其在实务上并不受法官所推崇。相反，证明责任减轻却呈现相反的景象，实务上自发地实践并有一定成效，但在理论上尚未得到深入研究。本书在对证明责任减轻的典型方法——摸索证明、损害赔偿酌定及证明标准降低——进行类型化研究时，在对域外经验进行比较分析后，均详细地对中国的实践与探索进行了研究，找准"问题"后，再就如何建构相应制度提出设想。在最后一章"建构我国证明责任减轻制度的基本思路"中，本书详细地研究了我国证明责任分配的制度现状与司法实践，剖析了证明责任领域理论与实务"背离"的根源，在此基础上借鉴部分域外经验提出了建构我国证明责任减轻的基本思考。

（三）规范分析法

规范分析法，是指承认和尊重实在法的权威性、确定性和自身的逻辑性的分析方法。实在法包括制定法、法律的基本原理、原则和体系的自洽。[③] 本书认为，证明责任减轻的法律地位是在坚持证明责任分配一般规则的前提下的例外规则，并不改变原先的客观证明责任分配结果。证明责任分配一般规

[①] 范愉：《集团诉讼问题研究——一个比较法社会学的分析》，载《法制与社会发展》2006年第1期，第76页。
[②] 德国民法典对于证明责任分配的必要性和内容已经给予了充分的考虑，日本民法典则只有少数的条文明确规定了证明责任的负担所在。
[③] 张卫平：《民事诉讼法学方法论》，载《法商研究》2016年第2期，第10页。

则的基本要求是，根据预先制定的法律规范在当事人之间按规范要件事实的不同分类进行证明责任的分配，而不能交由法官根据实质性要素进行个案裁量。即使证明责任减轻赋予法官在事实认定中通过转换主观证明责任的分配，以减轻负客观证明责任一方当事人的证明困难，但为克制法官恣意，需要在建构时进行程序保障制度的设计。运用规范分析法对与证明责任分配及减轻规则相关的法律规范（立法及司法解释）进行研究，重点考察其规范结构和功能作用，以求为分析和构建证明责任减轻理论打下扎实的法规范基础。基于以上原因，本书在对证明责任减轻的基本理论及典型方法进行研究时，对域外（大陆法系）的法律规范进行了比较分析，最后结合我国的理论和实践提出了建构我国证明责任减轻制度的立法建议。

（四）文本分析法、价值分析法等其他方法

关于文本分析法方面，通过各种数据库广泛检索国内外相关文献资料，并对其进行梳理、分析。一方面，检索收集域外文献，梳理了大陆法系关于证明责任概念的发展变化及证明责任减轻理论的发展进路，研究了英美法系证明责任分层的运作模式；另一方面，检索收集国内论文及专著等文献资料，全面厘清国内的研究成果及现状。

关于价值分析法方面，通过价值分析，来论证证明责任减轻与一般规则的正当性与合理性。如何诠释公正与效率、保障平等地位，是证明责任分配价值追求的重要内容。公正、平等与效率之于一般规则与减轻规则，其价值序列在总体相同的情况下，略有差异。公正是司法裁判的生命线，实体公正是一般规则与减轻规则共同的最高追求。不同的是，一般规则追求的是一般正义或者抽象正义，以维护法律安定性和可预测性；减轻规则追求的是个案正义，以维护分配规则的弹性。证明责任分配一般规则与减轻规则作为证明责任分配规则的具体内容，其价值追求与证明责任分配规则的总体追求是相一致的。于证明责任减轻规则而言，其优先追求的应当是通过诉讼平等的保障实现实体公正，并应最大可能地兼顾诉讼效率。为了避免价值分析流向工具主义及过于武断主观,本书在论证的同时加强了实证分析。

本书还运用其他方法进行了研究,但只是零星使用,不再专门说明。

四、研究内容及创新之处

(一)研究路径

确定选题后,如何寻找文章的切入点及选择研究的路径是本书重心所在。然而,大陆法系与英美法系由于诉讼构造的不同及法庭审理模式的差异,导致对证明责任不仅在概念、内涵的界定上存在区别,对当事人证明责任的分配规则及证明标准也有明显差异。相应地,证明责任减轻规则作为对证明责任分配的一般规则的例外,两大法系的研究路径亦是不同。从目前获取的资料来看,大陆法系对于证明责任减轻的研究,鲜有直接以证明责任减轻概念为入口,而是循着对罗森贝克证明责任理论的不自洽的批判及修正,而提出并发展出许多新的学说,其中部分学说为证明责任减轻的提出提供了一定的理论依据。在此基础上,德国、日本学者围绕阐明义务、具体化义务、证明妨碍及摸索证明等与具体的证明责任减轻的方法与技术相关的概念[1]展开研究,从而使在没有明确提出证明责任减轻概念的情况下,与证明责任减轻相关的制度体系仍然有所建立并完善,后来在实务操作中衍生出证明减轻概念[2]。直到现在英美法系仍然没有明确的证明责任减轻概念,但其基于自身诉讼构造及审理模式建构的证明规则,起到了证明责任减轻的效果。不同的是,我国台湾地区有学者基于台湾地区所谓"民事诉讼法"第277条的修订,明

---

[1] 关于证明责任减轻的方法与技术,各国理论上对此存在不同认识。本书对此也存在不同的理解,具体将列专节予以梳理。

[2] 普维庭等人所著的德国《举证责任手册》对"证明减轻"(Beweiserleichterung)进行了定义。Vgl. Laumen/Prütting, Handbuch der Beweislast, Band I, 4. Aufl., 2019, § 12 Rn. 4. [劳曼、普维庭:《举证责任手册》(第1卷),2019年第4版,第12节页边码4。]也有称"Beweiserleichterung"为证明救济,即放宽举证责任。See Matthias Schmidt & Piotr Bogdanowicz, *The infringement procedure in the rule of law crisis: How to make effective use of Article 258 TFEU*, 55 Common Market Law Review 1061-1100(2018).(参见马蒂亚斯·施密特和彼得·博格达诺维奇:《法治危机中的侵权程序:如何有效利用欧盟运行条约(TFEU)第258条》,载《共同市场法评论》2018年第55期,第1061-1100页。)

确地提出了证明责任减轻概念并对其内涵进行了界定,在此基础上作进一步研究。我国大陆地区对证明责任减轻进行专题研究的文献并不十分丰富,现有资料在证明责任减轻概念的界定上还存在较大争议。

从司法实务上看,证明责任与证明责任减轻在我国学界与实务中出现了两个截然相反的背离现象。在证明责任上的背离体现为,学界对客观证明责任的概念与内涵基本形成理论共识,但实务界(主要是作为裁判者的法官)却更加推崇与青睐主观证明责任;法官在审理案件时更多的是采用反复的证明转换,通过循环论证直到形成心证为止,只在个别案件中不情愿地适用客观证明责任裁判,特别是在出现当事人遭遇非因自身原因的证明困难时更为明显。该种背离现象也引起了理论界的关注。[1] 在证明责任减轻上的背离体现为,学界研究的不温不火与实务上的自发实践形成对比;因为不愿、不想抑或惧怕适用客观证明责任对案件事实真伪不明的案件进行裁判,法官会通过要求非负证明责任一方当事人配合说明、应当事人申请调查取证、损害赔偿酌定、证明标准降低、允许摸索证明及书证提出命令等一系列方式查明案件事实,直到对案件事实查明形成心证为止(至少是自认为已经查清)。笔者在研究及实务工作中也对上述"背离"现象进行观察及思考。当然,这也是促成笔者研究证明责任减轻的最初"诱因",希冀寻找证明责任减轻的概念本源、确切内涵。

鉴于此,本书的基本研究路径为:

首先,考虑到证明责任减轻在我国诉讼法领域仍然是一个新生概念且存在争议,应准确界定证明责任减轻的概念及内涵,这是整个研究的基础,也符合我国同属于大陆法系法域的理解习惯。在明晰证明责任减轻概念及内涵的基础上,再进一步研究其法律地位、法理及价值,这些共同构成了证明责任减轻的基本理论。同时,鉴于上述两个"背离"现象,特别是证明责任减轻实务上自发实践并取得了良好的效果,故在本书的整个研究中是以理论为本融合实践问题,以问题意识为导向,特别是紧扣我国司法实践中的现实问

---

[1] 就该"背离"现象,本书将在第五章进行专门分析。

题。[1]在对证明责任基本理论问题的研究中，笔者利用对司法实务较为熟悉的优势，选择了大量的案例对理论中的模糊问题进行验证与说明。

其次，本书选取了摸索证明、损害赔偿酌定及证明标准降低这三种实务中运用最多亦是最为典型的证明责任减轻方法作为研究的重点，对其作类型化研究，并从中归纳不同类型方法之间的理论与制度共性，以检验本书对证明责任减轻基本理论研究的妥当性与自洽性。德国、日本等大陆法系主要国家在证明责任理论方面有着非常丰富的研究，在证明责任减轻理论及实践亦作了有益的探索。英美法系证明责任分层理论对于证明责任减轻的研究也有一定的参考价值。比较分析域外的理论与实践有助于本书进行更加完善的思考，也为建构我国的证明责任减轻制度提供了有益参考。

最后，建立在证明责任减轻基本理论和类型化讨论的基础上，本书针对我国证明责任减轻的理论与实践现状，提出了建构我国证明责任减轻制度的思考。

（二）本书拟解决的主要问题

循着上述研究路径，本书拟解决以下几个方面问题：

第一，证明责任减轻的基本理论问题。证明责任减轻的基本理论是本书的重点内容，也是整个研究的根基。该部分占整个研究的三分之一。关于该问题，作者想要具体研究的是，证明责任减轻究竟是什么？其概念及内涵如何界定？对其性质如何理解？证明责任减轻的法律地位如何定位，其与证明责任分配的一般规则之间的关系如何界定与协调？作者还想具体回答的是，证明责任减轻的理论基础是什么，证明责任减轻提出与建构的法理依据是什么？证明责任减轻的价值追求是什么？通过对证明责任减轻概念、性质及法律地位问题的研究，再探讨其通过何种方式方法实现减轻当事人证明负担的目的？作者试图梳理，学界从广义角度对证明责任减轻的分类及具体方法有哪些？该部分主要解决的问题是，虽然从广义角度分析存在众多的证明责任

---

[1] 努力做到论文研究能够体现出"中国问题"和"现实问题"意识。

减轻的方法，但是从本书对证明责任减轻概念及内涵的界定出发，证明责任减轻的典型方法应当有哪些？本书拟对哪几种典型方法进行研究，为什么做出这样的选择？希望以此为本书下一步确定重点研究的减轻方法打下基础。

第二，证明责任减轻的典型方法实践。该部分分别围绕三个证明责任减轻的典型方法实践展开，由摸索证明、损害赔偿酌定及证明标准降低三个独立的章节组成，分别对其进行类型化研究。本书全面地分析了广义视角下证明责任减轻的不同方法，但并未对所有证明责任减轻的具体方法进行充分讨论。本书重点讨论的是，针对本身负有客观证明责任的一方当事人的证明责任减轻情况，司法实务中运用较多且具有典型意义的减轻方法。对于需要重点研究的证明责任减轻方法，如摸索证明、损害赔偿酌定及证明标准降低，首先研究其概念及性质为何？接下来分别探讨，每一种典型方法相应的域外经验为何？我国在相应领域的实践与探索情况为何？这些方法反映出的证明责任减轻的共性问题是什么？如何准确地归纳其共性问题，是做好最后一章"制度建构"的一个重要环节。然后研究我国应当如何建构相应的具体制度。

第三，我国证明责任减轻制度的建构。该部分主要目的在于提出建构我国证明责任减轻制度的基本思路。在此思路指引下，为突出问题意识，首先研究我国证明责任分配的制度现状与司法实践如何？证明责任与证明责任减轻在我国学界与实务中出现了两个截然相反的背离现象，其具体表现在哪些方面及其根源是什么？其次，在准确把握我国证明责任分配的现状后，具体回答了证明责任减轻制度建构的意义，该部分通过对大陆法系及我国证明责任理论研究的发展进路的分析，从历史视野与现实必要两个层面展开。最后，提出建构我国证明责任减轻制度的基本思路。该部分重点解决制度建构的具体追求是什么？证明责任减轻的制度模型及减轻范式如何设计？对于证明责任减轻可能导致的裁判不统一、法律的不安定性及恣意裁判的问题，如何进行规制？相应的程序保障制度如何建立？在以上研究的基础上，本书提出了我国证明责任减轻制度建构的立法建议。

当然，对证明责任减轻的研究也面临诸多困难。主要体现在：其一，如何理顺证明责任减轻与证明责任分配一般规则之间的关系问题。与一般规则不同，证明责任减轻是一个集成概念，是对各种具有证明责任减轻功能和作用的减轻技术或者方法手段的总称。对于两者之间的关系界定，尚无成熟的域外经验可供借鉴，在国内也存在较大争议。作为一个新生概念，这是本书研究无法回避的问题，也是研究的难点之一。其二，从现有文献资料来看，我国关于证明责任减轻的研究文献并不丰富，专门研究证明责任减轻的文章偏少，个别民事诉讼法教科书或者证据法专著虽偶有提及，但也仅是为了体系完整需要而安排，尚未进行深入研究。如何整合国内为数不多的文献资料，并消弭域外经验及域外不同法系之间的制度、文化之间的差异，也是研究的难点。其三，如何在问题意识引领下建构我国证明责任减轻的制度模型，存在一定困难。证明责任理论（客观证明责任）在我国的实践并不像理论研究上那样被普遍接受，在实务上法官更加倾向于使用主观证明责任以达到查清事实的目的。本书在认可罗森贝克证明责任分配理论的基础地位以外，建议对我国法官自发选择的"动态证明"实践进行理论提升。证明责任与证明责任减轻在我国理论与实践上均出现了背离现象，其与我国背后复杂的法律、社会及文化背景有关。如何立足我国实际建构证明责任减轻的制度模式，并防范证明责任减轻的负面作用，是另一难点。

不过，以上困难并非无法克服。相信只要全面地收集国内外文献资料，深入地梳理与分析现有的资料，认真地研究基本理论问题与我们的问题实际，充分地研究实务上的探索与实践，再虚心地向学界同仁请教，这些困难应该是可以最大限度被克服的。

（三）创新之处

作为一个新生概念，应当说我国对证明责任减轻的研究尚不深入，还远称不上成熟。对于证明责任减轻理论及制度的建构尚缺乏应有的体系化研究。从证明责任减轻的概念着手，对其基本理论及制度建构进行了系统化研究，是本书最大的创新之处。

具体的创新之处表现为以下几个方面：

第一，研究选题上的创新。对于证明责任理论，如证明责任的概念、含义及证明责任分配的一般规则，域外已经有了相对成熟的理论及制度，国内学界对其也有了较为深入的研究，就一些理论问题基本形成了共识。但是，证明责任减轻在我国民事诉讼法领域尚属新生概念，学界虽偶有文章对此进行研究，个别民事诉讼法教材、证据法著作也有所提及，但仅为体系完整需要而简单带过，尚未有深入研究。我国民事诉讼方面司法解释规定了个别证明责任减轻规则，学界也就个别类型化减轻制度进行了研究，但对证明责任减轻理论与制度进行体系性研究的文章极少。

第二，论证方法上的创新。全文论证方法始终坚持问题意识，紧扣主线，对于每一种分析方法的使用都能尽可能地发挥其长处而避其短处。其一，全文始终围绕证明责任减轻这一理论主线进行，即使对相关概念及理论加以研究，也并不过度展开，以免文章主题意识和问题意识不够明确。其二，本书采用案例分析与经验实证分析法，既充分地运用案例对提出的理论的自洽性问题进行证成与反向证伪考验，同时结合司法实务上法官自发的实践与探索，进行综合论证。全文论证遵循"先归纳、后演绎"之路径。"先归纳"，是从我国司法实务中自生自发之经验上升为理论，从"个别"上升为"一般"。"后演绎"，是将之前归纳得出的概念及理论再放到具体司法实务中进行检验。其三，本书采用功能主义比较分析法，除对国内外的证明责任减轻理论与制度进行了比较分析外，还对证明责任减轻的两大法系的经验进行对比分析，再对大陆法系的德国、日本作了比较分析，以全面了解证明责任减轻背后法律及制度的影响。本书还注意从经验实证出发深入剖析我国证明责任分配及减轻理念及实践的现状及根源，以避免产生"水土不服"现象。对于"证明责任减轻"这一选题本身即是问题导向的结果。

第三，证明责任分配制度的模型设置有一定创新意义。本书系由经验事实出发，转向理论探讨，目的是建构证明责任减轻的理论及制度。合理设计证明责任减轻的理论模型，是最为核心的内容。本书结合我国证明责任分配的制度现状与司法实践，提出从"规则体系：一般与例外""减轻前提：证明困难""证明过程：动态证明"三个方面设计我国证明责任减轻的制度模式，结合我国实务上的动态证明实践，提炼了我国证明责任减轻规则运用"三步递进"的范式。以上模型与范式的提出，融合了理论与实践的长处，为本书的创新点。

另外，本书提出建构证明责任减轻制度，应当对证明责任减轻规则的运用设置边界和禁区，以减少减轻规则运用可能造成的裁判不统一与法律的不安定性问题。引入程序保障制度，要求法官适时公开心证，赋予当事人程序参与权，以限制可能产生的法官裁判恣意。最后提出相应的立法建议。

第一章　证明责任减轻的基本理论

概念是解决法律问题所必不可少的工具，没有概念便无法将我们对法律的思考转变为语言，也无法以可理解的方式传达给他人。[①]但是，正如普维庭所感慨的，"选择'证明责任'这一术语本身都是极为不幸的，因为它最容易引起混淆"[②]。证明责任减轻理论研究，更应先对其概念内涵及性质进行界定，以避免产生理解混乱。[③]本章以证明责任减轻的概念与性质为基础展开，对证明责任减轻与证明责任分配一般规则之间的关系进行分析，以准确界定证明责任减轻的法律地位。证明责任减轻的法理基础是什么，是该制度能否得以建立及发展的保证。证明责任减轻的价值追求，是这项制度得以发展的动力。法理基础与价值追求，是证明责任减轻理论的核心内容。证明责任减轻是通过一定的减轻技术或者方法手段得以实现的。从广义角度而言，证明责任减轻的具体方法有多种，但狭义上的证明责任减轻仅有几类，也是最具有讨论价值的。本章试图通过对以上问题的研究，以确立证明责任减轻的理论体系。

[①] 参见［美］E. 博登海默：《法理学：法律哲学与法律方法》，邓正来译，中国政法大学出版社2004年版，第504页。
[②] ［德］普维庭：《现代证明责任问题》，吴越译，法律出版社2006年版，第10页。
[③] 在概念集群和种类繁多的证明责任领域尤其如此。证明责任概念从其产生之际便伴随着争议，有称举证责任、立证责任，也有称证明责任，还有法律规范称为举证证明责任；有将证明责任区分为主观证明责任和客观证明责任，也有区分为行为意义上的证明责任和结果意义上的证明责任；还有将证明责任区分为抽象意义上的证明责任和实质意义上的证明责任；等等。繁多而又抽象的概念，给人们理解与适用带来了困难与挑战。

第一节 证明责任减轻的概念与性质

一、证明责任减轻的概念

国外民事诉讼法学界直接对证明责任减轻概念进行定义的并不常见，多是通过罗列证明责任减轻的表现形式或者方法技术以达到解释证明责任减轻内容的目的。普维庭是通过提出一系列"通往克服真伪不明的道路"的替代办法，来对证明责任减轻的内涵进行阐释，但也未明确证明责任减轻的概念。他认为，除了通过实体法规范的个别规定来克服真伪不明外，还有一些排除、减弱或者阻止真伪不明产生的设想，包括不负担证明责任一方的释明义务、改变法律后果（当事人分摊风险）、实体法律要件的弱化、证明尺度的降低等。高桥宏志与普维庭相似，他也是从克服真伪不明这一路径提出了证明责任减轻的关联概念，认为有必要探索一些法律技术（实体法上的和诉讼法上的），以最大可能减少事实真相不明，避免证明责任裁判。[1]谷口安平在分析了日本证明责任理论的新说与旧说的实质争议与真相意义之后，提出证明责任分配一般规则遇到无法解决的问题时的处理思路为，具体问题具体分析，也就是说针对不同的案情情况，寻找出最为妥当的解决方法。[2]后又通过对比例认定、大致推定这一证明责任减轻相关概念的分析阐释了上述思想，虽然他没有提出证明责任减轻概念，但这种解决问题的思路正是证明责任减

---

[1] 参见［日］高桥宏志：《民事诉讼法：制度与理论的深层分析》，林剑锋译，法律出版社2003年版，第456页。
[2] 参见［日］谷口安平：《程序的正义与诉讼》，王亚新、刘荣军译，中国政法大学出版社2002年版，第302页。

轻所采用的。德国诉讼法学者穆科姆（MünchKomm）、瓦格纳（Wagner）提出了证明减轻（Beweiserleichterung）概念。[①] 普维庭等人所著的德国《举证责任手册》对证明减轻进行了定义，认为其是指在当事人非因自身原因造成证明困难时，通过引入证明减轻措施以克服真伪不明状态的发生。[②] 也有文章称"Beweiserleichterung"为证明救济，即放宽举证责任。[③] 赛勒（Sailer）将Beweiserleichterung与减轻证明困难、法定证明简化联系在一起，认为可以通过补充说明义务及主观证明责任的转移来实现减轻的目的。[④] 证明减轻概念已与上述普维庭、高桥宏志所提出的通过"替代办法""法律技术"以克服真伪不明的减轻规则没有本质上的区别了，其最终目的都是避免客观证明责任裁判。

与诸多国家通过立法规定证明责任分配基本规则不同的是[⑤]，证明责任减轻概念是学界对一系列证明责任减轻方法、技术和规则的总结，即使在证明责任减轻理论研究较为发达的国家，也很少发现通过立法形式确定证明责任减轻概念。证明责任减轻概念是为修正与弥补以罗森贝克证明责任理论为基

[①] Vgl. MünchKomm/Wagner, BGB, 6. Aufl., 2009, § 830 Rn. 30.［参见穆科姆、瓦格纳：《民法典》（第6版），2009年，第830节第30页边码。］

[②] Laumen/Prütting, Handbuch der Beweislast, Band I, 4. Aufl., 2019, § 12 Rn. 4.［劳曼、普维庭：《举证责任手册》（第1卷），2019年第4版，第12节页边码4。］

[③] See Matthias Schmidt & Piotr Bogdanowicz, The infringement procedure in the rule of law crisis: How to make effective use of Article 258 TFEU, 55 Common Market Law Review 1061–1100 (2018).（参见马蒂亚斯·施密特和彼得·博格达诺维奇：《法治危机中的侵权程序：如何有效利用欧盟运行条约（TFEU）第258条》，载《共同市场法评论》2018年第55期，第1061-1100页。）

[④] Vgl. Sailer, Beweisrechtliche Folgen der Verletzung von Dokumentationspflichten und der Vernichtung eines Beweisgegenstands, Juristische Blätter, 133 (2011), S. 253 ff.［参见赛勒：《违反文件义务和销毁证据标的的后果》，载《法律汇编》第133卷（2011年），第253页以下。］

[⑤] 经考察，大陆法系明确规定证明责任分配基本规则的国家有：瑞士（瑞士民法典第8条）、法国（法国民法典第1315条，而法国新民事诉讼法第9条对此也进行了规定）、意大利（意大利1942年民法典第2697条）、西班牙（西班牙民法典第1214条）、希腊（希腊1968年民事诉讼法第354条）、土耳其（土耳其民法典第8条）及荷兰、比利时、部分北欧国家，以及巴西（巴西1972年新民事诉讼法第333条）等。而德国、奥地利、日本却并没有通过立法规定证明责任分配基本规则，尽管这些国家证明责任理论研究十分成熟，且"规范说"基本上处于通说地位。《德意志民法典》（第一草案，1888年）第193条曾规定了证明责任的基本规则，该规定与"规范说"是一致的，只是，后来正式颁布时删除了该条规定。立法者指出尽管删除了该规定，但立法仍是以该条为出发点的；且在1900年民法典生效以前，学术研究和司法实践已经对此予以承认，其是现行民法典的当然组成部分。参见［德］普维庭：《现代证明责任问题》，吴越译，法律出版社2006年版，第364-378页、第381-382页。

础而建构的证明责任分配一般规则的不完备而提出的，其系大陆法系证明责任理论中特有的概念。英美法系因其独特的证明责任分层理论，并没有明确地提出证明责任减轻概念及理论体系。英美法系国家立法中是很难发现证明责任基本规则的，其原因主要有两个方面：其一，英美法系国家对证明标准的要求较低，适用客观证明责任裁判的概率较低；其二，英美法系国家的诉讼程序复杂，且在程序的不同阶段可能涉及不同的证明责任问题，而其也可直接影响最终的裁判结果。[1]相应地，英美法系也没有明确的证明责任减轻概念及理论体系。

与国外不同的是，虽然我国学界对证明责任减轻研究尚处于初始阶段，但是我们已开始尝试对证明责任减轻概念本身进行界定。在这方面，我国台湾地区学者做了有益探索，他们认为，举证责任减轻是对举证责任分配一般法则的背离，要对一般法则无法具体地考虑到个案的情况而导致的不正义问题，采取减轻规则予以矫正，同时采取一定的方式减轻、缓和负证明责任一方当事人的主张及举证责任，并提升其收集证据的能力。[2]近年来，我国大陆学界也开始关注证明责任减轻的概念。有学者从减轻当事人证明负担角度，将证明责任减轻理解为，通过将结果责任和行为责任加以适当或者部分分离等理论努力来摸索减轻当事人举证负担的途径。[3]这是针对证明责任减轻文义上的直观理解，将证明责任减轻理解为一种路径。还有观点认为，证明责任减轻实质上是采取合理的立法技术或者替代方法，对那些在个案中出现的证明困难问题予以解决，减轻负证明责任一方当事人的证明难度，以满足个案的妥当性要求，追求当事人之间的实体正义。[4]这种观点更多的是从追求个案公平正义的角度对证明责任减轻内涵所作的界定，将证明责任减轻理解为一

---

[1] 参见［德］普维庭：《现代证明责任问题》，吴越译，法律出版社2006年版，第377页。
[2] 参见王刚：《证明责任减轻制度研究》，载《比较法研究》2021年6期，第185页。
[3] 参见王亚新：《对抗与判定——日本民事诉讼的基本结构》（第2版），清华大学出版社2010年版，第175页。
[4] 参见邵明：《试析民事证明责任的减轻技术——以"诉讼法与实体法二元观"为分析视角》，载《东南司法评论》2009年卷，第373页；邵明：《正当程序中的实现真实——民事诉讼证明法理之现代阐释》，法律出版社2009年版，第342页。

种方法或者技术。与持"方法或者技术"论者类似的观点还有,"证明责任减轻是指大陆法系国家理论及司法实践中面对模糊事实与短缺证据时缓解事实认定困难的一系列概念体系与具体制度工具"[①]。

通过对国内外学者关于证明责任减轻概念的理解进行梳理,本书现尝试对证明责任减轻的概念进行定义。所谓证明责任减轻,是指依证明责任分配的一般规则[②],负客观证明责任的一方当事人遇到非可归责于自身的原因出现证明困难,导致案件基本事实真伪不明,若判决由其负担不利后果明显有失公平,而由法院采取一定的方法缓解其证明困难,减轻其证明负担,最大限度地查明事实真相,避免证明责任裁判,最终实现个案裁判结果的实体正义。具体包括以下三方面内容:

第一,证明责任减轻主要通过对主观证明责任的运用来实现。对证明责任(客观)进行首次分配所依照的根据应当是证明责任分配的一般规则,即每一方当事人均应就于其有利的法律规范所对应的要件事实(基本事实)承担证明责任,也就是,原告应对权利形成要件的事实,被告应对权利消灭要件和权利排除要件的事实承担证明责任。但是,法官应对依一般规则进行证明责任分配的结果进行评估,若原告明显距离证据较远、难以接触到证据及事实信息,相较于被告其举证能力显有不足,则无法体现双方武器平等原则,此时在不采用一定方法或者手段的情况下,即强制要求原告负担客观证明责任无异于直接判定其败诉,该证明责任分配因违背实质意义上的平等原则而不公正。因此,在此情形下有必要采取一定的替代性方法或者法律技术减轻当事人的证明负担,这样既可以通过提高其举证能力这一直接的方式实现,也可以通过适度加重对方当事人的主观证明责任得以间接实现。

上述替代方法或者法律技术,主要可以归为对主观证明责任的运用范畴。

[①] 胡学军:《从"证明责任分配"到"证明责任减轻"——论证明责任理论的现代发展趋势》,载《南昌大学学报(人文社会科学版)》2013年第2期,第89页。
[②] 证明责任分配的一般规则,是指以罗森贝克证明责任理论主要是"规范说"为基础而确立的证明责任分配基本规则。

第一章　证明责任减轻的基本理论

如，原告对于待证事实履行了证据提出责任进行初步证明后，出现非可归责于自身原因而造成进一步证明困难的，法官可许可原告的摸索证明行为，启动证据调查程序；或者，在法官内心对原告的阶段证明形成了初步心证（感觉待证事实为真存在一定的可能性）后，将主观证明责任转换至被告处，要求距离证据与事实信息较近的被告履行证据提出责任。上述两种减轻的方法涉及的即为摸索证明与证明标准降低理论。主观证明责任的主要价值功能为促进诉讼、获取证据、追求真相及认同裁判，而其中最为重要的功能即为追求案件事实真相，这是其与客观证明责任的本质性区别。另外不同的是，主观证明责任是可以转换的。所以，证明责任减轻主要是通过对主观证明责任的运用，以达到直接或者间接地减轻负客观证明责任一方当事人的证明负担的目的。对主观证明责任的运用，既包括对负客观证明责任一方当事人在遇到证明困难时提出的证据调查申请予以许可，也包括在阶段证明完成之后，法官将主观证明责任在当事人之间予以转换的情形。

当然，并不是所有的证明责任减轻全是或者仅仅通过对主观证明责任的运用（特别是转换）来实现的。[①]如损害赔偿酌定，更多还是在当事人尽到初步的证据提出责任后，出现非可归责于自身原因的证明困难，由法官根据其已经进行的阶段证明，结合证据调查及辩论全部情况依自由心证而定。在损害赔偿酌定中，既涉及对主观证明责任的运用（原告应先尽到初步的证据提出责任和法官应原告的申请启动证据调查程序，而较少对主观证明责任进行动态转换），也涉及自由心证制度。[②]而在摸索证明与证明标准降低中，在对主观证明责任的运用之外（更多的是对主观证明责任进行动态转换），同样会运用到自由心证等其他制度。

第二，证明责任减轻的原始追求是避免事实真伪不明。证明责任减轻的目标之一是，避免证明责任裁判。追求慎重及正确的裁判是民事诉讼的基本

[①] 也就是说，不能把主观证明责任作为证明责任减轻的工具绝对化（或者全部方式），除此之外，证明责任减轻还会运用到其他制度。另外，也不能将对"运用"的理解绝对化，对主观证明责任的运用，包括将主观证明责任在当事人作不同的分配、在证明过程中进行动态转换、启动证据调查程序等。
[②] 在第三章中，本书也将就主观证明责任的运用在损害赔偿酌定制度中的体现进行分析。

证明责任减轻论
Issue on the Reduction of Burden of Proof

理念之一,应在程序法上设计这么一个发现事实真相的制度。客观证明责任裁判为法官在出现案件基本事实真伪不明时,提供了解决问题的路径和如何裁判的方法,这就是客观证明责任所具有的方法功能和裁判功能。客观证明责任裁判的前提是案件事实真伪不明,其只能是一种"最后的救济"(ultima ratio)或者"最后一招"[①],是法官在面临真伪不明时的不得已的解决路径。正如边沁所强调的,"司法的直接目的是将有关事实主张真相之裁判准确性达到最大化"[②]。案件基本事实真伪不明下的裁判,既非法官所希望看到的(不论是基于职业道德感的自我约束还是顾虑来自当事人的压力,特别是被判决确认应为对本不存在的事实负担不利裁判后果的那一方当事人);也非当事人所愿意看到的。作为实体权利的真正享有者,其希望法官能够查明案件事实真相,依法公平公正地作出对其有利的裁判,而非事实真伪不明下的裁判。在依一般规则对证明责任在当事人之间进行分配后,基于各当事人举证能力的限制与不同、举证意愿的高低与大小,可能会出现在辩论终结时案件事实仍处于真伪不明状态的情况。此时,为避免案件事实真相不明,法官应当采取措施对当事人之间证明责任的分配予以适度修正,加重不负证明责任一方当事人的主观证明责任,以寻求查明案件事实真相。

以买卖合同纠纷案件为例[③],2018年2月10日,甲公司与乙公司签订买卖合同,约定甲公司向乙公司出售某型号烘干机设备10套,合同总金额1000万元,并确定交货期为2018年3月底前,乙方应于交货后一周内付清货款。后双方就货款给付发生争议,甲公司于2019年3月1日向其所在地法院提起诉讼,要求判令乙公司支付余款800万元及逾期付款利息损失(自起诉之日

---

① [德]普维庭:《现代证明责任问题》,吴越译,法律出版社2006年版,第27页。
② 参见[英]威廉·特文宁:《证据理论:边沁与威格摩尔》,吴洪淇、杜国栋译,中国人民大学出版社2015年版,第76页。
③ 类似案件在司法实践中较为常见。可参见相应的民事判决书:广东省中山市中级人民法院(2019)粤20民终6077号民事判决书;广东省东莞市中级人民法院(2019)粤19民终8470号民事判决书;北京市第一中级人民法院(2018)京01民终6813号民事判决书;北京市第一中级人民法院(2019)京01民终10165号民事判决书;江苏省苏州市中级人民法院(2019)苏05民终9630号民事判决书;天津市滨海新区人民法院(2018)津0116民初23871号民事判决书。

54

起至实际支付之日止按年利率24%计算）。理由是，合同签订后，其已按约于2018年3月31日向乙公司交付了设备，但乙公司只支付了200万元。乙公司应诉并提出答辩意见认为，双方虽然签订了买卖合同，但是甲公司并未按约交付机器设备。根据证明责任分配一般规则，就双方之间的买卖合同关系因被告已经认可，故原告无需举证；但就支付货款这一诉讼主张因被告依照合同法规定行使了先履行抗辩权（交货后一周内付清货款，被告抗辩原告未履行交货义务），则原告若要使其要求被告支付800万元的诉讼请求得到法官认可，其须就已经按约交付了1000万元货物这一事实负证明责任。法官按照上述思路分配了证明责任（尽管证明责任是司法解释事先规定①，在司法实践中法官仍然会根据相应规定进行证明责任分配的指导）。甲公司为证明其已经向乙公司交付了设备，提供了送货单2份，送货地址载明为乙公司，2份送货单上签收人处均只写了一个"李"字，原告甲公司无法说清李姓人员的具体名称，但非常肯定地确认其为乙公司的仓库管理人员及外形特征、说话口音，并要求调取乙公司的员工名册；同时提交了乙公司支付部分货款200万元的银行凭证。被告乙公司对送货单的证明效力不予认可，认为原告无法说清具体签收人员，其公司无李姓工作人员；口头陈述认为200万元的银行凭证是支付双方另外一份合同的货款，但其未提交该合同。诉讼进行到这一阶段，原告是否履行了交货义务仍然是处于真伪不明状态的，若案件审理活动到此为止，应由原告承受事实无法查明的不利后果，此对原告而言似乎有失公正。若为进一步地查明案件事实真相，法官可以要求被告就案件事实问

---

① 我国现行《民事诉讼法》第67条第1款规定："当事人对自己提出的主张，有责任提供证据。"这是典型的主观证明责任表述，不能视为对客观证明责任的分配规则。现代证明制度视角下的证明责任分配制度应是建立在以客观证明责任为核心的基础上，我国实证法体系率先从客观证明责任角度对证明责任分配进行规范的是最高人民法院于2001年颁布实施的《关于民事诉讼证据的若干规定》[以下简称《民事证据规定》(2001年)，后经多次修正，相关规定的基本内容没有发生根本变化；为表述方便，接下来的修正不再详细说明修正的年月日，均直接表述为《民事证据规定》(生效年份)]。最高人民法院于2015年针对修改后的《民事诉讼法》（2012年修正）出台的《关于适用〈中华人民共和国民事诉讼法〉的解释》[以下简称《民事诉讼法解释》(2015年)，后也经过多次修正；为表述方便，接下来的修正不再详细说明修改的年月日，均直接表述为《民事诉讼法解释》(生效年份)]对《民事证据规定》的有关内容继续作了同样的规定。具体内容见本书第五章第一节"我国证明责任分配的现状"。

题作补充说明并加以证明（从本质上是将主观证明责任进行动态的转移），如要求被告提供其公司员工花名册及缴纳社保的记录（在人社局备案的社保记录资料），以及其主张 200 万元系支付另外一合同的货款的相应证据。在原告甲公司已经提供了初步证据的情况下，将主观证明责任转移至被告乙公司处，若被告乙公司尽到了该阶段的证据提出责任，则再视证据调查情况及辩论全部情况认定待证事实是否查明，通过将主观证明责任的不停转换以求最终查明案件事实。

第三，证明责任减轻的最终目标是寻求个案实体正义。证明责任分配的一般规则以法的安定性、可预测性为价值追求，但在特殊案件的分配上，可能会导致个案审理上的不公正。在通过一般规则无法有效兼顾个案实体正义的情况下，通过证明责任减轻规则进一步地查明案件事实真相，以压缩适用客观证明责任裁判的空间，也即尽量在还原事实真相的前提下进行裁判，尊重客观事实的裁判最为契合个案实体公正，也是民事诉讼目的的应有之义。但是，有的案件碍于证据资料的有限性、时间的久远性以及当事人不可避免的趋利避害性，经过慎重审查后仍然陷于无法查明状态，此时就应当对证明责任分配进行修正，减轻负证明责任一方当事人的证明负担，以实现个案上的实体正义。如损害赔偿之诉的赔偿金额确定问题，在原告已经尽到对损害事实及损害行为与事实之间因果关系证明责任的情况下，而对损害赔偿金额却无法有效提出证据证明，此时不应机械地判决驳回原告的诉讼请求，而是应根据个案的证据调查情况及综合全案因素酌定赔偿金额，至少对原告合法权益进行最低正义上的保护。①

上述甲乙公司之间的买卖合同关系是发生在运营较为规范的公司法人之间，而在一些诉讼标的金额不大的案件中，原、被告可能是管理并不十分规范的小公司或者个体工商户，双方只是口头约定而未签订书面合同，原告

---

① 根据证明责任理论，在损害无法认定时，相应的风险一般应由权利主张一方当事人负担，但基于公平原则及诉讼经济原则，而由法官依自由心证酌定。不过，这种酌定所保障的个案上的正义只能是最低正义。否则，其将会动摇辩论主义（协同主义）与处分原则根基，也将会引发新的更大的不正义（如当事人恶意主张原本并不存在的损害事实）。

送货至被告住所时，其签收人员是不确定的。有时，被告（代理人出庭）对货物交付事实不予认可。原告（本人出庭）要求被告法定代表人或者经营者本人到庭对质，但后者予以拒绝。若严格依照"规范说"分配证明责任，基本上在诉讼之初即宣告了原告败诉的结果。但是，在诉讼过程中，法官主持双方调解时，通过双方的协商过程（如，被告代理人提出要求原告打七折或者八折等，理由是货物存在质量问题等），可以明显感受到案件的事实真相是货物已经交付。这样就形成了证据调查的结果与实际发生的结果可能产生背离的局面，为了进一步寻求案件事实真相，法官可以根据案件情况要求被告就相关事实作进一步说明（如提供公司员工名册，甚至在必要时书面通知被告法定代表人或者经营者本人出庭说明情况）。若被告对法官分配的说明义务不予配合，则法官内心对原告所主张的送货事实存在的心证程度会大幅提升（有时会采取降低证明标准的方式），从而做出有利于原告的判定。

二、证明责任减轻的性质

证明责任减轻是以对主观证明责任的运用为主要方式，直接或者间接地减轻负证明责任一方当事人的证明负担，以实现克服真伪不明与避免证明责任裁判的目的。对主观证明责任的运用之所以可以成为证明责任减轻的主要方式，是以主观证明责任所具有的促进诉讼、获取证据、追求真相及认同裁判的价值功能为依托。这也是其与客观证明责任的重要区别所在。[1] 如何通过对主观证明责任的运用实现证明责任减轻的目的，本书拟借助于对主观证明责任的价值功能的解读来体现。

（一）主观证明责任的价值功能

1. 促进诉讼功能——为确定由何方当事人负证据提出责任提供依据

促进诉讼功能的指向对象为当事人，通过对主观证明责任的分配和承担，确定由何方当事人通过自己的提供证据活动对争议的事实进行证明，从而推进诉讼的进程。通常而言，主观证明责任只存在于辩论主义领域。在职权探

---

[1] 总体而言，客观证明责任的价值功能有方法功能、裁判功能、指引功能、预测功能。其一，方法功能的指向对象是作为裁判者的法官，其为法官提供真伪不明时的解决路径。对于一个诉讼案件，在经审理查明之后裁判之前，若能查明案件基本事实并将实体法规范运用于其上并据此作出裁判，无疑是司法裁判的理想状态。但现实中仍然会出现辩论终结时于裁判有决定性意义的案件事实无法查清，法官内心既无法判断其为真也无法确定其为伪，也就是法官无法获得心证。根据现代法治原则，司法不得拒绝裁判，必须妥善地解决进入到诉讼中的矛盾纠纷，否则是不被社会公众所容忍的。那对处于真伪不明状态的案件如何裁判呢？客观证明责任规范给出了回答，其可以指导法官如何作出判决。法官根据实体法规定及证明责任分配一般规则进行判决，谁应对案件基本事实负证明责任，就应由谁承担败诉的不利后果。将"不适用规范"方法作为案件基本事实真伪不明时的裁判方法，正是罗森贝克证明责任分配一般规则的主要特征。其二，裁判功能的指向是作为裁判者的法官，其为法官提供真伪不明时如何裁判的解决路径。方法功能和裁判功能就相当于客观证明责任的一体两翼，缺一不可。而裁判功能之于证明责任理论应处于更加核心的地位。相对于裁判方法而言，客观证明责任则是实体法上的风险分配，其原则上是实体法通过立法这一严肃程序进行预先设定的。证明责任规范的核心内容真伪不明对不利后果的分配，其系关于法律问题的命题，其裁判功能即是通过对客观证明责任在当事人之间的分配得以实现。其三，指引功能的指向对象主要是当事人，其主要为当事人如何进行证明行为提供指引。同时，客观证明责任也充当着法官诉讼指挥的指向标。进入到诉讼中的纠纷的双方当事人是相互对立的，纠纷中体现的进攻方（原告）与被攻击方（被告）之间利益对立和冲突，所以进攻方与被攻击方均会为各自利益为陈述行为和证明行为。证明责任的指引功能正是体现通过证明责任的一般分配原则去引导当事人如何围绕其诉讼主张提供证据证明，"通过确立合理的举证责任规则去塑造人们未来的行为"。[何海波：《举证责任分配：一个价值衡量的方法》，载《中外法学》2003年第2期，第138页。] 其四，预测功能的指向对象是当事人和法官，更重要的指引主体是社会公众，其可使社会公众在诉讼前和诉讼中对自己可能要提起的诉讼和正在进行的诉讼的结果进行评估和预测。证明责任的预测功能使准备打官司的人们知道，其若要想取得胜诉的结果，必须以于其有利的法律规范对应的事实为主张和证明责任，即首先要提出相应的诉讼主张；其次要提出支持其诉讼主张的证据并且使法官形成有利于自己的心证（或者说使法官形成对其主张的内心确信），通俗地说就是让法官相信自己所主张的事实是真的。如果当事人在分析其主张和自己掌握的证据之后，发现其可能难以使法官对其主张的事实形成内心确信，便可预测自己败诉的概率很大，除非被告对其主张予以认可（即不产生争议）；在经过利益权衡之后，准备提起诉讼的人们可能会打消诉讼的念头。关于客观证明责任的功能，也有论者进行了深入的研究，可参见霍海红：《证明责任：一个功能的视角》，载《北大法律评论》第6卷第2辑，北京大学出版社2005年版，第616-648页。

知主义诉讼中，若有于裁判有重大意义的基本事实当事人不能提供有效证据证明，法官通常可以应当事人申请或者依职权进行调查。如在确认亲权或否认子女为其亲生的法律争讼中，对于诉讼成立的或抗辩、再抗辩的事实，以及婚姻关系成立与否的事实，对当事人未提出的事实，法院也能依职权加以调查。[①]"在职权探知主义模式下，法院负责承担成为判决基础（或根据）事实的确定。"[②] 当事人积极履行主观证明责任的目的是避免败诉。原告提出诉讼主张，其应当对该主张所依据的事实提供证据加以证明，如果其提供的证据根本无法让法官形成心证，除非被告在答辩中直接予以自认，否则法官将不会进行下一步的证据调查，而径行认定原告所主张的事实不存在；而若原告提供了充分的证据证明其主张的事实存在，此时法官对相应事实的存在形成心证，被告为了避免败诉就有提出反证并提供证据证明的必要，以使法官的心证产生动摇而变得不确信。通过主观证明责任在当事人之间的转换，以实现促进诉讼的目的。

2. 获取证据功能——为查明案件的基本事实提供证据方法与诉讼资料

获取证据功能的指向对象是当事人和法院，通过当事人收集和提出证据、法官启动证据调查，以使法官在消极中立的情况下获得查明案件事实所需要的证据资料。对于当事人而言，其应尽量提供充分的证据资料，至少是就其所主张的事实存在的证据资料，以最大限度地接近事实真相。当事人可采取

[①] [德] 莱奥·罗森贝克：《证明责任论》（第5版），庄敬华译，中国法制出版社2018年版，第37页。
[②] [日] 松本博之：《日本人事诉讼法》，郭美松译，厦门大学出版社2012年版，第49页。

的方式有摸索证明、申请调查取证等。如在买卖合同纠纷案件中①，已经尽到初步证据提出责任的当事人，在无法使法官形成有效心证的情况下，通过向法官申请启动进一步的证据调查程序，以获取对于证明案件事实有利的证据资料。法官在形成了初步但尚不是确切的心证情况下，通过许可负证明责任一方当事人提出的证据调查申请，以获取进一步证明案件事实的证据。对于法官而言，其可通过允许摸索证明、文书提出命令、不负证明责任一方当事人的事案解明义务、降低证明标准等方式提高查明案件事实的能力。

3. 追求真相功能——为减少真伪不明式的证明责任裁判打下基础

追求真相功能的指向对象为法官和当事人，更重要的指向对象应当为法官。法官希望裁判是建立在真相查明的基础上，而非真伪不明式的裁判。而对当事人而言，其追求的是于己有利的裁判结果，虽然也追求真相，但相较于胜诉结果，是否为查明真相的裁判则退而次之。当然并不意味着当事人不愿意追求真相，只是当事人所要呈现给法官的"真相"通常是他认为有利于本方的"事实真相"，该"事实真相"既可能是既往事实的完整再现，也可能是既往事实的部分再现，还可能是对既往事实的背离。由于当事人利己排他的本性，当事人向法院呈现的证据资料可能是片面的。但即使在这种情况下，当事人主观证明责任的充分履行仍然是法官发现事实真相最佳且也是最为有效的途径。随着现代民事诉讼的发展，纯粹职权主义主导的诉讼种类和范围

---

① 原告提起诉讼要求被告给付货款 500 万元并承担逾期付款利息损失。被告辩称双方之间存在货物的买卖合同关系属实，但原告后来并未按合同约定供货。经审理查明，原、被告双方签订《买卖合同》一份，约定被告向原告购买货物 800 万元，具体以实际供货为准。原告为证明其已向被告实际供货 600 万元，提供的证据有向被告开具的增值税发票价税合计 600 万元，以及被告通过银行转账方式支付的 100 万元转账凭证。被告辩称，原告仅供货 100 万元，其与原告已经货款两清。在审理中，法官向原告释明其应当就已经向被告交付 600 万元货物事实进一步提交证据证明。原告告知无其他证据可以提交，向法院提交调查申请一份，申请调取被告已经将原告所交付的 600 万元增值税发票至税务机关进行认证抵扣。后其代理律师持法院开具的调查令至税务机关调取了被告认证的证明，法官依照高度盖然性标准认定原告所主张的事实存在，判决支持其诉讼请求。该案中，原告作为提起诉讼主张一方当事人为证明其主张的事实成立，在已经提交了其所掌握的全部证据情况下发现仍然无法让法官形成心证，若再不进一步补充证据则可能会面临败诉的风险，其向法院申请调查令调取其无法自行取得的证据。类似案件可参见浙江省绍兴市越城区人民法院（2019）浙 0602 民初 10475 号民事判决书；山东省东营市垦利区人民法院（2019）鲁 0505 民初 1973 号民事判决书；江苏省苏州市相城区人民法院（2019）苏 0507 民初 4171 号民事判决书；浙江省嘉兴市南湖区人民法院（2019）浙 0402 民初 5360 号民事判决书等。

愈来愈窄，辩论主义主导的诉讼已经是也将必然是民事诉讼的主流。不论何种诉讼模式，其诉讼程序的设置在原则上都应当追求最大限度地实现事实真相。①作为裁判者也是事实发生后的判断者，其赖以判断的基础只能是当事人所提供的证据资料，尽管这种证据资料可能是片面的、非完整的，甚至还可能是虚构的。

法官如何通过审理程序发现事实真相？主观证明责任提供了有效的途径。法官的证明评价活动，直接的体现是对当事人的证明活动进行评价，而当事人证明活动的主要内容，是对主观的证明责任的履行，也即就其主张的事实提供证据；因此，主观的证明责任分配，直接决定着法官证明评价的结果。②本证方当事人充分履行了主观证明责任，法官可能判断其主张的事实为真；主观证明责任转移至反证方，由反证方就其主张提供证据证明，若反证方未能提交证据，或者所提交证据未能使法官对其主张的事实形成心证，则法官会认定本证方主张成立。各方都尽了主观证明责任的，也可能会造成真伪不明的状态。主观证明责任使当事人的举证行为与其可能面临的裁判结果结合在一起，案件事实真伪不明的风险转移到当事人，此种风险对当事人形成了巨大的压力，促进了当事人的证明活动。当事人清楚为了获取对己有利的诉讼结果，其需要通过充分的举证活动让法官形成内心上的确信。主观证明责任在当事人之间的循环往复，使案件事实在不断地对抗中逐渐显现，直到双方当事人均提出更多的证据资料，此时法官的证明评价可能就是最接近真相的。不过，对诉讼中主观证明责任的分配应当符合认识规律及当事人的利己本性，否则可能会遭受抵制，使查明事实真相变得更加困难。

4. 认同裁判功能——为提高当事人对司法裁判结果的认同感打下基础

认同裁判功能的指向对象是诉讼当事人及社会公众。与客观证明责任的预测功能一样，都是让准备打官司的人们知道，其若要想取得胜诉的结果，

---

① 参见张永泉：《客观真实价值观是证据制度的灵魂——对法律真实观的反思》，载《法学评论》2012年第1期，第40页。
② 参见段厚省：《证明评价影响因素分析》，法律出版社2009年版，第88页。

必须以对其有利的法律规范对应的事实为主张和证明责任，即首先要提出相应的诉讼主张；其次要提出支持其诉讼主张的证据并且使法官形成有利于自己的心证（或者说使法官形成对其主张的事实存在的内心确信），通俗地说就是让法官相信自己所主张的事实是真的。如果准备提起诉讼的当事人，在分析其能够尽到的最大主观证明责任程度仍然可能无法使法官形成心证，便可预测自己败诉的概率极大，有可能会打消诉讼的想法。预测功能对于进入诉讼的当事人及社会公众所发生的效果基本一致，都是通过当事人应对其主张的事实负证明责任——负担提供证据责任和出现真伪不明的结果责任——预测相应的诉讼结果。

预测功能的存在是基于当事人对其负有证明责任（主观与客观）有着清楚认知这一前提。也就是说，当事人知道其要想获得对自身有利的判决，就应当向法院提出相应的事实主张，并负责收集和提出相应的证据加以证明其所主张事实的真实性；如果不能提供证据或者所举证据不够充分，便无法使法官对其所主张的事实为真形成内心确信，自然其所提起的诉讼请求便无法得到法院的支持。[①] 这就是主观证明责任的逻辑。法官在其判决书中就当事人应负有的主观证明责任及对当事人的证明活动进行如此评价，简单清楚，通俗易懂，也能为社会公众所接受。其在客观上增进了当事人及社会公众对法院裁判的认同感。

（二）主观证明责任有其独特的作用

1. 主观证明责任有其独立的性质

作为发现案件真实的主要手段，主观证明责任有着独立的品格和功能。主观证明责任的功能主要指向发现事实，是诉讼进程的两个阶段中的前置阶段，没有事实发现环节，适用法律裁判将会变成无土之木。在进入诉讼之后，证明责任之于当事人而言最重要的便是主观证明责任，当事人只有充分地履行主观证明责任，才能使法官对其主张的事实形成心证；也正是通过主观证

[①] 参见李浩：《证明责任的概念——实务与理论的背离》，载《当代法学》2017年第5期，第8页。

明责任在当事人之间随着诉讼进程不停地转换①，才能让法官获得更多可以评价的证据资料，以最大可能地接近事实真相。

其一，单独适用主观证明责任裁判的案件大量存在。如上文分析，在民事司法实践中于辩论终结之时发生案件基本事实真伪不明的概率仍然较小，绝大多数案件是在查明事实真相或者可以直接判定事实为伪的基础上作出的判决。这一点既是客观存在的现象，也已为学界所认识。真正需要客观证明责任发挥重大作用的场合比例仅为小部分，诉讼中实际运用得更多的是主观证明责任。客观证明责任只是在诉讼之初法官分配证明责任负担时才会产生意义，而在辩论终结时法官作出裁判的基础是——在诉讼过程中当事人已经尽到其主观证明责任（向法院提出证明其事实主张的证据）——通过证明评价活动对待证事实为真形成心证。以一件买卖合同纠纷案件为例：原告起诉要求被告支付100万元货款，提供的证据为原、被告双方之间的对账单。而被告只是辩称其因为资金紧张而无法支付，且原告曾口头答应宽限半年，但其未提交相应证据证明。原告对被告宽限半年的辩称不予认可。案件审理至此，基本事实已经查明，法院可以直接判定支持原告的诉讼请求。该案即为适用主观证明责任的裁判，均不涉及案件事实真伪不明的问题，并无客观证明责任判决的适用空间。

其二，主观证明责任于诉前也有其独立适用的空间。通说认为客观证明责任是证明责任的本质，除了将其作为克服真伪不明的裁判方法之外，还有一层原因是——其系实体法规范预先对法律风险的分配，其作用时间节点贯穿于诉前、诉中及诉讼终结时。但其实主观证明责任在诉前同样可以发挥作用。比如，诉前证据保全和诉前财产保全制度，给主观证明责任的运用提供了很好的空间。我国《民事诉讼法》第104条对诉前财产保全进行了规定，利害关系人因情况紧急在诉前可以申请对相关财产进行保全。判断利害关系人的重要标准之一即为主观证明责任，当事人认为其权益可能受到损害，并

---

① 前文已经分析，证明责任减轻的主要方式是对主观证明责任的运用，但并不能绝对地说全部是通过这种方式来实现的。除主观证明责任之外，还会运用到其他制度，如自由心证制度、表见证明制度。

拟在诉讼前申请财产保全的，应当就其合法权益与被保全标的及其所有权人、占有人存在关联关系的事实负有证明责任。对于起诉的规定，也可体现主观证明责任制度的独立性。虽然各国民事诉讼法对起诉均只作形式上的审查，我国业已采取立案登记制[1]，但是当事人在起诉立案时所提交的材料仍需具备一定的形式要件，否则法院将不会受理或者虽然受理但审查发现其不具有诉的利益等而裁定驳回起诉。诉的利益与法院受理案件范围、当事人适格一起，构成了决定起诉是否应予受理或者裁定驳回的根据，属于起诉条件或诉讼要件中的一种。[2] 如我国《民事诉讼法》第122条对起诉的要件进行了规定，当事人须证明其起诉具备"四个要件"方可被立案，此时并无实体上的被告之说，原告负担的只是主观证明责任，若其未尽到主观证明责任将直接承受不被立案的法律后果。[3]

其三，证据保全制度可直接证成主观证明责任的独立性。当事人申请证据保全[4]，目的在于被保全的证据对于正在发生的诉讼的相关事实的查明有证明上的帮助，而该事实对于申请一方当事人有利。而主观证明责任则是这种利益的前提，其使申请人知道他需要提前保存和收集好相关证据，以备将来可能发生的诉讼证明使用。可以说，"主观证明责任是当事人申请证据保全的法律基础"[5]。我国《民事诉讼法》第84条第2款对诉前证据保全制度作了规定，该制度除了具有传统意义上的保全证据功能以外，还具有现代证据制度

---

[1] 最高人民法院于2015年4月15日发布《关于人民法院登记立案若干问题的规定》，自2015年5月1日起施行，对一审民事、行政及刑事自诉案件实行立案登记制。
[2] 诉的利益概念来自大陆法系德国、日本的民事诉讼学说，其基本含义是原告诉讼提出的问题或纠纷的实体内容本身，应当具备值得通过民事诉讼予以处理解决的价值或利益。一般而言，民事纠纷只要属于法院受理案件的范围，基于这种纠纷的起诉通常都具备诉的利益。但缺乏诉的利益的情形也较为常见，如违反一事不再理原则的诉讼、虚假诉讼等。参见王亚新、陈杭平、刘君博：《中国民事诉讼法重点讲义》，高等教育出版社2017年版，第205页。
[3] 对于现行立法上的形式审查，在学界仍然存在一定争议。关于这个问题，笔者认为学界与实务上有着不同观点，是可以理解的。因为，双方考虑问题的角度不同。但是，学界的不同声音对于防止形式审查流向实质审查还是有着积极意义的。
[4] 我国《民事诉讼法》第84条第1款对证据保全制度进行了规定，下文在讨论摸索证明时也将会予以讨论。
[5] 谢文哲、宋春龙：《论主观证明责任的独立品格》，载《天津法学》2004年第2期，第23页。

意义上的开示机能。①所以，我们不能再机械地认为主观证明责任仅仅是客观证明责任的依附，而不承认其独立性。因为客观证明责任系以真伪不明为前提条件，而在一般情况下真伪不明通过证据保全就克服了。

2. 客观证明责任无法真正地克服真伪不明

客观证明责任对应着诉讼的法律适用阶段，其适用的前提是前一阶段发现事实并不顺利，即作为裁判基础的案件基本事实真伪不明，客观证明责任的主要功能就是在此时为法官裁判提供方法和指引——判决负证明责任一方当事人承担不利的诉讼后果。客观证明责任始终是与真伪不明联系在一起，而与民事诉讼所追求查明事实真相的真正目的无关。"证明责任机制的存在不是要鼓励法官作出证明责任裁判，而是要为法官寻求在事实真伪不明情形下仍能作出裁判的'避难所'。"②但是，事实真伪不明下的客观证明责任裁判，绝非当事人和法官所追求的诉讼结果。法官最为担心的便是其裁判所确认的事实与客观发生的事实是相背离的。"任何一个经过专业知识训练并具有基本职业道德的法官，都不会认为依据证明责任作出的判决会是一个理想的判决。"③在案件事实真伪不明下进行裁判，绝非民事诉讼所追求的目的，真伪不明也绝不是证明活动的目标。④证明责任判决只能是"最后一招"，它不可能让法官对本无法形成内心确信的待证事实人为地达至心证程度。所以，客观证明责任无法真正"克服"（查明）事实真相。

3. 主观证明责任的价值本质为追求事实真相

主观证明责任对应着诉讼的发现事实阶段，其目的就是发现案件事实。在诉讼中，发现真相应当是证明活动的首要任务。当事人为了能够让法官对其主张的事实形成心证，将会竭尽所能提交证据资料进行证明活动；而另一方当事人同样为了将法官心证拉回到对其有利方向，也将会竭尽所能提交证

---

① 关于诉前证据保全制度的功能及如何通过诉前证据保全，提高当事人的证明能力，减轻当事人的证明责任，对此，本书将在第二章"摸索证明"中予以分析。
② 霍海红：《论证明责任机制的限度》，载《当代法学》2008 年第 3 期，第 66 页。
③ 霍海红：《论证明责任机制的限度》，载《当代法学》2008 年第 3 期，第 66 页。
④ 王力平：《举证责任转移研究》，复旦大学 2008 年硕士学位论文，第 13 页。

据资料进行证明活动。就这样在主观证明责任的转换中，法官将会接触到更加丰富的证据资料，从而也能够尽最大可能地接近事实真相。主观证明责任为追求案件事实真相提供了制度保障。

首先，主观证明责任与客观证明责任指向不同。民事诉讼过程按阶段进行主要有送达诉状副本材料（包括证据交换）、当事人庭审陈述、归纳争议焦点、证据质证及认证、法庭辩论及当事人最后陈述、裁判，主要可以归纳为发现事实与适用法律两个阶段，也就是常说的"认事"与"用法"。认事是指发现案件事实，用法即为适用法律规范进行裁判。主观与客观证明责任恰好与法院裁判活动的两个阶段形成对应，其主要功能指向分别为发现真实和适用法律。两者主要功能指向不同，各有侧重但又相互补强。

其次，主观证明责任与客观证明责任相互关联。主要表现为：其一，主观与客观这两种证明责任的分配是一致的，客观证明责任的范围通常决定着主观证明责任的范围。其二，客观证明责任是不利风险（事实主张不被支持）在当事人之间的分配，它内在地督促当事人积极履行主观证明责任。若当事人充分地履行了主观证明责任，并使法官以其主张的事实形成心证，则客观证明责任将不会有适用的空间。

最后，主观证明责任与客观证明责任同等重要。客观证明责任可普遍存在于辩论主义和职权主义诉讼中，并且客观证明责任的分配决定着由何方主体负担结果意义上的证明责任，并以其督促相应负担主体积极地去履行其主观证明责任，从抽象意义上说其为证明责任的本质。但是，主观证明责任却可以从具体意义上实现证明责任的本质。从功能作用、具体指向和制度的独立性来看，并非仅仅是客观证明责任的投影或者映像[①]，更不能说主观证明责任是客观证明责任的附庸。主观证明责任属于诉讼法范畴，而客观证明责任更多地属于实体法范畴，两者地位同样重要。普维庭也指出，必须承认的是，

[①] 日本民事诉讼学家三月章教授认为，在辩论主义下，应当将主观证明责任作为客观证明责任的映像来予以把握。参见［日］三月章：《民事诉讼法》（法律学全集），有斐阁，1960年，第406页以下。转引自［日］高桥宏志：《民事诉讼法制度与理论的深层分析》，林剑锋译，法律出版社2003年版，第421页。

主观证明责任是民事诉讼法的制度之一；他还进一步阐释道："有大量依据和法律规定表明，当事人的行为和提供证明的责任不仅仅是客观证明责任的当然反射，同样也不仅仅意味着是克服真伪不明的抽象意义上的利益。"①

---

① ［德］普维庭：《现代证明责任问题》，吴越译，法律出版社2006年版，第39页。

第二节　证明责任减轻的法律地位

对证明责任减轻的法律地位进行准确定位，关键在于如何理解一般规则与减轻规则之间的关系问题。而这些都建立在对证明责任分配一般规则进行全面把握的基础上方能展开。通过对证明责任分配理论进行比较分析可知，以"规范说"为基础建构的证明责任分配一般规则虽然存在固有缺陷，但其地位仍然是无法撼动的。[①] 对其缺陷，证明责任减轻能予以一定程度的弥补。证明责任减轻概念是为修正与弥补以罗森贝克证明责任理论为基础而建构的证明责任分配一般规则的缺陷而提出的。

一、关于证明责任分配理论的比较分析

（一）罗森贝克的证明责任分配理论[②]

1900年，罗森贝克出版了《证明责任论》，在该书中他首次系统地提出

[①] 有学者认为，"在人们还没有提出不仅看起来很美，而且也很实用的证明责任分配原则之前，我国应当采用法律要件分类说作为证明责任分配的原则"。参见张卫平：《证明责任分配的基本法理》，载何家弘主编：《证据学论坛》（第1卷），中国检察出版社2000年版；[德] 莱奥·罗森贝克：《证明责任论》（第4版），庄敬华译，"证明责任：世纪之猜想——《证明责任论》代译序"（张卫平），中国法制出版社2002年版。

[②] 大陆法系的主要代表国家或地区关于证明责任分配理论的通说，基本上均以罗森贝克的证明责任分配理论（"规范说"与"不适用规范说"）为基础建构，故本书对大陆法系的其他学说不再予以阐述。关于一些在批判"规范说"中发展起来的新说，如危险领域说、利益衡量说、盖然性说，本书在导论部分已予以简单介绍。

证明责任概念及证明分配理论。罗森贝克的"规范说"是法律要件分类说[①]中最为重要的一种学说，是法律要件分类说[②]的集大成者，后经其学生施瓦布及其他学者普维庭等修正发展，逐渐成为德国和日本等国家或地区证明责任分配理论的通说。罗森贝克的"规范说"是在反对根据具体案件的不同而按照自由的评价来进行证明责任分配的基础上提出来的，他致力于提出一个统一的证明责任分配规则，希望这个统一的分配规则能够得到普遍的承认和接纳。普维庭也认为，证明责任分配规则是立法者进行的独立的风险分配，"但是倘若立法者要明确地为每一个法定的要件事实都规定一个证明责任规范的话，那将是一个法律内容和相应成本都无法承受的计划"[③]，因此应当寻找证明责任分配的基本规则。因为罗森贝克立足于法律规范之间的逻辑关系，分析不同法律规范的具体分类，以此为据寻找证明责任分配的原则，使罗森贝克的分配理论在德国被称为"规范说"。罗森贝克的证明责任分配理论从实体法中法律效果的发生要件出发，对法律规范作出的分类，是以纯粹的实体法律规范结构分析为前提的。虽然从对实体法律规范的分析上去寻找分配原则的方法，并非罗森贝克的首创。但是，"从法律规范相互之间的关系中去发现分配的原

[①] 法律要件分类说是从实体法规定的构成要件事实的不同种类出发分配证明责任。该说着眼注重分析生活事实（案件基本事实）与法律规范之间的关系。法律要件分类说与待证事实分类说的根本区别在于不是以事实本身的内容和性质作为分配证明责任的标准，而是着眼于案件事实与实体法律规定之间的关系，以案件事实与实体法规定的构成要件的关系及其在实体法上引起的不同效果作为分配证明责任的标准。参见李浩：《民事证明责任研究》，法律出版社 2003 年版，第 114 页。

[②] 法律要件分类说，是与案件事实说相比较而言的。案件事实分类说是从案件事实本身的内容、性质以及证明的难易程度出发确定证明责任分配的依据，着眼于案件事实是否有可能得到证明以及证明时的难易程度，而不是以事实认定与法律适用之间的逻辑关系分配证明责任。法律要件分类说，又可分为基础事实说、完全说及规范说。基础事实说认为，提出主张的一方当事人应当对权利发生要件事实承担证明责任，相对方对权利发生的欠缺要件承担证明责任。基础事实说又包括两个分支学说：特别要件说和因果关系说。特别要件说为后来的规范说提供了一定的理论基础，也曾被日本和我国台湾地区奉为通说；因果关系说则是规范说之前的德国通说。完全说，是由莱昂哈德提出的，1904 年，莱昂哈德在其出版的《证明责任》（1904 年第 1 版，后于 1926 年出版第 2 版）一书中，直接否认权利妨碍规范的存在及其合理性，只承认权利产生规范和权利消灭规范；继而提出了证明责任的分配原则是：原告必须主张和证明产生要件的所有前提条件，权利妨碍事实并不存在，被告只需主张和证明权利消灭的事实。参见［德］莱昂哈德：《证明责任》（第 2 版），柏林，1926 年，第 138 页及以下几页、第 145 页及以下几页。转引自［德］莱奥·罗森贝克：《证明责任论》（第 5 版），庄敬华译，中国法制出版社 2018 年版，第 161 页。莱昂哈德认为当事人应对其主张的权利发生规范对应的全部要件事实负担主张和证明责任，在德国学界被称为"完全说"。

[③] ［德］普维庭：《现代证明责任问题》，吴越译，法律出版社 2006 年版，第 361 页。

则，应当说是罗森贝克的独创"①。

罗森贝克的"规范说"可以从五个方面加以理解②：

第一，不适用规范原则。当案件要件事实真伪不明时，法官将不适用当事人请求适用的对其有利的法律规范。罗森贝克认为，当法官对具备适用法律规范的条件获得了积极心证时，才能适用该法律规范；而当法官对不具备此等条件形成心证时，不适用该法律规范；且当法官对是否具备此等条件存疑时，也不适用该法律规范。法官心证不确定的不利后果，由适用有疑问的法律规范才能胜诉的当事人承担。③在辩论终结时，案件要件事实真伪不明与被证伪的法律效果是相同的，均产生不适用相应实体法律规范的效果。

第二，证明责任分配基本原则是，不适用特定的法律规范其诉讼请求（Prozessbegehr）就不可能实现的当事人，必须对法律规范的特征在真实的事实中得以实现承担主张责任和证明责任。为避免产生误解，他还对上述内容作了进一步解释，即："每一方当事人均必须主张和证明对自己有利的规范（＝法律效果对自己有利的规范）的条件。"④也即，各方当事人应就于其有利之法律规范对应的要件事实负主张和证明责任，若相应要件事实处于真伪不明时，由其承担相应不利的法律后果。

第三，将法律规范进行分类以确定当事人之间的证明责任负担。对于如何区分有利要件事实与不利要件事实，"规范说"认为，这一问题应当从实体法的相互逻辑关系中去谋求解决之道（法规范相互补充、支持以及排斥的关系）。⑤罗森贝克从实体法的性质出发，将法律规范分为对立的两类：一类

---

① 张卫平：《民事证据法》，法律出版社2017年版，第292页。
② 对于"规范说"内容的理解，国内外学界基本形成共识，本书为了体系完整的需要，仍结合最新文献资料对其进行梳理。在全面了解"规范说"内容的基础上，可以帮助我们更加清楚"规范说"所构建的证明责任分配基本规则作为"一般规则"地位的重要性。相应的文献资料除了罗森贝克本人的专著《证明责任论》（第5版）以外，还参见[德]普维庭：《现代证明责任问题》，第361-384页；[德]高桥宏志：《民事诉讼法：制度与理论的深层分析》，第439-441页；李浩：《民事证明责任研究》，第115-118页；张卫平：《民事证据法》，第291-293页。
③ 参见[德]莱奥·罗森贝克：《证明责任论》（第5版），庄敬华译，中国法制出版社2018年版，第14页。
④ [德]莱奥·罗森贝克：《证明责任论》（第5版），庄敬华译，中国法制出版社2018年版，第121页。
⑤ 参见[日]高桥宏志、林剑锋：《证明责任》，载《证据学论坛》（第6卷），中国检察出版社2003年版。

是基本规范，通常是一个权利（请求权）产生规范或者权利创设规范，是诉讼请求的基础；另一类是相对规范，主要包括权利（请求权）妨碍、权利消灭和权利排除（阻碍）规范。在此基础上，罗森贝克对不同规范所对应的事实的证明责任进行分配。这种证明责任分配原则又被称为"罗森贝克模式"，在实际应用中又被表述为："请求权人承担权利形成要件的证明责任，请求权人的对方当事人承担权利妨碍要件、权利消灭要件和权利阻碍要件的证明责任。"[1]

第四，根据法律规范的结构、条文、形式及其相互关系识别不同权利规范。"规范说"认为，从权利产生及变动的时间顺序看，可以很容易地区分权利产生、排除和消灭规范，权利产生规范最先发生，权利消灭规范和权利排除规范则在其之后才会出现。但是，权利产生规范与权利妨碍规范通常是在同一时间发生的，如何区分？罗森贝克认为，"在几乎所有其他情况下，权利产生规范与权利妨碍规范的关系，可以用规则与例外的关系来说明"[2]。体现在法律条文上就是"本书"与"但书"的表现形式，以《德国民事法典》第459条、第460条、第462条为例，通常情况下出卖人应对其出卖的标的物的瑕疵承担责任，但是，在例外情况下出卖人若能证明买受人存在重大过失未发现标的物的瑕疵，则出卖人不承担责任。上述"本书"部分为规则，"但书"部分为例外，前者对应权利产生规范，后者对应权利妨碍规范。

第五，证明责任分配是实体法预先规定而排除法官实质性考虑的。罗森贝克认为，证明责任规范属于规定民事诉讼中法官判决的内容的法律规范，证明责任分配是由实体法预先规定，而不能交由法官根据实质性要素进行个案裁量。"如果法官将具体的诉讼之小船根据公正性来操纵，他将会陷入大海的风暴和不安中，并被撞得粉身碎骨。诉讼的本质也将会从根本上受到破坏。根据公正性自由裁判的法官，是依据其感情而不是依据原则来裁判的。"[3] 不同主体

---

[1] ［德］普维庭：《现代证明责任问题》，吴越译，法律出版社2006年版，第362-363页。
[2] ［德］莱奥·罗森贝克：《证明责任论》（第5版），庄敬华译，中国法制出版社2018年版，第151页。
[3] ［德］莱奥·罗森贝克：《证明责任论》（第5版），庄敬华译，中国法制出版社2018年版，第114页。

对司法公正的认识是不同的，即使是具有良好法学素养和扎实职业基础的法官，也会因其人生经历、社会交往及价值追求的不同，而对司法公正有着自己的理解。所以，罗森贝克坚信只有法律规范本身才是法官裁判的唯一准绳。

（二）英美法系的证明责任分层理论

英美法系的证明责任包含提供证据责任和说服责任，两者相对独立，提供证据责任是初步责任，说服责任是最终责任。英美法系证明责任分配体现出了证明责任的阶段性和分层性。

1. 证明责任分层的渊源与内涵

证明责任概念在英美法上的使用由来已久，但证明责任的分层化、多样化，自其萌生至今却仅有百余年的历史。英美法上的证明概念，在内涵构造上的最大特色即是其分层性，围绕多层性概念的各种观点和主张统称为"证明责任分层学说"。但是，证明责任分层理论提出之前，英美法系国家关于证明责任概念的界定是未形成统一意见的。

据美国学者麦考密克考察，早在1832年和1833年美国法院即在民事诉讼判例中对 burden of proof 的双重含义作了区分。[①] 而学界直到1890年才由美国著名证据法学家撒耶（Thayer，也有译为赛叶、塞耶、柴尔）在其论文《证明责任论》中提出区别 burden of proof 双重含义的必要性。而系统地对证明责任的含义进行论证的是撒耶，他于1898年出版专著《普通法上的证据法导论》一书，提出可以分三个层次理解证明责任的内涵。第一层含义是，如果不能证明其事实主张则败诉的风险责任；第二层含义是，贯穿于诉讼全过程的继续进行争论或者提供证据的义务，这种义务贯穿于诉讼的全部过程；第三层含义是一个称谓，用来具体指它们中的任何一个或者概指整个含义。[②] 其实，撒耶对证明责任的界定主要包括两个方面：提供证据责任和说服责任，且彼此之间尚有相互冲突之意味。斯特龙等人则认为，其指向不同的证明责

---

① See McCormick, *Evidence*, 2nd Ed. 336. ［参见麦考密克：《证据》（第2版），第336页。］转引自刘品新：《美国证据法》，载何家弘主编：《外国证据法》，法律出版社2003年版，第198页。
② 参见汤维建：《英美法上的证明责任概念》，载《环球法律评论》1993年第2期，第64页。

第一章　证明责任减轻的基本理论

任——针对争点事实提出证据使法官相信的责任和说服法官相信争点事实为真的责任。[①]我国有学者将撒耶的理论解读为主张责任与证据提出责任。[②]撒耶的证明责任分层理论得到威格摩尔、摩根等证据法学者的极大肯定,并成为现代美国证明责任理论的代表性学说。[③]威格摩尔认为,在诉讼程序开始时通常由对争点事实承担证明责任的一方当事人负有证据提出责任,法官判断对该举证行为未形成心证,则会认定其未履行证据提出责任,从而通过指示评定方式判决其败诉;法官能够形成心证,但未达到足以认定争论事实的证明尺度,则意味着举证人已经摆脱了证据提出责任,接下来其只需要承担说服陪审团的责任;但若已经达到足以认定争论事实的证明尺度,法官会要求不负证明责任一方当事人提出反证,即发生了证据提出责任的转移,若其无法提出有效反证,则无需进行陪审团审判。[④]而艾伦教授则认为,"施加给诉讼当事人并一起构建成诉讼的责任流程图为,当事人可被要求提出争点,就争点提出证据,并承担对该争点的说服责任;也就是提出诉讼主张的责任(Burden of pleading)、举证责任和说服责任,共同构成了证明责任"。[⑤]

虽然英国也经历过证明责任表述的不统一,但在撒耶的证明责任分层理论提出后,英国证据法学家克劳斯、菲利普等人也明确地予以认同[⑥],并很快地与美国证明责任分层理论通说取得了统一。克劳斯认为,撒耶提出的前两

[①] [美]约翰·W.斯特龙、肯尼斯·S.布荣、乔治·F.狄克斯等编著:《麦考密克论证据》(第5版),汤维建等译,中国政法大学出版社2004年版,第648-649页。
[②] 参见王以真:《英美刑事证据法中的证明责任问题》,载《中国法学》1991年第4期,第110页。
[③] 参见陈刚:《美国证明责任法理序说》,载陈光中、江伟主编:《诉讼法论丛》(第2卷),法律出版社1998年版,第636页。
[④] 指示评定,又译为在法官指示下的决定,是英美法系特有的诉讼制度,在美国民事诉讼中,一方当事人可以在对方提供证据结束之后,以对方没有足够的证据可以向陪审团提出,或者已经提出的证据可以使陪审团在很大程度上导出一种结论为理由,向法院提出依指示评定进行裁判的申请,法院为提高诉讼效率作出的申请人为胜诉的判决即为指示评定。法院接受当事人的指示评定申请的结果,是排斥陪审团对本案进行事实认定,而由法官直接进行事实认定。美国法院对指示评定申请的处理方式有两种:第一,如果预测出陪审团可能会作出有利于非申请方的事实认定,则驳回指示评定申请;第二,申请人的申请理由足以使法官相信陪审团会作出不利于非申请方的事实认定,则接受该项申请。参见陈刚:《证明责任法研究》,中国人民大学出版社2000年版,第22-25页。
[⑤] [美]罗纳德·J.艾伦:《证明责任》,蒋雨佳、强卉、张姝丽译,载《证据科学》2012年第5期,第601页。
[⑥] 参见李浩:《英国证据法中的证明责任》,载《比较法研究》1992年第4期,第36页。

层含义与证明责任的内涵构造相关,是一个整体诉讼存在一个说服责任,而非各个争点事实都有;而第三层含义则与内涵构造无关,只是涉及从狭义还是广义角度理解证明责任的概念名称而已。① 对于证明责任含义的界定,英国证据法主流观点分为两个层面,即提出证据的责任与说服责任,或者,分为法定证明责任与证据责任;法定证明责任通常指的是"说服责任",证据责任则类似于证据提出责任。法定证明责任的承担主体一般由积极主张事实存在的当事人承担,而证据责任则又包括提出争点和提出证据支持争点。②

英美法系中的证明责任英语表述为"Burden of Proof"。③ 现代英美证据法学界通常认为其有三个相关概念,即证明责任(Burden of Proof)、提供证据责任/举证责任(Burden of Producing Evidence / Burden of Production / Burden of Evidence)和说服责任(Burden of Persuasion)。④ 对于上述概念之间的关系,有观点认为证明责任是总概念,提供证据责任(举证责任)和说服责任是分概念。也有观点认为,三个概念相互独立和区别。⑤ 布莱克法律词典(Black's Law Dictionary)将证明责任(Burden of Proof)从两个方面进行定义,认为其包括说服责任(the Burden of Persuasion)和提供证据责任(the Burden of Production,举证责任)。说服责任是指一方当事人有责任说服事实认定者采取有利于其的方式来判断案件事实,并由其承担无法说服(陪审团或者没有陪审团的法官)的风险。提供证据责任是指一方当事人有责任提出足够的证据证明其所主张的事实,以便由事实裁判者认定该问题,而不被给予不利的强制性裁决(如即决判决或直接裁决)。⑥

---

① 参见汤维建:《英美法上的证明责任概念》,载《环球法律评论》1993年第2期,第64页。
② 参见[英]詹妮·麦克埃文:《现代证据法与对抗式程序》,蔡巍译,法律出版社2006年版,第93-101页。
③ See Bryan A. Garner, *Black's Law Dictionary(Tenth Edition)*, Thomson Reuters, 2014, p.236. [参见布莱恩加纳:《布莱克法律词典》(第10版),汤森路透,2014年,第236页。]
④ 何家弘:《论推定规则适用中的证明责任和证明标准》,载《中外法学》2008年第6期,第870页。
⑤ [美]华尔兹:《刑事证据大全》,何家弘等译,中国人民公安大学出版社2004年版,第393页。
⑥ 说服责任是指一方有义务说服事实调查者以有利于该方的方式看待事实。举证责任是指一方当事人有义务就某一问题提供足够的证据,使事实调查人员对该问题作出裁决,而不是在即决判决或直接裁决等强制性裁决中对该方当事人作出不利裁决。See Bryan A. Garner, *Black's Law Dictionary(Tenth Edition)*, Thomson Reuters, 2014, p.236. [参见布莱恩加纳:《布莱克法律词典》(第10版),汤森路透,2014年,第236页。]

弄清英美法系的诉讼构造是准确理解英美法系中证明责任内涵的基础。英美法系采取对抗式诉讼制度,其证据制度首先也最主要是该制度下的产物。[1]与大陆法系一元式审判法庭模式不同,英美法系采取特殊的二分式审判法庭模式,由法官与陪审团分别负责法律适用与事实认定。正如美国证据法学家达马斯卡所形象比喻的那样:"二分式法庭的法官站在事实认定堡垒的大门口,负责决定将要传递给最终的事实认定者的信息是否具有充分的认知潜力进而可被采纳。"[2]当事人要获得有利判决须经过两道关口——第一道关口为提供证据责任和第二道关口为证明责任,关口的把关人分别是法官与陪审团。在第一道关口上,法官根据提供证据责任的设置,排除无须继续诉讼程序的案件,以提高诉讼的效率;在第二道关口上,陪审团将其心证结果告诉法官,而法官应当根据陪审团对事实的认定结果作出裁判。[3]所以,在英美法系民事诉讼中,证明责任发生的前提条件是,陪审团对争点事实是否存在无法形成确信(心证程度未达到盖然性优势)。但是,各方当事人是否履行了提供证据的责任,由法官认定而非陪审团。如果法官确信提供证据责任已履行,即可以继续审理案件,接下来陪审团就有机会对案件事实进行认定,并做出何方胜诉的判决。总结下来就是,"提供证据责任是当事人向法官负担的责任,目的在于使法官将事实主张提交陪审团处理;说服责任是当事人向陪审团负担的责任,目的在于使陪审团对系争事实作出于己有利的裁判"[4]。

2. 证明责任分层的运行机制

要了解提供证据责任和说服责任如何在英美法系特别是美国民事诉讼中

---

[1] 最早提出这种理论的是埃德蒙·摩根(Edmund Morgan),See Edmund Morgan, *The Jury and the Exclusionary Rules of Evidence*. 4 U. Chi. L. Rev, 247(1937).[参见埃德蒙·摩根:《陪审团与证据排除规则》(修订版),1937年,第247页.]转引自[美]米尔建·R.达马斯卡:《漂移的证据法》,李学军等译,何家弘审校,中国政法大学出版社2003年版,第3页。
[2] 达马斯卡将审判法院的特殊结构、诉讼程序的集中、诉讼当事人及其律师在法律程序中的显著作用称为英美法证据制度的三大支柱。其中,审判法院的特殊结构主要是指,将事实认定与法律适用分离,分别交由非专业裁判者与专业裁判者负责,即其法庭为二元法庭,分化的法庭。参见[美]米尔建·R.达马斯卡:《漂移的证据法》,李学军等译,中国政法大学出版社2003年版,第77页。
[3] 参见王丹峰:《法官如何裁判真假难辨案件》,载《当代法学》2003年第11期,第143页。
[4] 汤维建:《英美法上的证明责任概念》,载《环球法律评论》1993年第2期,第67页。

的运行问题，应当先了解其陪审团审判的案件流程。①在美国现代诉讼中，陪审团的职责是，公正无私地对证据的证明力作出判断和认定案件事实，并在法官的指导下适用法律。因应陪审团审判制度的需要，证明责任被划分为证据提出责任与说服责任。如托克维尔所言，在美国，陪审团制度既是司法制度，更是政治制度。②不论是否为陪审团审判，庭审时均由双方当事人进行开场陈述，一般是由原告先作陈述，再由被告进行陈述。然后双方当事人进行证据开示和证明活动，可以通过传召证人或者提供证据将证据展现在法庭上。在原告方结束提供证据活动时，被告方可以动议法庭进行指示裁判。若没有动议或者动议被否决，被告再就其主张进行证明活动，原告对此予以反驳，此时若仍然没有动议裁判或者动议被否决的，则进入法庭辩论阶段。若由陪审团进行审判，法官通常会针对最终陈述对陪审团作出法律指示。一件案件进入民事诉讼程序中，法官审判或者陪审团审判均是有证据开示程序和庭审程序的。在证据开示程序之后，若双方当事人未达成和解协议，即可能会出现即决判决。也就是，法官根据双方当事人的证据开示情况，对案件作出预测，如原告没有提供充分的证据使陪审团相信案件的事实存在，则法官会作出支持被告的指示裁判。同样地，原告申请即决判决，其必须使法官确信没有可疑的问题和任务由陪审团来执行，或者在不需要陪审团审判的案件中，原告的证明行为使法官相信其已无可怀疑地履行了提供证据责任和说服责任。而在庭审阶段，经过双方当事人的证明活动之后，可能会出现原、被告双方之间证明力相当的问题，此时即需要证明责任规则以辅助法官进行判断。"如果法官查明有关特定事实问题的证据旗鼓相当，负有举证责任的一方当事人

---

① 一个完整的陪审团审判的案件流程为（不是每一个程序在诉讼中都会发生）：起诉状、依据规则12（b）的动议、答辩关、自愿或非自愿撤销案件的动议、规则16的日程安排会议和命令、证据开示、要求补正的动议、和解讨论、即决判决的动议、规则16的审前会议、庭审、指示裁判的动议/要求作为法律事项判决的动议、陪审团裁判、登录判决、要求进行不顾（陪审团）裁判的判决的动议/作为法律事项判决的动议、重新审判的动议、上诉、撤销判决的动议、判决的执行。当然，有许多步骤可能会依据不同的原因和不同的顺序进行。参见 [美] 斯蒂文·N.苏本、马莎·L.米卢、马克·N.布诺丁、托马斯·O.梅茵：《民事诉讼法——原理、实务与运作环境》，傅郁林等译，中国政法大学出版社2004年版，第434-435页。
② [法] 托克维尔：《论美国的民主》，董果良译，商务印书馆2017年版，第344页。

第一章　证明责任减轻的基本理论

将在该问题上失利。也就是说，如果法官不能根据证据查明事实，则该问题在解决时就不利于负有举证责任的一方当事人。"[1]当事人负担的提供证据责任是动态的、可转换的，而其负担的说服责任是不可转移的。说服责任从不会在当事人双方之间转移，且在整个诉讼过程中始终保持不变。原告承担着说服事实认定者相信其主张有效且满足了必要证明标准的责任。在民事案件中，说服责任通常是指优势证据标准（即可能的概率高于不可能的概率），但也可以是更高的标准，如明确且令人信服的证据。与之相伴，民事被告有责任说服事实认定者认同其积极抗辩的有效性且满足必要的证明标准。[2]在不同的诉讼阶段，当事人始终负有说服责任，但是其能否进入下一阶段，则体现在其提供证据责任的履行情况，这种循环的动态的证明活动既提高了诉讼效率也更加易于为当事人所掌握。

到此可以看出，英美法系的双层证明责任含义与大陆法系双重证明责任含义存在本质上的不同，提供证据责任和说服责任是相对独立、互不依附的概念。承担说服责任的一方当事人必须说服事实审理者至适当程度的确定性，也就是其承担者说服事实认定者相信其主张有效且满足了必要证明标准（优势证据标准，即可能的概率高于不可能的概率）的责任。说服责任在诉讼开始前即确定，不会在当事人双方之间发生转移并在整个诉讼过程中保持不变。而诉讼中每一个争点，都伴随着提供证据责任，当事人应提供与这一特定争点相关的证据。[3]如果对有关争点不提出证据，就要承担不利裁决的责任（认定或者指示裁判）。[4]证据提出责任相当于初步的证明责任；说服责任则相当于最终的证明责任。当然，在英美证据法学中证据提供责任与说服责任对应着不同的对

---

[1] [美] 杰弗里·C. 哈泽德、米歇尔·塔鲁伊：《美国民事诉讼法导论》，张茂译，中国政法大学出版社1998年版，第81页。
[2] [美] 阿维娃·奥伦斯坦：《证据法要义》，汪诸豪、黄燕妮译，中国政法大学出版社2018年版，第219页。
[3] 参见 [美] 罗纳德·J. 艾伦：《证明责任》，蒋雨佳、强卉、张姝丽译，载《证据科学》2012年第5期，第601页；[美] 罗纳德·J. 艾伦：《艾伦教授论证据法（上）》，张保生、王进喜、汪诸豪译，中国人民大学出版社2014年版，第148页。
[4] [美] 约翰·W. 斯特龙、肯尼斯·S. 布荣、乔治·F. 狄克斯等编著：《麦考密克论证据》（第5版），汤维建等译，中国政法大学出版社2004年版，第649页。

象，其实它们都含有举证和说服的意思。证据提供责任的主要指向对象是法官，自然要求当事人要提供充分的证据使法官形成初步心证（这其实也就是说服的意思），以保证其能够顺利通过法官初步审查这一关口；说服责任的说服对象虽然主要是陪审团，但是整个法庭调查程序仍然是由法官主持的，当事人在进行证明活动时自然应当考虑到法官的判断及在整个法庭调查中的质证（证明）情况。[1]英美法系中设立这样一个程序——由法官先对起诉方证据进行初步审查，其目的就在于避免无谓地浪费陪审团审判的时间。

美国民事诉讼基于其实际放弃建立一套刚性规范以决定证明责任有分配。与"规范说"不同，其证明责任分配原则是由多个不同的子原则构成，而"规范说"则寄希望于建立一套普适性的证明责任分配一般规则。美国较有代表性的为肯定事实说、原告责任说和利益衡量说，其中利益衡量说为通说。[2]利益衡量说，最早是由爱德默德·摩根于20世纪50年代在其著作《证据法之基本问题》中提出。摩根认为证明责任的分配应综合考虑公正、便利及政策等因素。对于证明责任的分配，应当根据案件类别和性质的不同并综合各种利益的衡量而具体对待。这种认为证明责任的分配没有统一标准，只能在综合若干要素的基础上作出决定的学说被称为利益衡量说。[3]美国证据法学者对于证明责任分配应当衡量的主要因素存在不同的认识，但总体上主要包括以下几个方面：政策、方便、概然性、经验规则、公平、证据所持或者证据距离、请求变更现状的当事人理应承担证明责任等。[4]美国学界对其中的公平、证据距离、概然性（包括经验规则）及政策因素基本上达成了共识，但对于其他几个方面要素的理解则存在一定的差异。

---

[1] 何家弘：《论推定规则适用中的证明责任和证明标准》，载《中外法学》2008年第6期，第871页。

[2] 在美国作为通用的证据法学教科书的《麦考密克论证据》关于证明责任分配的基本观点也是利益衡量说。该书观点是，一般而言，会通过不特定的因素（有时会是一个，有时会是多个）去衡量，而并不存在一个固定的调整责任分配的原则。该书认为，衡量的要素主要包括：裁判上对盖然性的估计；方便；公平；请求变量现状的当事人承担证明责任的自然倾向；特别的政策因素，如不利于抗辩的因素。参见[美]约翰·W.斯特龙、肯尼斯·S.布荣、乔治·F.狄克斯等编著：《麦考克论证据》（第5版），汤维建等译，中国政法大学出版社2004年版，第652页。

[3] [美]埃德蒙·摩根：《证据法之基本问题》，李学灯译，世界书局1982年版，"前言"，第1页。

[4] 参见陈刚：《美国证明责任法理序说》，载陈光中、江伟主编：《诉讼法论丛》（第2卷），法律出版社1998年版，第659页。

3. 证明责任分层理论的启示意义

与大陆法系证明责任概念繁多而复杂不同[①]，英美法系的证明责任概念更加简明和易于理解。提供证据责任与说服责任相对独立和互相配合，体现出了明显的阶段性证明特征。从形式上看，当事人承担诉讼上的提供证据责任，是因为说服责任的存在。但实际并非如此，一个诉系由当事人向法院提出诉讼主张开始，也即从当事人履行其主张责任时启动；诉讼开始后，首先由主张争点事实存在的当事人负提供证据责任，在其尽了初步证明责任后，下一步的提供证据责任转移至相对方，在双方履行各自的提供证据责任后，就争点事实存在与否仍然无法说服陪审团（或者无陪审团的法官）形成证据优势的心证的，则由提出诉讼主张一方当事人承担不利后果。在诉讼实践中，提供证据责任和说服责任呈现的是先行后继的阶段性关系。法律赋予当事人说服责任，说服责任的履行必须达到法律要求的证明标准才能实现，否则该方当事人就该争点要承担不利后果。[②] 负提供证据责任的当事人，若未先提出初步的证据以支持其就待证事实的存在与否的主张，则不仅其相对人不必耗费时间、人力及费用就相反的辩称（主张）进行证明活动，且法院甚至不必进行全部的诉讼程序即可在该阶段终结诉讼。如果负提供证据责任的当事人尽到了相应的证明责任，则进入下一阶段的证明活动，由相对方当事人就其辩驳负提供证据责任。若相对方未尽到提供证据责任，则由其承担败诉的后果；若相对方尽到相应的提供证据责任，则由事实认定者综合全部证据调查情况判断争点事实的存在与否。不同的证明标准要求被运用在不同层次的证明责任上，也就是将提供证据责任与说服责任分别与不同的证明标准相联结，说服责任要求的证明标准更高一些。英美法系建立在法官与陪审团这一"二分式法庭"诉讼结构基础上的证明责任阶段性特点，通常使当事人履行提供证据责任和说服责任的结果只有两种状态，即以证明标准为标尺，达到的即

[①] 有学者不禁感叹"德国证明责任理论中的概念繁多，且难以区分"。参见叶自强：《举证责任》，法律出版社 2011 年版，第 18 页。

[②] See Hdge M. Malek, *Phipson on Evidence*, 15th ed., London Sweet & Maxwell, 2000, p.55. [参见马利克：《菲利普森论证据》（第 15 版），伦敦汤森路透，2000 年，第 55 页。]

为说服成功可以认定事实为真，达不到的即为未说服成功而被认定为事实为伪。[1]所以，在英美法系出现真伪不明的情况极少。[2]

二、关于证明责任减轻与一般规则的关系界定

证明责任减轻，不是对证明责任分配一般规则的否定，而是在认可一般规则作为证明责任分配基本规则前提下的减轻规则。采用一般规则无法妥当地查明案件事实真相，使负证明责任一方当事人承担败诉风险，有失个案上的公平正义，通过一定的方法减轻负证明责任一方当事人的证明难度，从而达到减轻其证明负担的目的。

（一）一般规则是前提

证明责任分配的一般规则，是指以罗森贝克证明责任理论主要是"规范说"为基础而确立的证明责任分配基本规则。自提出伊始，"规范说"在理论上的不自洽即受到批判[3]，即使后来成为通说，针对其"三个命题"的批判仍然没有停歇。但是，依据罗森贝克证明责任理论确立的证明责任分配一般规则，逻辑清楚、标准明确、易于操作，能够最大限度地维持法律的程序正义，有助于法的安定性与可预测性。证明责任分配的一般规则，对于追求一般类型案件（通常案件）的正义具有积极的作用。这是其他（批判）学说所不具备的优势所在。"规范说"作为一种抽象的原则规范，很难避免个别类型案件中所存在的不公正与不合理问题。所以，批判"规范说"的缺陷而创设的新说，其自身并无法做到完全地自圆其说和逻辑自洽，更多的是对"规范说"或大或小地修正。如德国的危险领域说、盖然性说及多原则说均尚不足以撼动"规范说"的通说地位，"罗氏的规范说在德国法上稳居绝对的统治

---

[1] 参见胡巧绒：《举证责任分配规则研究》，复旦大学2013年博士学位论文，第26页。
[2] 英美法系民事证明活动中，虽然因为诉讼和证明的阶段性，以及证明标准多采优势证明标准，裁判意义上的案件事实真伪不明较少，但并不代表其不存在。
[3] 虽然反对说还针对罗森贝克的推定理论、利用间接反证事实适用客观证明责任分配原则等方面内容进行批判，但更集中的批判对象是其"三大命题"所存在的不自洽。

地位""按照通说，迄今所使用的基本规则仍然可以追溯到罗森贝克的规范说""一个要完全推翻规范说的证明责任学说尚未形成雏形"。[①]利益衡量说可以说是直击"规范说"某个方面要害，但要作为证明责任分配的一般规则而确立下来，仍然相去甚远。但是，日本并不像德国那样拥有一部对证明责任规范进行充分考虑和涵盖的民法典，故而日本所采用的并非纯粹的"规范说"，而是糅合了利益衡量说、实体法说积极要素的理论观点，也有称为"法律要件分类说"。

因为，客观证明责任的分配是法定的对真伪不明的风险分配，它应像法律那样事先存在并能够为人们把握。即使对"规范说"进行批判的危险领域说及利益衡量说，亦没有对以"规范说"作为证明分配原则的主要基准之一进行根本否定。作为利益衡量说的倡导者新堂幸司指出，"规范说"对于解决证明分配问题，可以说提供了有益的基准，无论是从公平的视角来看，还是基于保障交易安全的立场，都有着积极的意义。即便对于那些主张依据实质性考虑分配证明责任的立场予以肯定，"规范说"也是经得起考验的。[②]对证明责任进行减轻，证明责任的负担主体并未发生变化，仍是根据一般规则分配应负有证明责任的当事人，只是通过证明责任减轻使其证明难度降低或者使司法裁判更加能够接近事实真相。基于此，本书亦认同"规范说"所确立的证明责任一般规则仍应为证明责任分配的首要选择。也就是说，证明责任减轻的前提是，对"规范说"所确立的证明责任分配一般规则的认同。

（二）减轻规则是例外

证明责任减轻追求的是个案上的正义，是对依据证明责任分配一般规则无法妥当处置当事人因证明困难造成的裁判结果实体上的不正义，而例外地采取一定方式避免出现这种不正义的减轻规则。由于实体法不可能穷尽所有社会生活中的事实，并对其作出全面细致的规定，所以，"规范说"必然会

[①] [德] 普维庭：《现代证明责任问题》，吴越译，法律出版社2006年版，第248、330、362页。
[②] [日] 新堂幸司：《新民事诉讼法》，林剑锋译，法律出版社2008年版，第399页。

证明责任减轻论
Issue on the Reduction of Burden of Proof

存在适用范围上的盲区，其很难避免具体情形下分配的不合理问题，而填补这个盲区的最佳路径就是——证明责任减轻。证明责任减轻不是对一般规则的否定，而是针对具体的特殊案件类型的适当修正和补充，作为例外情形而存在。

证明责任减轻是在证明责任分配确定后，在具体证明过程中采用的方法或者手段，保障当事人证明能力实质上的对等，提升负证明责任一方当事人的证明能力，以追求案件事实真相减少证明责任裁判。日本学者伊藤真指出，关于特定事实，法官未形成确信时，对该特定事实负担证明责任的当事人会受到诉讼主张不被支持的不利益；若这样的结果无法被社会正义所肯定时，则需要相应的方法来修正证明责任的分配。伊氏指出，为了减轻举证负担，应当通过充实举证方法的途径予以实现。[①]一起纠纷进入民事诉讼系属后，之于当事人而言，应当依照证明责任分配的一般规则明确各自的证明负担，即原告作为权利主张一方应当对请求权的产生负证明责任，而被告作为权利否认一方应当对权利灭失、排除负证明责任。法官也应当依照该一般规则对当事人的证明责任进行指导和分配。在无法有效查明案件事实时，法官通常应当根据证明责任理论判定负证明责任一方当事人败诉。但是，若负证明责任一方当事人基于自身举证能力有限而无法接触到能证明案件事实的证据资料，或者其已穷尽举证方法仍无法证明案件事实的真相，此时法官可以根据个案的不同情况，采取一定的方法减轻其证明难度，如采取损害赔偿酌定、证明标准降低等，以实现个案裁判上的妥当性和公正性。普维庭也指出，在"规范说"确立的基本规则之外，还存在例外规则以应对一般之外的特殊情况，只是他认为这些特殊规则也应当由法律规定。与基本规则一样，例外规则也具有实体规范性质。但是，这种做法可能会造成有待规定的特别规则数量太大，而对特别规则进行逐一规定的方式几乎是无法实施的。"规范说"认为，在证明责任的分配方面，由于不可能存在不包含证明责任分配的法律

[①] 参见［日］伊藤真：《民事诉讼法》（第4版补订版），曹云吉译，北京大学出版社2019年版，第255-259页。

规范,因此没有必要按照立法目的对证明责任分配进行解释。普维庭自己又认为,并没有合理理由拒绝通过系统的、历史的和目的性解释来解决证明责任问题,这种例外规则"只不过是对所有实质性依据和方法论的高一级处理,从而避免将证明责任作一边倒的分配或者避免平面规定原则·例外关系"。[1]

在"一般规则与例外规则"定位的基础上,本书认为证明责任减轻适应的前提可以理解为:首先,被减轻的一方当事人原本就负有客观证明责任,即根据一般规则其被分配客观证明责任。其次,负客观证明责任的一方当事人遭遇非可归责于自身原因造成的证明困难。最后,证明责任减轻只是部分减轻其证明难度,通过不同的减轻方法和手段寻求案件事实真相,减少客观证明责任裁判空间,但并不改变客观证明责任的原本分配结果。若采取一定的减轻手段后,仍然无法查明案件事实,仍应由负客观证明责任的一方当事人承担不利的后果。

---

[1] [德]普维庭:《现代证明责任问题》,吴越译,法律出版社 2006 年版,第 393 页。

第三节　证明责任减轻的理论基础

证明责任减轻理论的提出是为了回应司法实务上的需求和完善证明责任分配理论体系的要求。证明责任减轻的根本目的是查明事实真相，减少证明责任裁判；其最终目的是实现个案裁判结果上的实体正义。而证明责任减轻的法理基础，是该制度能否得以建立及发展的保证。证明责任减轻的价值追求，是这项制度得以发展的动力。

一、证明责任减轻的法理基础

（一）追求实体正义的民事诉讼法目的

民事诉讼目的，是指民事诉讼制度是为了什么而设立的，其追求什么样的目标。[1] 民事诉讼目的课题向来是大陆法系国家民事诉讼理论研究的重点和核心，在不同时期和阶段均涌现出了一些新的观点。大陆法系学者关于民事诉讼目的的主要观点有私权保护说、维护私法秩序说、纠纷解决说、程序保障说、权利保障说及多元说，以上学说在不同的阶段有着不同的影响力，但是并没有形成相对确定的通说。[2] 罗马法从诉出发把握诉讼的思想，对后来的德国法产生深远影响。19世纪中叶，温特夏依德（Windsheid）将诉讼法和实体

---

[1] 民事诉讼目的论，与诉权论、诉讼标的论、诉讼法律关系论、既判力论，共同构成民事诉讼法的基本理论。目的论是全部理论的出发点，是其他基本理论的前提和基础。参见江伟主编、肖建国副主编：《民事诉讼法》（第6版），中国人民大学出版社2013年版，第10页。
[2] 参见江伟主编、肖建国副主编：《民事诉讼法》（第6版），中国人民大学出版社2013年版，第10-11页。

法的关系阐述为,实体法规定人们权利义务上的法律关系,当权利得不到相对方承认时,权利人可能向国家提起诉讼寻求救济。[1]后来德国民事诉讼法即以温氏的观点为基础建构,并影响到了大陆法系其他国家。所以,总体上大陆法系国家民事诉讼制度的主要目的是保护当事人的权利。[2]与此不同的是,英美法系的民事诉讼制度主要目的是解决纠纷,因为"其没有一个独立于程序之外的对裁判公正与否进行评价的实体标准,使得程序的公正成为证明实体公正的唯一标准,从而程序保障成为其民事诉讼制度的重要价值"[3]。

我国民事诉讼法学界对于民事诉讼目的论的研究起步较晚,到20世纪90年代才开始,研究的路径基本上是在国外民事诉讼目的理论的基础上展开。代表性的观点有:其一,私权保护说,认为既要考虑国家设置审判权的目的,也要照顾到当事人行使诉讼的追求,这两层目的应当是建构我国现行民事诉讼法目的的重要内容,维护私权应当是民事诉讼的目的。[4]其二,纠纷解决说,该说系借鉴英美法系的纠纷解决说,认为使民事诉讼制度与其他纠纷解决机制相区别的是,民事诉讼具有国家强制力和终局性。[5]其三,利益保障说,认为民事诉讼目的不仅应依照实体法规定,厘清民事法律关系,确定民事权利状态,保障实体权利,还应依程序法的规定,以追求程序利益为己任。[6]其四,程序保障说,认为鉴于诉讼程序本身在民事诉讼中的核心地位,及其在经验和理念层次都表现出来的重要性,民事诉讼目的应该是程序保障。[7]其五,多元说或者多层次说,该说认为我国民事诉讼目的分

---

[1] 参见段文波:《民事诉讼制度目的视角下的裁判构造论》,载《南京社会科学》2010年第9期,第117页;[日]中村宗雄、中村英朗:《诉讼法学方法论——中村民事诉讼理论精要》,陈刚、段文波译,中国法制出版社2009年版,第225页。
[2] 参见陈刚:《日本中村民事诉讼理论之研究——以民事诉讼制度目的论为主线》,载《西南政法大学学报》2000年第2期,第58页。
[3] 段厚省:《民事诉讼目的:理论、立法和实践的背景与统一》,载《上海交通大学学报(哲学社会科学版)》2007年第4期,第38-39页。
[4] 参见段厚省:《民事诉讼目的:理论、立法和实践的背景与统一》,载《上海交通大学学报(哲学社会科学版)》2007年第4期。
[5] 参见刘荣军:《论民事诉讼的目的》,载《政法论坛》1995年第5期,第76-114页。
[6] 参见李祖军、田毅平:《利益保障目的论之功能》,载《现代法学》1999年第3期,第48-53页。
[7] 参见章武生、吴泽勇:《论民事诉讼的目的》,载《中国法学》1998年第6期,第86-97页。

为以下几个层次：一是实现权利保障；二是解决民事纠纷，三是维护社会秩序。①

本书无意于对民事诉讼目的理论展开研究，以上不同目的论虽然立足于不同之诉求，但在追求不同诉讼目的的过程中有一点是具有共性的，那就是对当事人实体权利与程序权利的保障。在保护程序权利的过程中实现保护当事人实体权利的目的，大陆法系和英美法系莫不如此。在英美法系，民事诉讼目的是解决纠纷，但同时强调通过程序公正对裁判公正与否进行评价。程序公正与裁判公正要求，法官对证明责任的分配是否充分地考虑到当事人的举证能力强弱、距离证据远近及实体结果是否公正。边沁认为，一般性司法理论为"程序的直接目的是判决的准确性，即将实体法正确地适用于被可靠认定的事实"②。在大陆法系，虽然存在不同学说，但是保护当事人权利依然是民事诉讼制度最为重要的内容。正如赫尔维格所言："诉讼出现伊始，权利实现就向来被理解为诉讼目的，只是那种思想还没有如今日一般的影响力。"③德国法上将发现真实作为民事诉讼的追求，这种传统的法伦理观是有着深厚的文化传统与社会基础的。在发现真实之后作出司法裁判，是司法实现实体正义的核心所在。所以，如何保护当事人权利，实现终局的实体正义，应为民事诉讼的最终目的。

通过民事审判活动实现实体正义，认定事实和适用法律是其中最为关键的两个环节，认定事实是基础，适用法律是结果。民事诉讼目的与追求案件事实真相密切关联，民事诉讼追求实体正义的目的，要以公正的程序作为保障，而程序正义保障的结果即为实现对事实真相的发现。证明责任分配与认定事实密切相关，贯穿于整个民事诉讼程序全过程，如何在当事人之间进行妥当的分配证明责任意义重大。在依据"规范说"所确立的证明责任分配一

---

① 参见何文燕：《民事诉讼理论问题研究》，中南工业大学出版社 1996 年版，第 21-24 页。
② 英国法理学家威廉·特文宁教授将英国著名的法理学家、证据法学家、功能主义哲学家边沁在其《司法证据原理》一书中勾勒出来的一般性司法理论作出了如此总结。参见［英］威廉·特文宁：《证据理论：边沁与威格摩尔》，吴洪淇、杜国栋译，中国人民大学出版社 2015 年版，第 70 页。
③ ［德］康拉德·赫尔维格：《诉权与诉的可能性》，任重译，法律出版社 2018 年版，第 264-265 页。

第一章　证明责任减轻的基本理论

般规则，无法有效地查明案件事实，或者裁判结果显失公平的，法官应当采用一定的方法手段对证明责任的负担在当事人之间进行修正和调整，以维护个案上的公平正义。在现代型诉讼案件和其他可能存在证据偏在的案件，以及因案件事实本身性质造成的证明困难中，均有证明责任减轻的必要和空间。通过证明责任减轻规则的适用，以最大限度地接近案件事实，避免适用证明责任裁判。

就"规范说"在理论和实践上有待克服的不足，危险领域说为证明责任减轻提供了部分理论基础。危险领域说是由普霍斯在对德国最高法院判决深入研究的基础上提出的。该说认为，各方当事人对处于自己范围、自己支配领域或者组织领域的情形承担证明责任。① 如一些现代型侵权诉讼案件，损害原因存在于加害人的危险领域，应由加害人对此负证明责任，而相应地免除受害人证明责任，避免了根据"规范说"所确立的受害人作为权利人应就权利发生要件承担证明责任而无法证明后的败诉风险。危险领域说的证明责任分配理论的考量内容为：被害人难以知道处于加害人控制之下的危险领域的事件发生过程，对证明相应事件发生的证据资料自是难以有效提供；危险领域处于加害人控制之下，加害人对事件发生的经过以及相应的证据资料更加掌握也更易于提供。② 相对于"规范说"而言，危险领域说的最大特点是不拘泥于法律条文对权利规定的形式构成，把证明的难易和有利于防止损害的发生作为证明责任分配的根据。③

尽管危险领域说存在不确定性和不可预测性的缺点，而难以作为证明责任分配的一般规则，但是其对于公共性侵权责任纠纷、医疗事故损害赔偿纠纷等现代型诉讼的证明责任减轻理论仍然具有相当的重要性。因为危险领域说的适用（亦即在真伪不明时对当事人分配证明责任）有三个前提条件：对

---

① 参见［德］罗森贝克、施瓦布、戈特瓦尔德：《德国民事诉讼法（下册）》（第16版），李大雪译，中国法制出版社2007年版，第851页。
② 本书导论部分在对"规范说"理论上不自洽进行批判而发展起来的新说中对危险领域说进行了简单分析。详细了解危险领域说的概念、内涵及其意义，可参见［德］普维庭：《现代证明责任问题》，吴越译，法律出版社2006年版，第289-310页。
③ 参见张卫平：《民事证据法》，法律出版社2017年版，第296页。

87

损害的认定；两个可分领域的存在；损害系发生于加害人领域内的证明。在这三个前提条件满足时即可适用危险领域说分配证明责任。这表明危险领域说可以作为"规范说"的补充而存在。危险领域说并不是对"规范说"的完全否定，其在一定程度上是对"规范说"的补充，可以弥补"规范说"在侵权行为领域及其他特定领域中分配证明责任时对举证难易、救济预防及个案公正方面的不足。从方法论的视角来看，危险领域说对于部分案件证明责任的分配中体现出了公正性，因为它克服了"规范说"的教条主义。① 从这个层面而言，利益衡量说也主张，在具体个案中应当将公平理念作为首要参考因素，并结合具体的情形作不同的证明责任分配，而不能是纯粹教条式的。应当说，利益衡量说与危险领域说理论，为证明责任分配理论寻求实现个案公正的路径上多了一种选择，亦为证明责任减轻提供了理论基础。

（二）武器平等理论

所谓武器平等原则，就是指当事人无论其为原告还是被告，以及其于诉讼外可能存在的不对等关系，而于法庭内应一律受平等对待。② 当事人为了追求对自己有利的判决，会针对诉讼请求提出相应的包含事实及证据在内的攻击防御方法。为保障法院能够公平地对待双方当事人，进而使双方当事人能够平等地享有上述机会的原则，应当坚持武器平等原则。③ 相互对立的当事人之间的对抗行为与审判权的居中裁判构成了相对稳定的等腰三角形结构，通过审判权的居中判断督促双方当事人就于其有利的事实为主张和证明责任，以查明案件基本事实。等腰三角形的居中顶点是作为裁判者的法官，另

---

① 参见张卫平：《民事证据法》，法律出版社2017年版，第296页。
② Schumann, Bundesverfassunggericht, Grundgesetz und Zivilprozess, 1983, S. 23.（舒曼、联邦宪法法院：《基本法和民事诉讼法》，1983年，第23页。）
③ 伊藤真认为，武器对等原则，是指从当事人的角度来看，保障当事人平等地享有提出包含事实主张及证据在内的攻击防御方法的机会，故而又称为当事人对等原则。而从法院的角度来看，其可被称为双方审寻（审理）主义，此系对法院的要求。双方审理主义不仅规制当事人与裁判所之间的关系，其同时也具有保障双方当事人间互相直接听取对方的主张及举证，进而提出具有针对性的攻击防御方法的机会的功能。参见［日］伊藤真：《民事诉讼法》（第4版补订版），曹云吉译，北京大学出版社2019年版，第181页。

外两个顶点是双方当事人。法官在个案中，应对双方当事人以公正无私的态度对待，以期达到正确裁判。国家通过司法担当民事纠纷的裁判者，并将自己解决纠纷的裁决强加给公民。为了公平地行使这种权力，国家必须以平等的关怀和尊重对待原告与被告。美国知名的证据法学者亚历克斯·斯坦(Alex Stein)认为，在涉及分配错误风险的司法事实认定领域中，遵循平等标准是一个基本要求，该标准分成两个具体的、相互关联的要求，即初级平等(primary equality)和矫正平等(corrective equality)。[1]武器对等原则要求当事人之间应当是平等的，有平等地接近司法、提出证据资料的机会，包括诉讼地位的平等和法院平等的保护两个方面内容。

一是确保在双方当事人之间平等地分配证明责任。当事人诉讼地位的平等要通过诉讼权利与诉讼义务的平等分配来体现，没有平等的诉讼权利义务，诉讼地位的平等就无法实现。类似于斯坦教授所说的初级平等，即在做出司法裁决的时候，裁判者不应使原告比被告承担更大的错误风险，也不应当使被告比原告承担更大的错误风险。[2]通常而言，双方当事人不仅诉讼地位是平等的，在诉讼过程中举证能力也是大概一致的。司法实践中，原告作为提出诉讼一方当事人应当就于其有利的事实为主张和证明责任，而被告则就相应权利消灭规范及排除规范对应的事实负证明责任。通常的合同之债，是平等的主体经其自由意志而协商一致形成的契约，在诉前双方的法律地位与交易地位均是平等的，进入诉讼之后除了诉讼地位平等以外，其面临的诉讼风险的能力和地位同样是平等的。"原告、被告诉讼地位平等是民事诉讼的本质属性，也是构成程序公正的一项不可或缺的极其重要的内容。"[3]法官对双方当事人进行证明责任分配时，应当注重双方当事人平等地负担证明责任及其相应

---

[1] 笔者理解斯坦教授所说的"分配错误风险"应当是指，法官经审理后认定的事实偏离事实真相的风险，并将该风险分配给一方当事人负担。斯坦教授的证据法思想的核心观点是，证据法规则——所有的证据法规则，而不仅仅是证明责任和证明标准——在诉讼双方（民事诉讼中的原、被告，或刑事诉讼中的控、辩方）之间分配着事实认定错误风险。参见[美]亚历克斯·斯坦：《证据法的根基》，樊传明、郑飞等译，中国人民大学出版社2018年版，第3页。
[2] 参见[美]亚历克斯·斯坦：《证据法的根基》，樊传明、郑飞等译，中国人民大学出版社2018年版，第254页。
[3] 李浩：《民事证明责任研究》，法律出版社2003年版，第130页。

的败诉风险，使原、被告双方当事人之间的败诉风险的概率大致相当。如以承揽合同之诉为例，原告起诉要求被告交付承揽成果——机器设备，被告辩称原告未按约定支付最后一期承揽报酬，故其享受留置权。法官在分配证明责任时，应当要求原告对其已经支付了最后一期承揽报酬负担证明责任，而被告则应当对其已经按约完成了定作成果负担证明责任，双方承担的证明责任风险是大概相同的。

　　二是确保双方当事人负担证明责任达到实质上的平等。当事人诉讼地位的平等仅仅是立法上的平等，要真正实现当事人平等原则，更需要司法上的平等保护。基于合理立法目的的差别对待并不被平等保护原则所拒绝，通过一些手段使明显处于弱势群体的一方当事人与强势一方形成实质上的平等，亦是当事人平等原则的应有之义。[1] 类似于斯坦教授所说的矫正平等，即要求集中关注原告和被告的法庭行为，对抗制程序给诉讼双方充分的机会提交其证据和论证证据的可信性，以及攻击对方证据的可信性。每一方都可以利用这个机会，将事实认定错误的风险施加到对方身上。这种对抗制竞技是可接受的，但是不能超过特定的程度：诉讼双方互相施加错误风险，必须是在对等的限度内。[2] 对于通常的合同之诉的双方当事人而言，其于合同签订时和诉讼时法律上的地位和证明能力均是平等的。但是，对于一些证据偏在型诉讼和其他案件事实本身造成证明困难的案件，双方当事人之间诉讼地位的平等并不能掩盖当事人之间在举证能力上的差距而造成其参与诉讼能力的实质上的不平等。如环境污染损害赔偿案件，原告通常是作为弱势群体的受害者，被告是从事生产经营的企业，首先双方在客观的举证能力上就是不对等的；其次，因为距离证据较远，原告作为受害者并无法有效就损害事实与损害行为之间存在因果关系进行举证。再如给付型的不当得利之诉、票据纠纷，均

---

[1] 江伟主编、肖建国副主编：《民事诉讼法》（第6版），中国人民大学出版社2013年版，第49页。
[2] [美] 亚历克斯·斯坦：《证据法的根基》，樊传明、郑飞等译，中国人民大学出版社2018年版，第254页。

会出现当事人在特定事实证明上的困难。[①] 博登海默指出，在用立法行为来配置和分配权利、权力和利益以达到形式上的平等之外，还要有交换对等之平等，"一般而言，合同当事人是通过行使其私人自治权来确定他们各自履行行为的价值的，又如果一方当事人向另一方当事人虚报所销商品的价值或所提供服务的价值，那么法律便会要求恢复一种合理的平等"[②]。证明责任分配决定当事人的败诉风险所在，在双方当事人实质上处于不对等状态时，将其恢复为一种合理的平等便十分必要。为合理地分配这种风险，"规范说"作为证明责任分配一般规则为大陆法系学界及实务界认可。但是，在处理双方当事人之间举证能力悬殊的证据偏在型诉讼及其他证明困难案件中，若仍然按照一般规则进行分配可能会导致个案上的不公正，需要采用减轻规则作为例外情形予以矫正。而在这种例外情形下，法律规范对相应的待证事实进行"肯定拟制"，也就是说，除非不负证明责任一方当事人能够证明事实不存在，否则将该事实拟制为真实（存在）。[③]

如何保障证明责任分配中的平等，特别是实现实质上的平等，是平等原则的本质体现。要保证证明责任分配结果的平等，需要相应的矫正平等的机制，以对证明责任分配进行重新分配（主要是指主观证明责任，客观证明责任在诉讼伊始即已确定且不具有转换性），减轻证明困难一方当事人的证明负担，以维持在原、被告之间分配的平等性。武器平等原则为证明责任减轻提供了理论基础。武器平等原则要求保障任何人都有平等地接近司法的机会与保障当事人平等提出证据资料的机会。在保障当事人武器对等原则上，英美法系的证据开示制度（Discovery）使当事人有着更加公平的机会接近和使用与案件事实相关的证据资料。

---

① 如在票据款返还诉讼中，被告抗辩原告的票据取得的合法性问题，对于该事实的证明被告自是无法有效取得相应的证据资料，该事实的发生及相应证据资料的取得均处于原告控制领域。
② [美] E. 博登海默：《法理学——法律哲学与法律方法》，邓正来译，中国政法大学出版社 2017 年版，第 312-313 页。
③ 在辩论终结时出现真伪不明情况的，通常是对案件基本事实进行拟制为"否定"的结果，即在真伪不明时不适用对负证明责任一方当事人所主张的对其有利的法律规范。但证明责任减轻则是对上述情形进行拟制否定。参见周翠：《〈侵权责任法〉体系下的证明责任倒置与减轻规范——与德国法的比较》，载《中外法学》2010 年第 5 期，第 701 页。

证据开示是美国的证据法概念，除了日本在战后受美国法的影响规定了当事人照会制度之外，大陆法系国家较少规定证据开示制度。在美国，证据开示程序真正制度化是自1938年《联邦民事诉讼规则》规定了证据开示制度时起。《美国联邦民事诉讼规则》第26条第2款对证据开示的事项进行了规定，一方当事人被授权要求对于下列事项进行证据开示：与诉讼标的相关；并非不合理的、重复的或不当负担的；以及非特权的。证据开示不是一个单向的解决途径，适用于所有类型的案件，适用于每一方当事人，包括原告或者被告、自然人或者法人、其他组织。[①] 证据开示是美国对抗制民事诉讼程序的产物，按照达马斯卡的理解，"对抗式程序的诉讼构造为，理论上平等的双方当事人将争议提交给法院，由法院决定争议的结果，该诉讼模式要靠双方当事人确立起争议并勾勒出争议的界限；证据由当事人提出，并由提出证据的一方当事人专有使用"[②]。对抗制提供给诉讼人控制其案件的手段，当事人在选择法院、设定证明和进入程序中起着决定性的作用。对抗制既提高了裁判的效率，也促进了当事人和社会公众对于法院判决的接受程度。对抗的原理认为，如果当事人被密切卷入到裁判的过程中，并感到他被给予一个发表意见的公平机会，那么他很可能接受案件的结果，无论对其是否有利；其有助于减少诉讼后的摩擦和增进对司法命令的遵守。

证据开示的目的是设计一套机制以寻求纠纷解决的公正性，而公正的最基本要求就是查明案件事实真相。正如美国民事诉讼法学者威恩·布若所言："证据开示的超越一切的目的在于促进'探查真相和与此相应的对于案件的最终处理'。"[③] 证据开示程序的首要功能是追求公正的司法。通过良好的制度设计保障最大限度地查明案件事实真相，即强制双方当事人披露和开示其掌握

[①] 参见《美国联邦民事诉讼规则》，白绿铉、卞建林译，中国法制出版社2000年版，第50-52页。

[②] See M. R. Damaska. *Evidentiary Barriers to Conviction and Two Models of Criminal Procedure: A Comparative Study*. 121 U Penn. LR 506（1973）.（参见米尔建·R.达马斯卡:《定罪的证据障碍与两种刑事诉讼模式的比较研究》，121号宾夕法尼亚大学，1973年第506卷。）转引自［英］詹妮·麦克埃文:《现代证据法与对抗式程序》，蔡巍译，法律出版社2006年版，第2页。

[③] 转引自［美］斯蒂文·N.苏本、马莎·L.米卢、马克·N.布诺丁、托马斯·O.梅茵:《民事诉讼法——原理、实务与运作环境》，傅郁林等译，中国政法大学出版社2004年版，第342页。

于证明案件事实的证据资料。正是通过证据开示程序，使当事人在诉讼之前即掌握其与对方当事人之于诉讼案件所拥有的证据资料，对自己将要发生或者正发生的诉讼的结果有了较为清晰的预期，从而促进了和解。若当事人之间无法达成和解，证据开示也使查明案件事实真相变得更加容易一些，其强制披露制度要求当事人必须将其掌握的证据资料向对方当事人披露，并辅之相关的惩罚机制。证据开示的技术，包括非正式的证据开示、强制披露及开示附加事项的方法。[①] 相对于非正式的证据开示，强制披露是联邦民事诉讼规则明确规定的证据开示技术。[②]《联邦民事诉讼规则》第37条第3款专门规定了不披露、虚假或误导性出示及拒绝自认的法律后果，主要体现为排除有关证据的使用（当事人无正当理由不按规定要求出示时，除非这种不作为是无害的，否则不允许将未出示的证人或信息在开庭审理、听审或申请中当作证据使用）、诉讼费用的负担及律师费用等其他费用的负担。[③] 当事人应当交换而没有交换的证据，原则上不得在法庭上使用，法院亦不得将它作为定案的根据。即使对方当事人没有提出对不开示行为进行处罚，法院也可以依职权直接制裁。当事人不管证据对自己是否有利，均要予以交换即向对方披露。这样法官或者陪审团在认定事实时赖以判断的证据资料更加丰富和完备，无疑是有助于还原和认定案件事实的。

在证据开示程序中除了保障裁判公正这一功能外，还自然地体现了促进

[①] 证据开示通过三个方面实现对司法公正的追求，具体为：第一，证据开示程序可以大大减少伏击审判（ambush）的机会，同时促进当事人就案件实体作出决定。第二，促进当事人之间的和解，因为其使当事人能够在审判前评估其案件的法律价值。第三，减少诉讼案件对于法院资源的消耗，因为证据开示缩小了纠纷争点的范围。联邦民事诉讼规则未规定常见的证据开示方法，一般而言，非正式的证据开示技术包括：非当事人会面；现场调查；交换信息；要求从政府机构处提供信息；要求其他机构和法院提供记录（包括刑事、遗嘱检验、税务和土地法院以及姓名地址名录中）。非正式的证据开示技术的优点是，费用较低，其可由律师或者私人调查员与当事人协同、快速地获取；因其非正式，对于对方当事人不会提供任何告知。[美] 斯蒂文·N. 苏本、马莎·L. 米卢、马克·N. 布诺丁、托马斯·O. 梅茵：《民事诉讼法——原理、实务与运作环境》，傅郁林等译，中国政法大学出版社2004年版，第295页。
[②] 强制性披露包括初始阶段、专家证言和审前会议三个阶段。相应的规则内容，可参见《美国联邦民事诉讼规则证据规则》，白绿铉、卞建林译，中国法制出版社2000年版，第52-56页。
[③] 参见《美国联邦民事诉讼规则证据规则》，白绿铉、卞建林译，中国法制出版社2000年版，第72-77页。

诉讼的作用。与英美法系不同的是，大陆法系是有明确的诉讼促进义务概念的。诉讼促进义务概念最早在德国民事诉讼法上使用，但其提出之人已难考证。促进诉讼义务，要求诉讼制度应尽可能地节约人力和时间成本，提高司法资源利用效率，保障当事人能够享有同等接近司法的机会。此亦为武器平等原则的追求之一。民事诉讼法当事人的诉讼促进义务，可分为一般促进诉讼义务与特别促进诉讼义务。一般促进诉讼义务是指当事人有适时提出攻击防御的方法，特别促进诉讼义务则指当事人应于指定期限内（法律规定或者法官指定）提出攻击防御方法，其目的都是促进诉讼快速有效地进行。诉讼促进义务的主要目的为，修正随时提出主义的弊端，而令当事人应不迟延地提出攻击防御方法，而避免滞延诉讼及促进审理集中化。作为规范出发型的大陆法系民事诉讼，强调当事人权利的保障及程序、秩序的保障。但此并不意味着，不负证明责任一方当事人对于诉讼进展不负担任何义务，因为，这样有时会造成个案上的不正义。

（三）诚实信用原则

"诚实信用原则，是指法院、当事人及其他诉讼参加人在民事诉讼活动过程中必须保持公正、诚实和善意。"[①]诚实信用原则属于私法上的概念，起源于罗马法上的诚信契约。虽然起初诚实信用原则能否适用于民事诉讼法，存在一定的反对意见，但后来其逐渐成为民事诉讼法基本原则之一并无太大争议。在德国法概念上，与诚实信用原则对应的为真实义务(Wahrheitepflicht)概念。真实义务概念最早为奥地利及瑞士各州民事诉讼法所使用，德国在1933年修改民事诉讼法时采用了这一概念。[②]围绕真实义务概念而展开的德国学说异常活跃，并对日本民事诉讼法产生了很大的影响。在日本民事诉讼法中，真实义务概念被诚实信义原则（信义原则）概念所吸收。我国民事诉讼法在2012年修改时，也新规定了诚实信用原则，将约束的对象界定为当事人和其他诉

[①] 江伟主编、肖建国副主编：《民事诉讼法》（第6版），中国人民大学出版社2013年版，第52页。
[②] 参见[日]谷口安平：《程序的正义与诉讼》，王亚新、刘荣军译，中国政法大学出版社2002年版，第173页。

讼参与人，以及行使审判权的法院。诚实信用原则在民事诉讼法中的确立，是个人本位主义的传统诉讼向社会本位主义的现代诉讼观转变的需要。随着经济社会的发展，强调个人意志的个人本位主义诉讼观逐渐让位于强化社会公平的社会本位主义诉讼观，个人意思自治受到一定程度的限制。在民事诉讼法从个人本位过渡至社会本位的同时，辩论主义也对之因应改变。辩论主义在自我调整，以避免可能作出背离事实真相的裁判而引发的不正义问题，法官阐明义务的加强及对真实义务的承认在此即扮演着重要角色。为保障当事人平等对抗、防止诉讼突袭和裁判突袭，民事诉讼法确立诚实信用原则，要求诉讼主体本着诚实善意参与民事诉讼，行使诉讼权利、履行诉讼义务。[①]

诚实信用原则在民事诉讼中主要体现出的作用有：

第一，要求当事人如实陈述。包括真实陈述和完全陈述两个方面。《德国民事诉讼法》第138条对当事人的真实义务进行了详细规定，要求当事人要对案件事实负有真实陈述义务和完全陈述义务，两者相互独立而又并列地存在，完全陈述义务为真实陈述义务服务。[②] 真实义务是诚实信用原则之于民事诉讼的具体化。司法裁判活动的关键内容是认定事实和适用法律。查明事实真相是适用法律裁判的前提和基础，如何查明事实真相，与双方当事人恪守诚实信用原则息息相关。真实义务的重要功能即为帮助法官寻找案件事实的真相，形成对案件事实的正确认知。真实义务与民事诉讼法的目的观有所关联，越强调民事诉讼程序系为保护当事人实体法权利的，可能越强调当事人的真实义务。诉讼和审判功能的前提是发现真相，真实性义务是当事人合作促进真相发现的标志，其重要意义在于减少了法院查明真相的难度。诚实信用原则为发现真实提供了基础，"在所有的现代民事诉讼理想中，发

[①] 参见吴英姿：《预决事实无需证明的法理基础与适用规则》，载《法律科学（西北政法大学学报）》2017年第2期，第71页。

[②]《德国民事诉讼法》（2001年修订）第138条规定："（1）当事人应就事实状况作出完全而真实的陈述；（2）当事人对于对方当事人所主张的事实，应作出陈述；（3）没有明显争议的事实，如果从当事人的其他陈述中不能看出有争议时，即视为已经自认的事实；（4）对于某种事实，只有在它既非当事人自己的行为，又非当事人自己所亲自感知的对象时，才准许说'不知'。"参见《德国民事诉讼法》，丁启明译，厦门大学出版社2016年版，第36页。

现真实处于优先位置，而诉讼诚信原则在事实发现这方面具有自己的独特作用"①。

真实陈述义务，要求当事人必须向法庭如实陈述案件事实和提出证据资料。真实义务以主观认识为限，而非从客观上判定。从这个角度来分析，当事人的真实义务更加接近于"真诚义务"，这也是诚实信用原则具体化的主要表现。当事人仅需就其内心所认为的"真实"而为陈述，重点强调主观上是否违背诚实信用原则。即：在诉讼中，当事人应当如实向法院陈述其所经历和知晓的事实，不得作出虚假陈述和前后自相矛盾的陈述。当事人陈述的应当为其主观上已经知晓和认为是真实的事实。若当事人能向法院提交事件发生时的证据资料，如实陈述事件发生的经过，将有助于法官还原事实真相。尽管当事人倾向于提交有利于本人的证据资料和选择性陈述案件的发生经过，但是其不得陈述未曾发生的事实和虚构事实，否则法官将很难查明案件事实真相。若查明当事人违背真实义务作虚假陈述，法官应对其所作陈述的事实不予认定。其实，虚假陈述还可能会间接影响法官对其所主张的其他事实的心证判断。

完全陈述义务，要求当事人必须将其认识到的所经历和知晓的全部事实向法庭陈述。也就是，应当向法院陈述全部的事实，不得就其不利部分沉默。基于当事人的处分权原则，对于完全陈述义务的理解应当结合具体案情作不同认定。若当事人未完全陈述事实，系对其自身有利的事实，法官自可不用过多干涉，此为当事人行使处分权的应有之义。若当事人未完全陈述事实，系对另一方当事人有利的事实，此时法官应当释明要求其作进一步陈述，其仍然不作陈述和说明的，法官可以就未被陈述事实的存在与否降低证明标准（推定其成立或者不成立），或者通过其他证明责任减轻方式予以处理。对于依据现有证据确实无法查明真相，而依据证明责任裁判显失公平的，法官可以要求当事人本人出庭陈述案件事实或者接受对方当事人对质。当事人本人

---

① 王福华：《民事诉讼诚信原则的可适用性》，载《中国法学》2013年第5期，第153页。

出庭制度已为大多国家民事诉讼法所规定。如法国[①]、德国[②]民事诉讼法规定，为查明事实所必要，法官可以依职权传唤当事人本人到庭，即使有诉讼代理人，仍可要求当事人本人到庭对案件事实进行说明或者接受对质。

对于真实陈述与完全陈述义务的具体运用，应当尽量在现代民事诉讼法的建构基础即辩论主义下进行。原告应否对被告所抗辩事实为真实及完全陈述，在此基础上应作进一步区分：若被告抗辩事实（如清偿、免除及无效事实）足以使权利消灭，原告在提出主张时即应对相应事实进行审查，若明知存在相应事实而仍然提起主张（如对被告已支付款项而未作扣除），则可认定为违反真实义务；若被告所抗辩事实系为权利排除事实（如时效抗辩、同时履行抗辩权），则除非被告于诉讼前已经提出，且为原告所明知，否则原告在提起诉讼时对其未加声明，不构成违背真实义务。

对于违反真实义务的行为如何处置？存在一定争议。德国和日本民事诉讼法虽明确规定了真实义务，但未规定违反的法律效果为何。不能否认的是，真实义务的违反会引起一定的法律效果，包括诉讼法上与实体法上的效果。在德国，一般认为当事人故意违背真实义务的主张或争执，法院就其应不加以审理，即将当事人的相应主张予以驳回或者不予支持。具体而言，应负主张责任一方当事人所提出的主张系违反真实义务的，不发生主张的效力；而非负主张责任一方当事人对于相对方已经具体化的主张[③]，所提出的抗辩意见是违反真实义务的，则不发生有效的抗辩效果。即使没有明确的处罚规定，但该行为或多或少会对法官心证造成一定影响，即法官内心对其陈述的真实

[①]《法国民事诉讼法》第184条规定："法官得于任何案件中要求各方当事人亲自出庭，或者让当事人之一亲自出庭。"参见《法国新民事诉讼法典（上册）》，罗结珍译，法律出版社2008年版，第286页。

[②]《德国民事诉讼法》第141条规定："（1）为释明案件所必要时，法院应命双方当事人到场。当事人一方因距离遥远或者其他重大原因不能强使其遵守期日的，法院可不令其到场。（2）已命令当事人到场时，应依职权传唤。即使当事人有诉讼代理人，仍应通知当事人本人；传唤无须送达。（3）当事人在期日内不到场时，可以同在讯问期日内不到场的证人一样，对他处以罚款。如果当事人派代理人参与辩论，而此代理人有权说明案件中的事实、作必要的说明，特别是有权进行和解时，不适用上述规定。当事人不到场的结果，应在传唤书中指出。"参见《德国民事诉讼法》，丁启明译，厦门大学出版社2016年版，第37页。

[③] 具体化义务，又称实质化义务，同样为德国民事诉讼法上概念，其要求当事人对于其主张应加以具体化，以避免没有实质内容的主张或者抗辩。

性产生怀疑。当事人违反真实义务而造成对方当事人或者第三人损失时，还可能会负一定的民事责任。如当事人因虚假陈述或者不完全陈述而导致法院作出背离客观真实的判决，该判决不当地影响了第三人的合法权益，第三人可以向其行使损害赔偿请求权。①

第二，阻止当事人滥用权利。当事人在行使诉讼权利的时候不得损害对方当事人的合法权益，不得损害国家和社会公共利益。民事诉讼法授予当事人诸多诉讼权利，当事人却不能做到均按规定行使。如有的当事人滥用回避权和管辖权异议请求权，以达到拖延诉讼的目的。在证明制度方面的突出表现为证明妨碍行为，如亲子关系确认之诉，在原告已经提供初步证据证明其与被告之间存在亲子关系的可能性，被告拒不配合进行亲子鉴定。②若根据证明责任分配一般规则原告将会败诉，但被告的行为违反诚实信用原则，且造成案件基本事实无法查清，此时法官应综合判断全案情况，推定亲子关系的事实存在，以达到对被告证明妨碍行为的制裁。如果一方当事人妨碍对方当事人收集和使用证据，法官可以根据其阻挠、干扰及其他妨碍情形并结合相应证据的重要性，综合判断是否对这种妨碍行为进行制裁，而制裁的主要表现为对相应证据所要证明的事实推断其为存在。当然，法院进行裁判时仍应维持当事人之间的公平，避免过度矫正当事人之间的利益平衡问题。对证明妨碍行为，采取推定负证明责任一方当事人所主张的事实为真，以实现对其证明责任的减轻。

第三，平衡当事人之间的利益。现代型诉讼及其他证明困难的案件的出现打破了传统型诉讼中当事人主体地位对等这一理想化的预设。而这一理想预设正是辩论主义得以存在的重要基础之一。对于辩论原则最为根本的含义如何理解？日本著名诉讼法学家谷口安平给出了经典的解读："以什么样的

---

① 如，原、被告双方合意隐瞒案件事实真相，恶意串通转移一方当事人的财产，从而使该方当事人对外应负的到期债权无法实现。
② 原告起诉要求确认与被告存在亲子关系，被告辩称不予认可。原告为此提交了初步的证据资料，并提出要求进行亲子司法鉴定。在法官释明之后，被告仍以身体不舒服为由拒绝或者避而不见。参见福建省漳州市中级人民法院（2018）闽06民终1171号民事判决书、山东省济南市中级人民法院（2019）鲁01民终10379号民事判决书。

事实来作为请求的根据,又以什么样的证据来证明所主张的事实存在或不存在,都属于当事人意思自治的领域,法院应当充分尊重当事人在这一领域的自由。"[1] 辩论主义是以当事人双方的诉讼能力完全等同为适用前提,而这一前提有其适用的短板。在以往强调对抗制的诉讼中,要求原告作为权利主张一方应就于其有利的法律规范所对应的要件事实负担证明责任,若无法尽到充分的证明责任则承担败诉的法律后果。但在证据偏在的案件中,权利主张一方当事人无法有效收集和提出证据,此时可根据诚实信用原则要求另一方当事人开示其所持有的证据资料,以确保当事人之间实现实质上的平等。负证明责任一方当事人已尽其努力,无法提出有效证据证明案件事实真相,而相对方当事人占有证据资料,或者对于案件基本事实能为必要说明和解释,则此时诚实信用原则得于证明责任为相当的作用。诚实信用原则,特别是将其具体化后的真实义务和完全义务,对于法院保障当事人的证明权和平衡地位悬殊双方当事人之间的利益,以最大限度追求案件事实真相,是有着积极作用的。诚实信用原则为克服证明困难而对于证明责任减轻的类型设定,有其重要意义。

二、证明责任减轻的价值追求

法的价值是从应然的角度思考和把握法律世界必然面临的问题。法的价值问题,涉及人们对法律制度的期待以及法律的目的、正当性和理想图景。[2] 考察证明责任分配的价值追求,要明确其本质,即属于哪个法域。对此存在不同争议,有观点认为其属于实体法领域,有观点认为其属于诉讼法领域。罗森贝克本人的认识也曾发生变化,由诉讼法说转变为实体法说。普维庭则倾向于认为,将证明责任规范归入事实真伪不明所联系的要件事实的法律所

---

[1] [日]谷口安平:《程序的正义与诉讼》(增补本),王亚新、刘荣军译,中国政法大学出版社2002年版,第139页。谷口安平也提出了辩论主义包含三个方面内容,其观点与兼子一类似。不过,对于第三个命题也是存在例外的,在必要的时候法官仍然可以依职权调查,如当事人非因自身原因造成举证困难,而该证据由法院依职权调查更为妥当。
[2] 张文显主编:《法理学》(第4版),高等教育出版社、北京大学出版社2011年版,第249页。

属的法律领域，即"适用法规所属法域说"；因为依据适用的法律材料不同，存在民事法的，劳动法的，甚至包括行政法的或者诉讼法上自身的证明责任规范。[①]笔者认为，证明责任分配，系实体法和程序法竞合之"场"[②]，其既有实体法在诉讼中的适用问题，也有程序法之于诉讼的规制问题。民事诉讼制度所必须追求的价值，应平衡兼顾实体利益及程序利益，既不能仅以实现实体法为主要目的，也不能单纯追求程序保障而忽视实体公正，应当在保障实体利益与程序利益中寻找平衡点。证明责任分配原则会涉及民事权利发生、消灭及排除的事实，对这些事实的规范自是实体法的范畴；而证明责任分配又是在诉讼过程中才具体发生的，必然受到诉讼法规范的规制。证明责任分配带有实体法和诉讼法的双重属性，要同时考虑实体法和程序法的价值要求，实体法按照价值取向在民事主体间分配证明责任，诉讼法则在实体法无明文规定或者规定不明确时，依据诉讼程序的价值要求确定或者补充证明责任分配的规则，因此实体法规定具有一般性与普适性，诉讼法规定具有特定性和补充性。[③]

自由、平等、秩序与公正、效率是法的基本价值，这是从法理学视角分析的法的基本价值。证明责任分配所追求的价值目标，与一般意义上的法律所追求的价值目标应是一致的。证明责任分配理论包括证明责任分配基本规则与例外规则，基本规则即为罗森贝克"规范说"所确立的证明责任分配一般规则，例外规则即为证明责任减轻规则。如上文分析，例外规则不是对一般规则的否定与排除，而是在确认一般规则基本地位前提下的修正与补充。证明责任分配贯穿于民事诉讼之始终，被称为"民事诉讼之脊梁"，其价值追求自是应在法的价值这一总概念涵摄之下，但又有其自身的独特之处。证明

---

① ［德］普维庭：《现代证明责任问题》，吴越译，法律出版社2006年版，第244页。
② 此处的"场"概念，系借鉴日本著名民事诉讼法学家中英宗雄先生的学说，其认为诉讼法学可分为诉讼构成理论和诉讼实体理论，而诉讼不是单一的场，应是涵盖原告、被告、法院（或者权利、义务、司法权）这一空间坐标（主体坐标）和时间坐标的时空相结合的"四次元"的场。参见［日］中村宗雄、中村英朗：《诉讼法学方法论——中村民事诉讼理论精要》，陈刚、段文波译，中国法制出版社2009年版，第23-24页。
③ 参见曾冠棋：《举证责任法理探讨与实证评析》，中国政法大学2007年博士学位论文，第50-51页。

责任分配规则作为一个总的规则，追求的是公正、平等与效率。证明责任分配的最高追求是公正，而效率则是在保证公正的前提下的目标，平等是实现公正与效率的保证。如何诠释公正与效率、保障平等地位，是证明责任分配价值追求的重要内容。

公正、平等与效率之于一般规则与减轻规则，其价值序列在总体相同的情况下，略有差异。公正是司法裁判的生命线，实体公正是一般规则与减轻规则的共同的最高的追求。不同的是，一般规则追求的是抽象正义，以维护法的安定性和可预测性；减轻规则追求的是个案正义，以维护证明责任分配规则的弹性。于证明责任分配的一般规则而言，其追求的价值目标应是实体公正、诉讼平等、诉讼效率。而于证明责任减轻规则而言，其优先追求的应当是通过诉讼平等的保障实现实体公正，并应最大可能地兼顾诉讼效率。如果非要对其价值目标进行排序的话，证明责任减轻的首要追求应是实体公正。因为证明责任减轻规则的存在，就是对适用一般规则无法保障个案公正而采取的方法手段。但是，需要明确的是，此并不代表诉讼效率不是证明责任减轻的价值追求，只是一种法律规则或者制度的价值追求基于产生根源、建构基础的不同，总是会有所区别。证明责任减轻规则的合理运用在客观上必然会对诉讼效率产生影响，并不能因追求个案上的事实真相而无限地拖延诉讼，忽视诉讼效率的价值意义。鉴于此，本书从以下方面理解证明责任减轻的价值取向。

（一）追求实体公正

"正义是社会制度的首要价值，正像真理是思想体系的首要价值一样。"[1] 在民事诉讼法律制度中，对正义特别是实体正义的追求一直是永恒的主题。实体公正最重要的体现是裁判结果的公正，司法裁判是建立在事实真相查清基础上的裁判，而非事实真伪不明下适用客观证明责任作出的不得已的裁判。

---

[1] ［美］约翰·罗尔斯：《正义论》，何怀宏、何包钢、廖申白译，中国社会科学出版社1988年版，第3页。

边沁的《司法证据原理》的核心论题就是，回答程序的目的与司法的目的，其认为两者是共通的，均将查明事实真相并在此基础上作出最符合案件真实情形的裁判作为终极目标。可以说，追求案件事实真相，是所有民事诉讼活动的目标，不论是大陆法系还是英美法系概无例外。即使是采用盖然性优势证明标准的英美法系，其也希望司法裁判是能客观还原既往事实真相的，陪审团对事实的判断是以形成心证为前提。证明责任分配之于实体公正的价值追求与考量，应从两个方面解读，即做到实体公正既是证明责任分配的价值追求，也是在分配证明责任时应当考量的重要因素。对于证明责任的分配应当以追求实体上的公正为目标，公正地在当事人之间合理地进行证明责任的划分；在案件诉讼终结时，法官根据经审理查明的现有事实进行裁判时，司法裁判的结果在实体上应当是公正的——完全还原既往事实的基础上做出的裁判，或者最大限度地接近案件事实真相下的裁判。而案件事实真伪不明情况下的裁判只能是"最后一招"，这是别无选择的做法。

法官在进行证明责任的分配时应当以追求实体上的公正为目标，在当事人之间进行合理的划分。一般规则应当有利于案件事实真相的再现和还原，而不能对追求真相形成障碍和掣肘。罗森贝克的"规范说"与严格法律紧密相连并且安全地提出了一般抽象的规则，肩负起了法的安定性和法的明晰性责任。[1] "规范说"通过"相对浅显易懂的方式告诉人们民事诉讼中为什么会存在证明责任，以及当要件事实真伪不明时法院为什么会判决负证明责任的一方当事人败诉"[2]。从通过简单易懂的方式告诉人们证明责任为何会存在以及若不积极举证则可能遭到不利诉讼后果的角度来说，"规范说"考虑到普通民众的认识能力及举证能力，具有很强的普遍适用性和平等性，其是符合正义原理的。

尽管罗森贝克一再强调"分配原则并非来自公正性"，公正性作为指路

---

[1] [德] 普维庭：《现代证明责任问题》，吴越译，法律出版社2006年版，第327页。
[2] 李浩：《证明责任与不适用规范说——罗森贝克的学说及其意义》，载《现代法学》2003年第4期，第86页。

明灯只是限于对于立法者而言，而对于法官则并非如此。但是，他又强调和指出立法者不可能追求比考虑公正性和公平性的要求更好的目标。言下之意，相对于把证明责任分配这一权利赋予法官而言，更能保障公正的做法仍然是由立法者通过事先制定法律规范的方式。因为，"唯有经过数百年的努力由立法者塑造的公正，唯有法律才是法官裁判的准绳和指南"[1]。

但是，在证明责任分配中将公正性作为价值考量因素是不可避免的。"规范说"对法律规范的精确分类，是建立在对实体法规范清楚划分的基础上，注重通过实体法对所有证明责任的分配进行预先设置，这种过于偏重法律规范的外在形式，是一种理想化的预设。即使是如德国这种立法技术十分完备、法律体系臻于完善的国家，恐也难以对每一种案件的具体情形做到提前应对，自是亦无法对每一种案件的证明责任的分配做到提前规定。"规范说"严格的"形式主义"，缺少对具体案件不同案情下的价值考量和利益衡平，无法通过价值因素的考量兼顾到个案的实体公正。"规范说"早在19世纪初提出之时，即无法解决昔日立法者未曾考虑过的现代型诉讼及其他证据偏在型案件与因案件事实性质造成证明困难案件的证明责任分配问题。同样，"没有考虑到当事人接近证据的难易程度，以及保护社会经济弱者的需要等情况对举证责任分配的影响"[2]。只注重外在形式，严格借助实体法分配证明责任，而对价值目标、利益衡量缺乏有效兼顾，从而可能造成个案上的不公正问题，这是"规范说"的本质缺陷。

罗尔斯所提醒我们："某些法律和制度，不管它们如何有效率和有条理，只要它们不正义，就必须加以改造或废除。"[3]也正是为克服"规范说"的固有缺陷，"危险领域说""盖然性说"和"利益衡量说"相继在德国、日本兴起，并对"规范说"提出了有力的挑战。上述学说虽然切入点不同，但其核心要素之一均是以当事人与证据距离的远近作为标准进行证明责任的分配，以实

---

[1] [德] 莱奥·罗森贝克：《证明责任论》（第5版），庄敬华译，中国法制出版社2018年版，第114页。
[2] 魏庆玉：《证明责任减轻论》，上海交通大学2013年博士学位论文，第5页。
[3] [美] 约翰·罗尔斯：《正义论》，何怀宏、何包钢、廖申白译，中国社会科学出版社1988年版，第3页。

质性标准作为价值考量的指引。对于证据分布不均衡的案件而言，如果说对其进行的证明责任分配是符合公平理念的，那就应该是让更加接近证据和易于收集并能提出证据的一方当事人就相应事实的存在负有证明责任，而不是将其分配给无法掌握事实及证据的权利主张一方当事人。证明责任分配规则固然应尽量符合法律安定性要求，但对于特殊类型案件或者个别案件，因为双方当事人的知识、地位、能力及距离等方面存在差距而造成实质上的不对等，从而影响实体正义的实现。证明责任减轻规则是——在适用一般规则分配证明责任将导致个案的裁判结果显失公平时——例外情况，通过证明责任减轻规则平衡当事人之间的利益，寻找案件事实真相，减少证明责任判决，追求个案上的公平正义。实体公正是一般规则与减轻规则的共同的最高的追求。不同的是，证明责任分配一般规则追求的是一般正义或者抽象正义，以维护法律的安全性和可预测性；证明责任减轻规则追求的是个案正义，以维护分配规则的弹性，应对因固定类型案件和个案上存在证明困难而造成的不公正问题。

（二）追求程序正义

"从亚里士多德以来，通过一定程序实现了什么样的结果才合乎正义，一直是正义理论的中心问题。"[①] 很长一段时间内，人们在讨论正义时，首先考虑到的是实体正义，而将程序正义放在次要方面。随着发源于英国法后为美国法所传承的"正当程序"（due process）思想的建立，程序正义观念得以形成和发展。罗尔斯将程序的正义分为三个层面进行讨论：纯粹的程序正义、完善的程序正义与不完善的程序正义。"纯粹的程序正义，是指关于什么才是合乎正义的结果并不存在独立标准，存在的只是一种正确的或者公平的程序规则，只要这种程序被恰当地遵守，其结果也许就是正确的或者公平的，而不

---

① ［日］谷口安平：《程序的正义与诉讼》（增补本），王亚新、刘荣军译，中国政法大学出版社 2002 年版，第 1 页。

论会是一个什么样的结果。"[1]也就是说，结果的正义必须通过程序上的正义予以保障。现在，结果要被视为合乎正义的，必须遵守正当程序，已是英美法系国家的共识，也得到了大陆法系国家的认同。随着法律意识的不断增强，人们在判断一项司法裁判是否正义，也习惯于在考量结果正义的同时，寻找作出结果的程序是否存在违法及其他不公正的地方；如果程序上存在明显的瑕疵和违法行为，人们便会直接推定结果也是不正义的。

程序正义在诉讼制度上最为重要的是，"与程序的结果有利害关系或者可能因该结果而蒙受不利影响的人，都有权参加该程序并提出有利于自己的主张和证据以及反驳对方提出的主张和证据的机会。这是'正当程序'原则最基本的内容或者要求，也是满足程序正义的最重要条件"[2]。之于民事诉讼而言，若诉讼程序本身缺乏公正性，作为诉讼结果的公平正义就无法实现。"程序正义是审理和裁判过程的妥当性与公平性，实体正义是经裁决的实体结果的妥当性与公平性""程序正义是实体正义的前提，两者是前提和结论的关系，而非目的与手段的关系"。[3]一项诉讼程序是正义的，依据该程序进展而得出的结论即应是正确的。一项诉讼程序是非正义的，则即使结论可能是正确的，与客观事实是相符的，但也不能认为其是正义的。如法官采纳一项通过暴力、胁迫等手段非法获取的证据，从而认定提出该项证据一方当事人相应之主张成立，显然是非正义的。

在证明责任分配领域，程序正义同样应为最重要的价值追求之一。证明责任分配对于实体公正的追求，需要通过程序公正来保障。这也是边沁证据法思想的核心要义所在，通过公正的程序将实体法正确地适用于真实的事实。而程序公正之于证明责任分配的核心要义在于保持双方当事人诉讼地位上的对等，这种对等包括形式上的平等和实质上的平等两个层面的含义，也即保

---

[1] [美] 约翰·罗尔斯：《正义论》，何怀宏、何包钢、廖申白译，中国社会科学出版社1988年版，第3页，第86页。
[2] [美] 约翰·罗尔斯：《正义论》，何怀宏、何包钢、廖申白译，中国社会科学出版社1988年版，第3页，第11页。
[3] 宋朝武：《民事证明责任原理研究》，中国政法大学2006年博士学位论文，第57页。

持英美法上的初级平等和矫正平等的统一。程序正义首先要求与程序结果有关或者受到影响的利害关系人都有权参加到程序中去；其次，更重要的是，利害关系人参加的诉讼活动应当有足够的内容，能够充分接触到诉讼活动的全过程，具有实质性的内容，而不是单纯的形式上的参与。这就要求实际参与到诉讼中的双方当事人，能够以相互对等的力量展开攻击防御活动，充分地提出主张和辩驳并有机会对司法认定行为提出自己的意见。这种以对等性为基础建构的对抗性辩论，才是程序正义视角下的实质性内容。但是，现实中双方的举证能力总是存在差距，如因为财力不同导致并不是每一方当事人都能够聘请律师，以及诉讼能力不同造成的收集、保全和提出证据能力也会不同，从而导致双方形成了武器不对等的局面。"规范说"所确立的一般规则，保证了绝大多数案件得到了平等的分配，实现了普遍性的正义。但是，若僵化地适用于所有类型案件，有可能对于证据偏在型案件以及出现非可归责于当事人自身原因造成证明困难的案件，无法实现个案上的公平正义。

　　同时，程序正义还要求必须加强对当事人程序利益的保障，证明责任减轻的具体方法——损害赔偿酌定、证明标准降低以及对摸索证明许可性的判断等，均建立在法官自由心证的基础上，不可避免地存在法官恣意裁判的可能。所以，这些提醒我们在建构证明责任减轻制度时，应当通过合理的制度设计，维护当事人的程序利益，限制法官恣意，防止裁判突袭，以最大限度地维护法的安定性与可预测性。比如，通过保障当事人的辩论权，给予当事人充分的程序参与权和意见发表权，防止诉讼突袭和裁判突袭，实现裁判的正当性，以程序上的正当性来确保结果上的正当性。[①] 总体而言，证明责任减轻对实体公正与程序公正的追求同时存在，程序正义是追求实体公正的过程，实体公正是程序正义的当然结果。如果说，一定要有一个终极追求的话，那就是通过正义的程序制度保障案件审理结果上的实体正义。

[①] 参见刘敏：《民事诉讼中当事人辩论权之保障——兼析〈民事诉讼法〉第 179 条第 1 款第 10 项再审事由》，载《法学》2008 年第 4 期，第 105-106 页。

（三）关于诉讼效率价值问题

证明责任分配的一般规则与证明责任减轻在诉讼效率这一价值目标的追求上，都与证明责任分配总的价值追求是相一致的，但其内部又有所不同。一般规则在追求实体公正、程序正义的同时，诉讼效率也是其必须予以同等考虑的价值因素。司法作为一种公共资源，有限性是其特征之一，所以诉讼效率是其必然的价值追求。民事诉讼制度的设计应当考虑诉讼效率问题，使其与公正之间达到协调平衡。证明责任分配的制度设计应当有助于提高民事诉讼的处理效率，而不能使纠纷的审理在能够作出裁判之前耗费过大的人力、物力、财力以及时间成本。主要表现为两个方面：一方面，证明责任分配规则应当易于操作。证明责任分配之于双方当事人及法官均有着极其重要的指引作用，应当具有很强的可操作性，才能使诉讼主体及法官便于掌握，以提高诉讼的效率。若证明责任分配规则复杂繁复，难以操作，当事人也难于掌握和运用，需要法官进行大量的释明和指导，那其效率之低可以想象，与当事人早日从诉讼中解脱出来、尽快对受损权益救济的民事诉讼目的背道而驰。"规范说"何以一经提出便迅速在德国成为通说，与其可操作性强、有助于大幅提高诉讼效率不无关系。另一方面，证明责任分配规则应平衡效率与公平。效率与公平是既相互适应又存在矛盾的法律价值。以效率为标准配置社会资源，有可能实现高层次的公平；但是把效率绝对化，则可能造成个体上的不公平。[1] 绝对的公平可能会影响诉讼的效率，而绝对的效率势必也会影响公平。司法审判的最高目标是追求裁判上的实体公正，但是司法实务中总会有案件穷尽各种证明方法后而无法查明事实真相，若再不计成本地调查和无限期地延长审理时间，也许能够最大可能地接近案件真相，但这种个案上的公正也许并不会得到社会公众的认同。法官为追求民事诉讼处理的快速，在辩论主义为主导的诉讼领域中，对当事人调查证据之申请不加以审查即予以批准——但该调查申请本就属于当事人应当自行调取证据的范围，或者要调取

---

[1] 参见张文显主编：《法理学》（第4版），高等教育出版社、北京大学出版社2011年版，第269页。

的证据保持于对方当事人处且有正当理由可以不提供，这种做法虽然提高了诉讼效率，但违背辩论主义宗旨，损害了诉讼平等，从而也造成了实质上的不公正。

　　与一般规则不同的是，证明责任减轻的最高追求应当是通过程序正义最大限度地保障实体正义，也就是，最大限度兼顾诉讼效率、诉讼公平和实体正义。证明责任减轻的存在，是针对证明责任分配一般规则于个案上的不正义而予以例外的修正。因为，证明责任减轻规则的存在，就是对适用一般规则无法保障个案公正而采取的方法手段；所以，证明责任减轻优先追求的是实体公正，这需要通过保障诉讼平等得以实现，同时还要尽可能地兼顾诉讼效率。实体上的公正、诉讼上的平等与效率这三个价值之间，诉讼上的平等是证明责任减轻得以实现程序正义的核心要义。正是通过证明责任减轻使当事人之间的诉讼地位达至实质上的对等，实现当事人之间程序利益上的平衡，从而最终实现个案正义。其实，在日本以新堂幸司、石田穰为代表的利益衡量说等这些新说与以仓田卓次、贺集唱法官为代表的罗森贝克"规范说"的坚定支持者所主张的这些旧说，关于举证责任性质或者是否区别权利根据与权利障碍等基本前提的争论，在本质论的层次有一定意义，但是在实践中并不会带来多大的不同，两者并无实质上的区别。在分配证明责任的时候不无争议的是应当注意各种具体因素、努力实现在当事人之间公平分配责任的观念。所以，谷口安平也主张，司法实务中，在证明责任分配的一般规则出现问题时，应当再针对具体问题作具体的讨论，寻找出最为妥当的解决方法。这种视案情因素分配证明责任以寻求个案上的实质公正，也是证明责任减轻理论的法思想基础之一。即使是作为日本学界及实务界罗森贝克学说最为坚定的支持者和拥护者，仓田卓次法官在审判实践遇到"规范说"所确立的证明责任分配一般规则无法解决的问题时，也是求助于如比例认定这种其他手段对一般规则进行修正，从而寻求个案上的公平正义。而龙崎喜助则在调查了德国法院的大量判例以及有关的学说史之后指出，在某些情形下，法官作的比例认定判决也是确实存在的。[①] 证明责任减轻规则的合理运用在客观上必然会对诉讼效率产生影响,尽管其非证明责任减轻的首要价值追求,但并不能因追求个案上的事实真相而无限地拖延诉讼,从而忽视诉讼效率的价值意义。

[①] 参见[日]谷口安平:《程序的正义与诉讼》,王亚新、刘荣军译,中国政法大学出版社1996年版,第242-244页。

第四节 证明责任减轻的具体方法

不像证明责任分配一般规则那样是一个统一确定的概念,能够用一句话概括出其内涵[1],证明责任减轻是一个集成概念,是对各种具有证明责任减轻功能和作用的减轻技术或者方法手段的总称。那么,这种具体方法有哪些,涉及如何理解证明责任减轻的概念与内涵。正如本书对证明责任减轻概念进行梳理那样[2],学界对证明责任减轻的具体方法也存在不同意见。本节先着眼于从广义角度对证明责任减轻的具体方法进行梳理与分类。[3] 在此基础上,提出本书所理解的证明责任减轻的具体方法,并说明本书拟重点讨论的具体方法以及对为何做出这种选择予以解释。

一、证明责任减轻的方法

(一)从内涵性质的维度进行分类

从内涵性质的不同,可以将证明责任减轻分为实体法上与程序法上的证

---

[1] 即:每一方当事人均应就于己有利之法律规范的要件事实负主张和证明责任。
[2] 详见本章第一节"证明责任减轻的概念与性质"。
[3] 即把学界所定义的不同证明责任减轻概念下的具体方法进行总体上的梳理,并对其进行分类。目的是,从整体上把握当前被学界纳入证明责任减轻范畴的具体方法有哪些,为凸显与本书接下来研究的典型方法(本书证明减轻概念视域下的减轻方法)形成对比。这样,也有助于理解本书对证明责任减轻的概念与性质的研究。关于证明责任减轻的方法与分类的划分,也可参见胡学军:《从"证明责任分配"到"证明责任减轻"——论证明责任理论的现代发展趋势》,载《南昌大学学报(人文社会科学版)》2013年第2期;邵明:《试析民事证明责任的减轻技术——以"诉讼法与实体法二元观"为分析视角》,载《东南司法评论》2009年卷;王亚新:《民事诉讼中的举证责任》,载《证据科学》2014年第1期;[日]高桥宏志:《民事诉讼法:制度与理论的深层分析》,林剑锋译,法律出版社2003年版,第456、460页。

明责任减轻。

1. 实体法上的证明责任减轻

实体法上的证明责任减轻，是指经由实体法规范事先确认的减轻当事人证明责任负担的技术方法或者合理手段。其本质在于，以客观证明责任为直接的减轻对象。也就是说，原应负证明责任一方当事人通过证明责任减轻的方式无须在案件事实真伪不明时承担不利后果。从实体法规定本身角度予以考虑的证明责任减轻有证明责任的倒置、法律上的推定。

（1）证明责任的倒置。所谓证明责任的倒置，是指对于依照法律要件分类说本来应当由主张权利的一方当事人负责举证的法律要件事实，改由否认权利的另一方当事人就该事实的不存在负证明责任。[①]此处倒置（转换）的对象是客观证明责任。如，在基于因侵权行为引起的损害赔偿请求之诉中，一般由原告就被告存在过失的事实承担证明责任，但是在机动车道路交通事故中，法律规定直接由被告就其不存在过错的事实承担证明责任。我国民事诉讼中多称为证明责任的倒置，少数称为证明责任的转换。近年来随着立法的进一步完善，特别是侵权责任领域的立法及司法解释对侵权行为领域的证明责任问题进行了明确的规定。我国《侵权责任法》规定证明责任倒置的对象主要为过错和因果关系这两个方面，其中涉及过错推定的有教育机构的管理职责、医疗损害责任、高度危险责任、饲养动物损害责任及物件损害责任等方面，涉及因果关系推定的有环境污染责任，高空抛物、坠物责任等方面。[②]理论界对于实体法规定之外的证明责任倒置持反对态度，至少是持非常谨慎态度的。实务上对此也有着较为清醒的认识，如德国联邦最高法院也反复提醒道："只有当一般的证明责任分配规则明显导致不公正以及无法承受的社会

[①] 江伟：《民事诉讼法》（第六版），中国人民大学出版社 2013 年版，第 211 页。
[②] 对应的法条分别为：第 38 条（无民事行为能力人在教育机构受到人身损害）、第 58 条（医疗损害）、第 75 条（高度危险责任）、第 81 条（动物园的动物致人损害）、第 85、88、90、91 条（物件损害责任）、第 66 条（环境污染损害责任）、第 87 条（高空坠物损害责任）。我国于 2021 年 1 月 1 日起施行的《民法典》侵权责任编对上述规定予以了吸收。

后果时，方可考虑'证明责任倒置'这种例外情形。"① 正基于此，德国实务上仅在极少数的特定案件类型中采用证明责任倒置。② 证明责任倒置对证明责任负担进行转换，是程度最为严重的证明责任减轻。为维护法律的安定性与可预测性，应对司法实务中法官依自由作出的证明责任转换行为进行最大限度的制约。仅在例外情形下，为了实现武器平等原则，可由最高法院就证明责任倒置问题进行规范，不能轻易允许法官在司法实务中随意地将证明责任进行例外的分配。

（2）法律上的推定。推定指的是事实认定的主体基于某事实而对其他事实形成确信的情形；前者被称为前提事实，后者被称为推定事实。③ 推定又分为法律上推定和事实上推定。法律推定，是指在某些法律规范中，立法者以特定的事实（推定基础）直接推导另外一个特定的法律要件（推定结果）。④ 法律推定根据其推定出来的法律要件事实（被推定出来的事实）的性质，又可分为法律上的事实推定和法律上的权利推定。简言之，在诉讼过程中，当事人用易于证明的事实推定难以证明的事实，而不是直接证明那个难以证明的事实。一般情况下，易于证明的事实为间接事实，而难于证明的事实为直接事实。若间接事实为真，则可以推定直接事实为真。如我国《侵权责任法》第6条第2款即为法律上推定的一般规定（也就是后来《民法典》第1165条）⑤，法律推定其实就是通过立法事实事先对证明责任的一种分配，是对法官的直接命令，指示法官从方法上如何解决问题和认定事实。如我国《婚姻法》第32条第3款第4项（现行《民法典》第1079条第3款第4项）中规定"因感情不和分居满两年，调解无效的，应准予离婚"，即为典型的推定，将证明责任分配给主张离婚一方当事人，只要其能够证明其与被告之间因感

---

① 周翠：《〈侵权责任法〉体系下的证明责任倒置与减轻规范——与德国法的比较》，载《中外法学》2010年第5期，第702页。
② 这些特定类型的案件包括职业义务的重大侵害、制造者责任、因违反运动规则致生的运动意外、医疗责任的重大医疗失误的因果关系及病历资料保存义务的违反等。
③ [日]伊藤真：《民事诉讼法》（第4版补订版），曹云吉译，北京大学出版社2019年版，第257页。
④ [德]普维庭：《现代证明责任问题》，吴越译，法律出版社2006年版，第72页。
⑤ 《民法典》第1165条规定："行为人因过错侵害他人民事权益造成损害的，应当承担侵权责任。依照法律规定推定行为人有过错，其不能证明自己没有过错的，应当承担侵权责任。"

情不和分居满 2 年即可推定满足了离婚的要件。旨在推翻法律上推定的证明必须是本证，而不能是反证；即，若甲事实存在，则推定乙事实存在；被告若认为乙事实不存在而进行的证明必须是针对乙事实本身进行证明。如我国《企业破产法》对企业法人进入破产清算（重整）条件的规定[①]即为如此，当企业法人"不能清偿到期债务，并且资产不足以清偿全部债务或者明显缺乏清偿能力的"，申请人（债权人或者债务人均可，但通常为债权人）申请对该企业法人进行破产清算的，即推定符合破产清算情形，可以进入破产清算程序；若债务人（被申请人）对此有不同意见，必须证明企业现在资产可以清偿全部债务或者并非明显缺乏清偿能力，若无法有效证明，则应由其负担相应不利的法律后果。

事实推定，是指法官在形成心证的过程中，根据经验法则从某事实推认其他事实的事实上行为。事实推定是司法裁判时常用的辅助手段，在法官认定事实时所利用的经验规则达到高度盖然性时，说明关于推定事实为真达到了高度盖然性的证明标准，法官在内心上形成了内心确信。这种由法官运用较为强烈的生活经验规则推定事实的做法，也被称为表见证明。对于上述推定行为，若对方当事人没有提出质疑并对该质疑加以证明，法官便可推定该事实是存在的。法律推定则指向证明责任本身，其存在免除了提出主张的一方当事人的证明责任；而事实推定指向证明评价，其是法官在自由心证范围内形成的对事实的评价。法律推定的主体是立法者，而事实推定的主体则是利用自由心证实施事实认定的法官。[②]

2. 程序法上的证明责任减轻

程序法上的证明责任减轻，是指由诉讼法规范所确认的，或者诉讼程序

[①]《企业破产法》第 2 条规定："企业法人不能清偿到期债务，并且资产不足以清偿全部债务或者明显缺乏清偿能力的，依照本法规定清理债务。企业法人有前款规定情形，或者有明显丧失清偿能力可能的，可以依照本法规定进行重整。"

[②]《民事证据规定》（2001 年）第 9 条对免证事实进行了规定，其中第 3 项为"根据法律规定或者已知事实和日常生活经验法则，能推定出的另一事实"。《民事证据规定》（2019 年修正）将之前的第 9 条（免证事实规定）作了修改，改为第 10 条，修改后第 3 项、第 4 项（该两项对应修正前的第 3 项）分别为"根据法律规定推定的事实"和"根据已知事实和日常生活经验法则推定出的另一事实"。可见，司法解释也对两者进行了明确区分，之前则给人对两者性质作同一界定之观。

中所采用的具有实体法内容的减轻当事人证明负担的方式。这种减轻方式主要包括表见证明（大致的推定）、不负证明责任一方当事人之事案解明义务、摸索证明、证明标准降低、损害赔偿酌定、证明妨碍、申请法院调查取证等。

（二）从时间节点的维度进行分类

以证明责任减轻适用的时间为标准，可以将其划分为诉讼前与诉讼中的证明责任减轻。前者，是指在诉讼前经当事人协议（证据契约）或者由法律规定当事人享有的事实信息与证据资料的阅示权（另一方即为开示义务），而对将来可能提起诉讼的当事人的主张及证据提出责任进行减轻，如诉前证据保全制度所具有的提升一方当事人证据收集和提出能力的功能。后者，是指在诉讼中以实体法规范或者司法实务上承认的方式，提升负证明责任一方当事人的证明能力，从而使其证明责任得以减轻。

二、本书重点讨论的方法

要准确地认知证明责任减轻的典型方法，前提是明确把握证明责任减轻的法律地位问题，也就是要准确界定证明责任减轻与证明责任分配一般规则之间的关系问题。经过上述研究可知，证明责任减轻只是一般规则的例外规则，其并没有改变原有客观证明责任的分配，权利主张一方当事人仍应就对其有利的事实负有主张和证明责任，负担案件事实真伪不明的败诉后果。而证明责任减轻的减轻对象是主观证明责任，主要是通过对主观证明责任的转换以实现减轻的目的。在个别的证明责任减轻中，除了对主观证明责任的运用以外，有时还会用到自由心证等其他制度。所以，与上述学界从不同视角理解证明责任减轻的具体方法不同，在本书对"一般与例外"这一法律地位所作界定的前提下，证明责任减轻的具体方法将大幅缩减，比较有代表性的为摸索证明、损害赔偿酌定、证明标准降低、证明妨碍，以及以摸索证明为理论基础的文书命令提出制度等。

本书将重点讨论摸索证明、损害赔偿酌定、证明标准降低这几个常见且最具典型性的制度，并在研究上述问题时会涉及其他证明责任减轻概念。如，在摸索证明问题中，将涉及法院职权调查（依职权调查和应当事人的申请而启动的调查程序）问题、文书命令提出制度等；在研究损害赔偿酌定问题中，将涉及损害赔偿酌定与比例认定问题；在研究证明标准降低问题中，将涉及表见证明（大致的推定、事实上的推定）问题。对于证明妨碍制度，一是该制度国内外研究得较为成熟，二是其也并不像摸索证明、证据标准降低及损害赔偿酌定那样更具典型性，故不予专门研究。①

关于对证明责任的倒置（转换）、法律上推定不予专门讨论的说明。该两种制度属于广义实体法上的证明责任减轻范畴，证明责任减轻强度最大，减轻的对象是客观证明责任。证明责任倒置由于直接变更了依证明责任分配一般规则所作出的证明负担，对当事人之权益影响甚大，学界基本形成共识认为应通过实体法规范进行预先规定，对司法实践中由法官依自由裁量分配证明责任进行严格限制。况且，随着立法水平和技术的不断提高，在出现新的诉讼类型案件时，于个案上可以通过主观证明责任转换、降低证明标准、酌定损害赔偿及必要时的依职权调查证据等方式，以弥补当事人之间不对等的证明能力，由法官个体进行证明责任倒置的空间和必要性越来越小。若出现个案中依证明责任分配一般规则进行证明负担的分配，可能造成个案上的不公正，需要在法律规定之外对证明责任负担进行倒置，应当赋予受不利影响的当事人就证明责任分配发表不同意见的权利并且赋予其上诉权，以保障其程序上的利益。在必要的时候，由最高人民法院通过司法解释就证明责任的倒置问题进行规定②，或者通过健全完善的判例制度，以统一司法裁判的尺度

---

① 笔者通过中国知网进行检索，截至2023年3月27日，以"证明妨碍"为主题（文章标题为证明妨碍或者含有证明妨碍）的论文有202篇，另博士、硕士学位论文就有213篇。
② 比如，对于环境污染损害赔偿纠纷案件、高度危险作业致人损害的侵权诉讼等特殊侵权诉讼案件，在我国立法上未就证明责任分配进行规范时，先由最高人民法院通过司法解释的形式进行规定[《民事证据规定》（2001年）]，后《侵权责任法》对司法解释中运行较为成熟的条文予以确认。

和标准[1]。法律上的推定，同样是通过实体法规范进行的规定，由立法对"甲事实存在，则乙事实存在"进行直接规定，从而直接减轻负证明责任一方当事人对待证事实的证明难度。证明责任倒置与法律上的推定均能起到证明责任减轻的效果，对其原则上应由立法或者至少由最高人民法院通过司法解释予以规范。对于强度最大的证明责任减轻方式——证明责任倒置、法律上的推定——应当严格限制司法实务中的证明责任裁量，否则不利于法的安定性与可预测性。如，德国学者赛勒（Sailer）就提醒到，在实务上不能因为一方违反文书提出义务或者销毁与证明对象有关的证据而就直接转移（客观）证明责任，而只能对出现证明困难的当事人进行法定证明的简化。[2] 再者，证明责任倒置与法律上的推定，均是由法律规范直接予以规定，也即由法律预先在当事人之间进行了证明责任的分配，其本质上已非本书所理解的证明责任减轻范畴，因此，不将其作为专门讨论的对象。

关于对表见证明不予专门讨论的说明。表见证明（Anscheinsbeweis），是德国法上的概念，是通过判例发展起来的，其主要特征是法官从已被确认的事实事件中推断出依照生活经验通常与之相结合的其他事实。英美法上是事实说明自己原则（The thing speaks for itself），即从事实推定加害人具有过失。其实，事实上推定、大致的推定或者表见证明，都是相关概念，有时并不那么容易区分。因为，他们都是通过经验法则予以判断。表见证明多被运用在过错与因果关系的场合中，当事人只要对事态发展外形的经过作出证明即可，当对过错或者因果关系推定的经验法则具有高度的盖然性时，法院无须对更细微、更具体的事实进行认定，即可对推定事实作出认定。对于通过表见证

---

[1] 比如，最高人民法院于 2019 年 12 月 26 日就环境污染引发的损害赔偿纠纷案件类型发布了 13 个指导性案例（指导案例 127-139 号），供全国法院在审判类似案件时参考。在这些指导案例中，法院均依照《侵权责任法》第 66 条的规定将污染行为与损害之间不存在因果关系这一要件事实倒置给被告负担。相关内容可参见《最高人民法院关于发布第 24 批指导性案例的通知》。在司法实务中，这种指导性案例具有较强的指导意义，法官在审理类似案件时，若遇到法律适用上的疑问，确会通过找寻指导性案例及最高人民法院公报案例，以及在中国裁判文书网上发布的其他案例，以看能否作为参考。

[2] Vgl. Sailer, Beweisrechtliche Folgen der Verletzung von Dokumentationspflichten und der Vernichtung eines Beweisgegenstands, Juristische Blätter, 133 (2011), S. 254 ff. [参见赛勒：《违反文件义务和销毁证据标的的后果》，载《法律汇编》第 133 卷（2011 年），第 254 页以下。]

明所作的事实推定，对方当事人可以通过证明某项经验法则不能适用于相应的表见证明中这一反证方式予以推翻。相对方当事人提出的反证并不要求完全推翻前提事实，他只要让法官对已经形成的心证产生动摇即可，这样压力便会转移至负证明责任一方当事人处，该方当事人就需要就待证事实进行证据补强，以使法官心证得到加强，否则将会承担败诉的后果。

　　表见证明本质上是证明评价，与证明责任本身并无太大关联，并不能被纳入证明责任的范畴。其只是法官进行证明评价的工具，而非真正独立意义上的证明手段。法官在认定事实的时候，如果认为有待证明的某一特定事实有表见证明适用的空间，他就会运用经验规则去判断这种事实为真的盖然性为多少，此时表见证明即在证明评价范畴中发挥了作用。可见，表见证明的主要目的是促成法院认为该待证事实可借由其达到被认为已经证明的状态，实质上为借助一个较强经验法则而作的事实推论，系抄捷径式的认定事实方式。表见证明不改变证明尺度的高低强弱和证明责任的分配方式，能够构成表见证明的只有经验的基本规则。[①] 表见证明也不会引起证明责任的转换，在适用表见证明的诉讼案件中，客观证明责任并不会在当事人之间进行转换，负证明责任一方当事人提出表见证明事实认定的，若法官采纳表见证明，也只是减轻了负证明责任一方当事人的证明难度，而非对证明责任进行重新分配。所以，本书亦不将其作为证明责任减轻的典型方法予以讨论，会在讨论证明标准降低制度时对其有所涉及。

[①] 参见［德］普维庭：《现代证明责任问题》，吴越译，法律出版社2006年版，第154页。

第二章　证明责任减轻的典型方法之一：摸索证明

引　言

根据辩论主义原理，提出确定裁判基础事实所需资料（诉讼资料）的主要事实主张与提出证据申请的权能及责任由当事人自行行使及承担。[1] 也就是，当事人应当就于其有利的事实为主张和证明责任，否则将会承担相应不利后果。辩论主义是以当事人双方的诉讼能力完全等同为适用前提，也就是当事人之间能够实现武器对等[2]，但是，现代型诉讼及其他证明困难的案件的出现打破了传统型诉讼中当事人主体地位对等这一理想化的预设。

---

[1] 与之相对的为职权探知主义，是指将确定事实所必需资料的探寻权能及责任作为法院职责予以对待的原则。参见［日］新堂幸司：《新民事诉讼法》，林剑锋译，法律出版社2008年版，第305页。
[2] 所谓武器平等原则，是指当事人无论其为原告还是被告，以及基于诉讼外可能存在的不对等关系，而于法庭内应一律受平等对待。vgl. Schumann, Bundesverfassunggericht, Grundgesetz und Zivilprozess, 1983, S. 23.（舒曼、联邦宪法法院：《基本法和民事诉讼法》，1983年，第23页。）伊藤真认为，武器对等原则，是指从当事人的角度来看，保障当事人平等地享有提出包含事实主张及证据在内的攻击防御方法的机会，又称为当事人对等原则。而从法院的角度来看，其可被称为双方审寻（审理）主义，此系对法院的要求。双方审理主义不仅规制当事人与裁判所之间的关系，同时也具有保障双方当事人间互相直接听取对方的主张及举证，进而提出具有针对性的攻击防御方法的机会的功能。参见［日］伊藤真：《民事诉讼法》（第4版补订版），曹云吉译，北京大学出版社2019年版，第181页。

第二章 证明责任减轻的典型方法之一：摸索证明

在当事人出现非可归责于其自身原因造成的证明困难时，如无法接触到对于要件事实有证明价值的证据①，导致不能证明其所主张的事实而败诉，如何保障其合法权益？权利人甚至无法对诉讼相对方和主张进行具体化，其为明确和支持其诉讼请求而提出的调取相关主体的信息及其他证据资料的申请应否准许？②当事人寄希望于通过诉讼中的证据调查程序获取的信息以用于证明其诉讼主张的目的，或者意在另案诉讼，对于这种证明方式能否予以准许？针对上述情形，若对权利人的证据调查申请一概不予准许，既难以查明事实真相，也难以保障裁判的实体公正。对这些问题的讨论，便涉及摸索证明理论。

摸索证明之于我国理论界而言，是一个尚未引起足够重视的概念。摸索证明的内容包括但不限于书证提出命令制度。其实，我国司法实践中当事人对摸索证明有着迫切需求③，试图利用摸索证明方式收集证据的情形时有发生。摸索证明对于提高当事人的举证能力（收集和提供证据），保障武器对等原则，克服当事人非因自身原因造成的证明困难，查明案件事实真相，有着非常积极的意义。但我国无论是学界还是实务上对摸索证明的认识都仍显模糊④，需要我们加以系统研究。本章拟从对摸索证明的法律性质与本质的追问开始，掀开摸索证明的神秘面纱，剖析对摸索证明许可与否的本质问题，进而对我国民事诉讼中摸索证明的实践进行反思，在此基础上尝试就我国法律语境下如何建构摸索证明规则提出建议，并就摸索证明的司法适用原则进行讨论。

---

① 医疗事故损害赔偿纠纷即为如此。
② 如居住在河岸边的一户人家家庭成员连续出现身体重大疾病，怀疑与距离不远处的几家化工企业排污有关，但其无法确认为哪一家，便将上述企业均起诉至法院，并向法院申请调取被诉企业的生产、规章制度及排放资料，应否准许？
③ 也有学者已关注到这个现象，参见刘学在、熊李梓：《民事证据调查申请中摸索证明的适用与规制》，载《广西政法管理干部学院学报》2021年第1期。
④ 关于摸索证明问题的研究，国内相关文章不多，且关注的重点多为对理论的介绍，而缺少结合我国法律语境对摸索证明制度及其具体运用的深入研究。

证明责任减轻论
Issue on the Reduction of Burden of Proof

第一节　摸索证明的内涵与性质

一、摸索证明的概念内涵

（一）摸索证明的概念沿革

"摸索证明"一词系由德语"Ausforschungsbeweis"翻译而来，其非立法上所使用的术语，是德国经由实务判决及理论学说发展而得。德国法上关于摸索证明的学说与讨论，始于19世纪前半叶。在日本，基本上将其译为"摸索证明"，少数观点也译为"探知证明、证据搜索之旅"。[1] 在我国台湾地区，一般将其译为"摸索证明"。[2] 在我国大陆，对于"Ausforschungsbeweis"也存在不同的翻译，主要有"探询证明""摸索性证据""摸索证据"。[3]

关于摸索证明的内涵，学界尚未形成统一意见。即使在其发源国德国，亦是如此。尧厄尼希认为，摸索证明是指，当事人在其证据申请中没有可以令人信服的理由，或者是抱着碰运气的心态提出，或者甚至是对证明对象都没有进行确切的表述。[4] 罗森贝克等人认为，为了在证据调查中收集诉讼陈述具体化所需的经验而提出证据查明申请；或者，有意识违背真相或者完全没

---
[1] 参见 [日] 高桥宏志：《重点讲义民事诉讼法》，张卫平、许可译，法律出版社2007年版，第72页。
[2] 对于"摸索证明"一词的运用，虽其为我国台湾地区学界多数学说及实务所采用，但表述仍存在不同的差异性，一同使用的概念还有"摸索声请""探索证明"等。
[3] 相应的翻译表述可参见周翠女士翻译的《德国民事诉讼法基础教程》（汉斯-约阿希姆·穆泽拉克著）、《民事诉讼法》（奥特马·尧厄尼希著），李大雪先生翻译的《德国民事诉讼法》（罗森贝克、施瓦布、戈特瓦尔德著）。
[4] 参见 [德] 奥特马·尧厄尼希：《民事诉讼法》（第27版），周翠译，法律出版社2003年版，第277页。

有事实基础"胡乱瞎说"的事实陈述碰运气地提出的证据申请。[①] 穆泽拉克认为，如果某个当事人试图通过证据调查来为新的主张创造基础而并没有在证据申请中提出特定的主张（所谓的证据手段申请），或者如果他的主张不含任何观点立场同时是在不假思索地胡扯，此证据申请方式即为摸索证明。[②] 盖黑格则认为，摸索证明是指证据声请人对于其证据调查声请，并非直接或者间接（在间接证明时）用以对其所主张事实的证明，而系为事实的摸索或者认识来源的开发，希望借此以使特定事实主张或者证据提出成为可能。[③]

日本民事诉讼法学界的代表性观点为高桥宏志所主张，当事人以获得相关信息为目的的证据申请或者证据调查，即当事人把在证据调查阶段获得的信息用于补充自己的主张，该证据申请或者证据调查即为摸索证明。[④] 伊藤真认为，由于证据偏在等情事导致对证明事项的特定较为困难时，则有宽松解释的余地，此即为摸索证明。[⑤] 也有观点认为，摸索证明是指当事人只是抽象地提出证据申请，企图获取具体的事证资料以支持其相应主张，而实际上其对相应的事实并非明确知悉。[⑥]

英美法系中，与"摸索证明"相对应的英语词汇为"Fishing expedition"，是指尝试通过广泛的发现请求或者随机问题，以期从另一方获取到相关的信息资料；特别是，有时这种尝试超出了程序规则所允许的发现范围。所以，也称为钓鱼之旅（Fishing trip）。[⑦] 德语"Ausforschungsbeweis"中"Ausforschung"原意为试探打听，其与英语中"Fishing"（钓鱼或钓饵性证据）有异曲同工之妙。不过，欧盟也有一个法令将"Ausforschungsbeweis"

[①] 参见［德］罗森贝克、施瓦布、戈特瓦尔德：《德国民事诉讼法（下）》（第16版），李大雪译，中国法制出版社2007年版，第862页。
[②] 参见［德］汉斯-约阿希姆·穆泽拉克：《德国民事诉讼法基础教程》，周翠译，中国政法大学出版社2005年版，第250页。
[③] Vgl. Zoller/Greger, ZPO, §284 Rn. 16.（参见佐勒、格瑞格尔：《民事诉讼法》，第284节页边码16。）
[④] 参见［日］高桥宏志：《重点讲义民事诉讼法》，张卫平、许可译，法律出版社2007年版，第72页。
[⑤] 参见［日］伊藤真：《民事诉讼法》（第4版补订版），曹云吉译，北京大学出版社2019年版，第260页。
[⑥] 参见［日］林屋礼二、小野寺规夫：《民事诉讼法词典》，东京信山社2000年版。转引自周成泓：《论民事诉讼中的摸索证明》，载《法律科学（西北政法大学学报）》2008年第4期，第143页。
[⑦] See Bryan A. Garner, *Black's Law Dictionary*(Tenth Edition), Thomson Reuters, 2014, p.754.［参见布莱恩加纳：《布莱克法律词典》（第10版），汤森路透，2014年，第236页。］

与英美程序法中的"discovery procedure"（证据开示程序）等同。[①] 在英美法系证据开示制度下，除非涉及特定事项，如特权事项、不合理的、重复的或不当负担的事项，双方当事人对其他与诉讼标的相关的事项均负有证据开示的义务，也即强制披露义务[②]，以此消除诉讼程序中的秘密性和保证诉讼程序的公开性。通过证据开示程序，使当事人在诉讼之前即掌握其与对方当事人之于诉讼案件所拥有的证据资料，对自己将要发生或者正发生的诉讼的结果有了较为清晰的预期，从而促进了和解。

（二）摸索证明的概念界定

所谓摸索证明，是当事人的一种证明行为，当事人对自己的主张或者抗辩所依据的主要事实或者证据方法[③]（证据手段[④]），在并不具体知晓或者充分掌握的情况下，通过向法院申请启动证据调查程序以获得相应的事实信息或者证据资料，从而达到证明其相应诉讼主张（诉称或者辩称）的目的的证明行为。相较于一般的证明方式，摸索证明具有以下几方面的特征：

第一，摸索证明的本质是一种抽象性的证明行为。通常情况下，除了如涉及人身诉讼、公共诉讼等以外，法院认定事实的基础是双方当事人提交的证

[①] 参见[德]汉斯-约阿希姆·穆泽拉克：《德国民事诉讼法基础教程》，周翠译，中国政法大学出版社2005年版，第249页。

[②] See FRCP(Rules of Civil Procedure of the United States Federal Court) 26(b). [参见《美国联邦法院民事诉讼规则》（FRCP）第26条（b）。]

[③] 证据方法最早由日本民事诉讼法学界翻译自德语，德语原意是证明的媒介。证据方法，是指法官凭借其五官的作用所能调查的有形物。证据方法是证据调查的对象。该有形物应作扩大解释，既包括物证，也包括人证（当事人陈述、证人证言、鉴定人鉴定意见）。参见[日]高桥宏志：《重点讲义民事诉讼法》，张卫平、许可译，法律出版社2007年版，第72页。

[④] 在大陆翻译的德国民事诉讼法教材中，证据方法，也有译为证据手段，是指看法或者传言的载体：勘验、书证、证人、鉴定人和当事人。电子文件的证明价值不同于传统的书证，德国在立法中将其归入勘验标的之中。参见[德]罗森贝克、施瓦布、戈特瓦尔德：《德国民事诉讼法（下）》（第16版），李大雪译，中国法制出版社2007年版，第817页。有的直接将证据称为证据手段（Beweismittel）。参见[德]奥特马·尧厄尼希：《民事诉讼法》（第27版），周翠译，法律出版社2003年版，第258页。相较于德国、日本对于证据方法（证据手段）的界定，我国民事诉讼法上规定的与证据的方法、证据的手段相类似的概念是证据的种类，但是证据种类的概念从其包含的内容上看较证据方法、证据手段更广，还包括证据资料，如证言、当事人陈述的内容、鉴定意见、勘验笔录。随着信息化的发展，证据方法的范围也在不断扩大，如电子数据、视听资料。如我国《民事诉讼法》第66条将证据种类细分为："（一）当事人的陈述；（二）书证；（三）物证；（四）视听资料；（五）电子数据；（六）证人证言；（七）鉴定意见；（八）勘验笔录。"

据，而不会主动依职权进行证据调查。依据辩论主义原则，当事人负有就于其有利的事实为主张和证明责任。对各方当事人来说，必须提出显示有利于自己的规范之抽象前提条件的具体主张。[①]当事人的证据调查申请必须有具体性，即申请证据调查的当事人不仅必须就待证事实作特定具体的描述，且必须特定所申请调查证据的具体内容。但与辩论主义下的传统主张责任及证明方式不同，摸索证明中当事人只是提出抽象性的主张，并未将主张的内容进行具体化，即证据调查申请没有明确证明主题及证据方法。这种证明目的不是十分明确的证明方式，是寄希望于通过法院调查程序使对方当事人提供相应证据，或者通过法院职权行为向第三方调取证据，以获取其在为主张之时尚未掌握的诉讼资料，是一种摸索性的证明行为，而非指向明确的证明行为。

第二，摸索证明的方法是推动法院启动证据调查程序。在辩论主义下，证据调查程序是与证据申请相对应的[②]，证据调查原则上针对当事人提出申请的证据来进行。根据当事人应就于其有利之事实为主张及证明责任的原理，所有成为证明对象的主要事实都需要证明且应由当事人负责收集并提出。但是，现实中当事人可能由于距离证据较远或者举证能力较弱，只能提出相对抽象的主张，而不能予以具体化；还有的当事人纯粹是假想性地认为对方侵犯了自己的权益，而提出"胡乱瞎说"式的毫无根据、意图射幸的主张。目的即为希望启动法院证据调查程序，以获取相应的证据方法及信息资料。法院会依据法定程序对当事人的摸索证明行为进行审查，若认定当事人的抽象主张存在一定的合理性，且确系因为证据困难而无法获得有利于其主张的证据，则可能会准许进行证据调查程序。反之，则不予准许。当然，在职权探知主义领域内的诉讼案件，对于当事人未申请的证据，法院也可以进行证据调查。

---

① 参见［德］罗森贝克、施瓦布、戈特瓦尔德：《德国民事诉讼法（下）》（第16版），李大雪译，中国法制出版社2007年版，第862页。

② 证据申请，是指当事人为特定事实予以举证而提出具体证据，并请求法院对其予以证据调查的申请。参见［日］伊藤真：《民事诉讼法》（第4版补订版），曹云吉译，北京大学出版社2019年版，第260页。本书理解与上述概念类似，认为证据声请（申请）是当事人向法院提出进行调查以达到收集证据资料及事实信息的申请。证据调查，是指贯彻直接原则由法院直接对当事人的证据方法、证明主题的申请进行调查。类似于我国民事诉讼法中的证据交换、组织质证，以及要求当事人进一步补充证据，直到最后认证的程序集合。

第三，摸索证明的目的是获取有利于证明其主张的证据资料。在民事诉讼中，当事人让法官确信某种主张真实或者不真实的活动即为证明。在辩论主义领域内，法院赖以认定事实的基础是当事人的证明行为及法庭陈述情况，如何实施证明是当事人的事情。"提出证明是将证据手段引入诉讼以证明某个主张，即所谓的证明主题、证明事实或者证明问题。"[1] 当事人采取摸索证明的目的是，推动法院启动证据调查程序，从对方当事人处调取其之前尚未知晓、掌握的事实与证据。通过这种方式为其接下来的证明活动提供信息及证据基础，以能够更进一步地具体化其事实主张和证明主题，从而争取法官在证明评价中对其有利评价。

二、摸索证明的法律性质

一如上述，摸索证明通常出现于当事人对其证据方法和证明主题（客观上）不能或者（主观上）不愿具体化的场景中，而这与证明责任规则相忤逆。依辩论主义，当事人不论是为主张责任还是进行辩驳，均应当对主张和辩驳进行具体化和特定化，以使法院及对方当事人掌握案件全部情况，进而整理争议焦点。在摸索证明中，主张者或者辩驳者，无须对主张或者辩驳事实作具体和特定的陈述，只需相对模糊、抽象地说明，借助于法院的证据调查程序，督促对方当事人提出或者协助提交事证资料，在客观上减轻了为主张或者辩驳一方当事人的提供证据责任。

可见，摸索证明的效果是减轻负证明责任一方当事人的提供证据责任。对于证据偏在、武器不对等及存在危险领域特征的诉讼而言，适度地允许摸索证明，有助于减轻负证明责任一方当事人的证明负担，适度地加重相对方的证据提出责任，便于法院确定事实争点与发现真相。证明责任减轻规则[2]的目的在于维持当事人之间的公平；例外地允许摸索证明的目的亦指向于实现

---

[1] [德] 罗森贝克、施瓦布、戈特瓦尔德：《德国民事诉讼法（下）》（第16版），李大雪译，中国法制出版社2007年版，第819页。
[2] 关于证明责任减轻的概念、内涵及价值功能问题的讨论，详见本书第一章。

武器平等原则，最大限度查明事实真相。证明责任减轻是以对主观证明责任的运用为主要方式，直接或者间接地减轻负证明责任的一方当事人的证明负担，以实现克服真伪不明与避免证明责任裁判的目的。[1]应当说，摸索证明是证明责任减轻制度的一种非常典型的表现形式和方法，通过将主观证明责任（提出证据的责任）转移至对方当事人或者允许负证据收集和提出责任的一方当事人向第三人调取证据的方式，间接地提升当事人的证明能力，在一定程度上缓解当事人的证明困难，尽量避免案件事实真伪不明的状态。故而，摸索证明的法律性质可界定为证明责任减轻。

但是，需要明确的是，摸索证明既未重新分配证明责任，也不转换证明责任（客观），客观证明责任仍然固定在原本负证明责任一方当事人身上。"表面上看，因摸索证明的存在使事实真伪不明的风险从负证明责任方转换到了对方"，"但与所谓'证明责任转换'不同的是，这种情况下转换的仅仅是提供证据的责任，而不导致任何程度上的说服责任的转换。"[2]同时，允许例外性的摸索证明行为，也不意味着免除当事人的具体化义务，只是囿于客观上的困难而缓解其具体化义务。

三、摸索证明的表现形态

当事人基于对其知晓或者掌握的主要事实或者证据方法程度的不同，其寄希望于法院启动证据调查程序获取新的事实信息与证据资料的范围与内容也会有所不同，这样便产生了不同样态的表现形式。摸索证明主要集中在对案件事实的摸索上，不论是对证据方法还是证明主题未予明确或者无法明确，归根结底举证人的摸索性证明的目的是获取其事先未能知晓、掌握的案件事实。对案件事实的摸索性探知的主要表现为，证据方法的缺失或者不明确，

---

[1] 参见王刚：《证明责任减轻制度研究》，载《比较法研究》2021年第6期，第186页。
[2] 胡学军：《拥抱抑或拒斥：摸索证明论的中国境遇》，载《东方法学》2014年第5期，第79页。

以及证明主题的缺失或者不明确①，而证据方法和证明主题正是证据声明的主要内容。当事人应提出证据手段和应证明事实，证据手段与说明哪些主张应通过该证据手段被证明（即证明对象）相结合是必要的，以便法院能识别不合法的证据手段申请。②

---

① 德国学界围绕摸索证明的分类存在不同的观点，但各种观点进行分类的标准基本上都是以证明主题与证据方法中心展开。如彼得斯（Peters）以证明主题是否明确将摸索证明分为四类，格伦斯基（Grunsky）以证据声明的主题是否明确为标准将摸索证明分为两类，埃瑟尔（Esser）则以证据声明的证明主题与证据方法是否明确将摸索证明分为三类，而罗森贝克、施瓦布、戈特瓦尔德撰写的《德国民事诉讼法》教科书则以证明主题是否明确将摸索证明分为三类。
② 参见［德］汉斯-约阿希姆·穆泽拉克：《德国民事诉讼法基础教程》，周翠译，中国政法大学出版社 2005 年版，第 250 页。

第二节 摸索证明许可性问题的比较分析

对于摸索证明的态度，无非就是两种：一是对其持肯定态度，认可其合法性；另一则是对其持否定态度，即摸索证明禁止。英美法系与大陆法系对摸索证明的态度是显著不同的。英美法系的民事诉讼程序的证据开示制度背景，使得其总体上对摸索证明持肯定态度。而大陆法系对摸索证明的态度则要复杂得多，不同国家或地区之间、同一国家或地区在不同时期对摸索证明的许可度也存在差异。对摸索证明的态度变化的背后，是不同时期民事诉讼法理论与实务基于不同的追求而衡量的反射，也是不同国家或地区民事诉讼法传统与发展相协调而整合的结果。在大陆法系，不同国家或地区之间对摸索证明的容许性态度也在不断地向折中与融合推进。

一、英美法系的证据开示与摸索证明之见解

英美法系存在非常健全的证据开示制度，在诉讼前和诉讼中双方当事人均应向对方开示其所掌握的于案件主要事实有裁判意义的证据资料。在强制披露制度要求下，即使是对本方可能不利的证据，证据持有一方也必须向对方披露。由此可见，英美法系总体上对摸索证明是持肯定态度的。英美法系实行当事人对抗制度（Adversary system），在一个高度结构化的外在程序中，由对立的当事人负责并控制其争议范围、收集证据来支持其各自的主张并提出抗辩及支持抗辩的证据，由一个中立的裁判者进行裁判以解决争议。[1]从

---
[1] See M·R.Damaska, *Evidence Law Adrift*, Yale University Press, 2013, p.74.（参见米尔建·R.达马斯卡：《飘流的证据法》，耶鲁大学出版社 2013 年版，第 74 页。）

实质上看，英美法系对抗制对当事人收集证据责任的要求与大陆法系并无根本上的不同。传统的对抗制包括两层含义："第一，诉讼当事人之一方只负责自己的主张及证明，而没有义务提出有利于对方的主张及证据；第二，审判者不会主动地介入纷争事实。"[①] 也就是达马斯卡为对抗式程序所定义的那样："诉讼程序应构造为，理论上平等的双方当事人将争议交给法院，由法院决定争议的结果。"[②] 由双方当事人确立争点，并将证明争点事实存在的责任交给当事人自己，这是传统对抗式诉讼程序所建构的诉讼模式的精髓所在。

然而，以美国民事诉讼法为例，在历史上这种对抗制下的当事人证据收集能力及效果却并不十分理想。相互对立的诉讼当事人有对等的能力去收集和提出证据，这是要求当事人负责收集证据的正当化基础。因为，最关心诉讼成败的当事人是最有动力也是最有可能向法院最大化地提供证据资料的，而他们所全力提交的证据中本来有些可能恰被法院所忽视。不过人们逐渐认识到，诉讼双方当事人有相同的能力收集证据资料，即当事人之间证据收集的能力是对等的，这只是理想状态。在社会实践和司法实际中常会出现当事人的证据收集能力并非对等的，如重要的证据资料仅为一方当事人所知悉和掌握，若持有证据一方当事人不提出相应证据，则负证明责任一方当事人将承受败诉之后果。这种情形造成了实质上的不公正，遭到了广泛的批评。证据开示制度（Discovery）在这种背景下被推出，于1938年被正式规定进美国联邦民事诉讼规则（the Fderal Rules of Civil Procedure），其最重要的目标之一是使诉讼当事人能发现与案件相关的证据与信息，以使法院（法官或者陪审团）能在最大限度获取案件事实信息的基础上作出裁判。要求当事人在庭审前自动地开示其所有证据，并不是从该项制度诞生时起即为如此，起初只需要在对方当事人提出声请后才需要提出其所持有的证据资料，这种不充分的证据开示必然会影响其发现真实的设立初衷。为了提升证据开示制度的效果，

[①] 方金刚：《案件事实认定论》，中国政法大学2004年博士学位论文，第138页。
[②] 转引自［英］詹妮·麦克埃文：《现代证据法与对抗式程序》，蔡巍译，法律出版社2006年版，第2页。

美国于1993年修订联邦民事诉讼规则时创设了自动强制开示（mandatory disclosure），要求当事人在诉讼初期、开示之前，不待对方当事人请求即应主动地开示重要的核心信息。

美国现代证据开示制度的功能与目的主要体现在三个方面：第一，保全在庭审时有用但可能无法获取的有关信息。[①]第二，确定双方当事人之间就案件事实上存在的争点。如果只注意到诉辩文书，将会发现实际上并不存在一些实质性的事实争点。而证据开示程序要求双方当事人向对方全面披露各自所持有的证据，在证据的交换中形成了对抗，以便能确定双方当事人之间真正的争点。第三，准许当事人获取信息，可以强制要求不愿意同当事人交谈的证人提供书面证词，可以从对方当事人处获取有关案件资讯、文件及其他信息。以上三个方面的功能决定了证据开示制度与追求公正司法的目标密切相关，减少了伏击审判的机会，促进了当事人就案件实体作出决定；使当事人在审判前或者诉讼中开庭前对案件进行客观评估，从而促进了和解；缩小了争点的范围，节约了司法资源。[②]

摸索证明从未被明确地禁止过，即使在1938年采纳证据开示制度之前，美国民事诉讼法对于当事人为获得信息的各种技巧也是持宽容态度，并且有了很好的发展。证据开示制度的确立则让美国民事诉讼法对摸索证明的态度进一步放开。根据《美国联邦民事诉讼规则》第26条规定，提出主张的一方当事人即使不知悉和未掌握相关证据，其也可以在诉前或者诉讼中要求对方当事人开示其所掌握的证据及资讯。可见，美国民事诉讼法理论及实务中均不禁止摸索证明，对摸索证明持开放性态度。

但是，过于广泛的证据开示制度也带来了诸多弊端，导致诉讼成本高企和诉讼规则被滥用，相应地造成诉讼效率低下和诉讼正义被减损。"某些诉讼当事人，利用证据开示向对手施加过多的负担，或者向对方提出过度的证据

[①] 类似于诉前（庭前）证据保全，如知晓案件经过的证人患病或者即将出国很长一段时间，可能在开庭时不能亲自到庭作证，通过诉前证据保全（诉前或者庭前）采集证人证言以在庭审中进行质证。
[②] 参见［美］斯蒂文·N.苏布、马莎·L.米卢、马克·N.布诺丁、托马斯·O.梅茵：《民事诉讼法——原理、实务与运作环境》，傅郁林等译，中国政法大学出版社2004年版，第295页。

开示，或者通过制造一个文件雪崩，让对方在大海里捞针。在这样的情形中，证据开示没有成为一个追求公正的主导因素，相反，却被证明为一个阻止诉讼公正前行的障碍。"[1] 大公司以冗长的证据开示为武器迫使其诉讼相对方（多为小企业主、自然人）达成和解，导致这个本身以保障当事人武器平等为目的的制度，却造成了实质上的不公正。过于开放式地容许摸索证明的弊端，引起了实务界的反思，开始致力于适度强化法院职权介入，并发展了诉讼管理（case management）概念。美国也在对不适用证据开示的特别事项[2]进行研究，并试图将其范围扩大，以合理挤压摸索证明的适用空间。

二、德国理论学说与司法判例之流变

大陆法系民事诉讼关于争议事实的认定受辩论主义的约束。辩论主义要求，关于诉讼审理的基础资料均应由当事人收集、提出，对于事实关系的证明是当事人的权能及责任。作为大陆法系代表之一的德国，在学说及实务上一直有以辩论主义作为承认摸索证明禁止原则的理论依据，其通说亦将摸索证明的许可性与辩论主义之间的冲突与协调作为讨论的重点。

在德国最早关注到摸索证明概念的是司法判例。对于"摸索"一词的使用，最早是出现在1888年6月29日帝国法院的判决中。早期德国民事诉讼法有当事人宣誓制度，其目的主要在于使对方当事人能陈述在主张时仍未明确的情况。关于摸索证明的许可性讨论，在涉及身份关系的诉讼中尤为突出。对此德国法院的态度是明确的，认为在涉及身份诉讼的领域内，摸索证明是不合法的。在德国的判例中，对于摸索证明理论仍然存在含混不清的地方，且对其性质也存在不同认识。德国还有司法判例认为，不为证明主张而以获得相关信息为目的的证据申请是不合法的，因为对方当事人没有义务向其对

---

[1] [美]斯蒂文·N. 苏本、马莎·L. 米卢、马克·N. 布诺丁、托马斯·O. 梅茵：《民事诉讼法——原理、实务与运作环境》，傅郁林等译，中国政法大学出版社2004年版，第295页。
[2] 《美国联邦民事诉讼规则》第26条第2款第2项对发现程序的一些限制性内容进行了规定，如：不合理的重复发现程序及其他可以用更少资源获取的；发现请求人已有充分的机会获取相关信息；以及，发现成本过高，不符合比例原则。参见《美国联邦民事诉讼规则证据规则》，白绿铉、卞建林译，中国法制出版社2000年版，第50-51页。

手提供不利于自己的诉讼资料。[1]以上观点很快就得到了学说上的共鸣。基于私法自治原则，应尊重当事人对诉讼标的的处分权利和对事实陈述的决定权利，而不应以促进法官进行摸索性调查为目的。穆泽拉克指出，摸索证明是以不合法的证据手段举证，法院不应当进行证据调查，在适用辩论原则的程序中大家一致认为摸索证据不合法。[2]自制定之初，德国民事诉讼法对当事人设置了很高的事实陈述的要求，包括当事人提出的诉讼主张及辩驳，均应具体而明确。正是对事实陈述具体化的高要求，成为学界与实务上不许可摸索证明合法性的主要理论基础。总体而言，在19世纪末之前，德国民事诉讼学界及实务对摸索证明多持否定性的态度。

但是，因应经济社会发展对于实体正义的要求，自20世纪初起德国法院判例的态度开始有所转变。德国联邦最高法院开始认为，如何认定当事人的证据声明系摸索证明，应当审慎认定，从严掌握，而不宜轻易裁定驳回。[3]从严格否定到相对缓和的转变，是基于对当事人主张的具体化程度的认定而体现出来的。德国联邦最高法院对于主张应达何种程度具体化的态度，大多是立足于批判下级法院即州高等法院过分要求主张具体化的立场而体现。[4]近年来，德国联邦法院对具体化要求的立场总体倾向于三个方面：第一，当事人所主张的事实只需达到能满足法院对其作重要性审查的具体即可，当事人无须陈述与法律效果的发生无关的细节性事实。[5]第二，当事人所主张的事实是否一定要求严格的具体化程度，应视对方当事人的对抗态度而定。若对方当事人不予否认，即使提出主张的一方当事人的证据方法和证明主题并不十分

---

[1] 如，在父子关系确认之诉中，作为被告的"父亲"在没有任何证据线索和特定对象的情况下，主张（辩称）除了自己以外原告生母还与其他男性保持两性关系。为了证明其主张，被告向法院申请传唤原告生母到庭作证。当时的德国法院判决几乎一致性的观点认为被告的证据申请行为是对证人原告母亲的人身攻击，故而对其申请不予准许。上述被告主张原告生母同时与其他男性保持两性关系，却并未明确是哪些男性。但是根据德国法院的观点，即使其明确了是哪些男性（如，与A、B，或者C），这种随着推测性的证据申请仍然是不合法的。参见〔日〕高桥宏志：《重点讲义民事诉讼法》，张卫平、许可译，法律出版社2007年版，第73页。
[2] 参见〔德〕汉斯-约阿希姆·穆泽拉克：《德国民事诉讼法基础教程》，周翠译，中国政法大学出版社2005年版，第249-251页。
[3] 参见胡学军：《拥抱或者拒斥：摸索证明论的中国境遇》，载《东方法学》2014年第5期，第80页。
[4] 参见占善刚：《主张的具体化研究》，载《法学研究》2010年第2期，第115页。
[5] 参见占善刚：《主张的具体化研究》，载《法学研究》2010年第2期，第115页。

精确，仍然应予以许可。若对方当事人予以否认，也只有在该否认能够动摇法官对于待定事实存在的心证的情况下，才有必要要求提出主张的一方当事人对其陈述作进一步具体化。第三，一方当事人的主张虽有推测性因素，但依经验法则判断其并非无中生有的，仍不宜认定其为非法的证明申请。

相应地，辩论主义也在依随德国民事诉讼法理论的发展而进行修正。随着社会经济的发展，德国的民事诉讼经历着从以自由为首要追求向以社会协作为取向的转变，当事人与法院在诉讼中的职责与角色也在发生转变，法官开始更多地参与到诉讼中去，当事人也被要求应当互相协作，以共同推进诉讼的进行。这种转变严重地动摇了辩论主义的适用。在这种背景下，学界对一些可能突破辩论主义限制的概念和理论予以接受，体现在摸索证明理论上就是开始对其有限度地许可。以德国民事诉讼法学者布雷姆（Brehm）为代表，他认为，单从当事人对事实陈述的责任中是无法得出证实的必要性的，为此提出一个概略的陈述就足够了，这一陈述在实践——不过经常是令人疑虑的实践——中通过证据调查而被具体化。[①] 从其允许概略性、一般性的事实陈述的要求来看，布雷姆对摸索证明的态度应当不是一概否定的。在这里，布雷姆是从当事人推测性的陈述以获取新的证据资料作为其主张的佐证不视为摸索证明的角度出发，将该证据申请认为是合法的。其实，当事人以推测性的陈述方式提出证据申请，也是德国传统理论及实务中讨论的摸索证明的典型类型之一。对于应负证明责任一方当事人不得已地不知事实细节，而将其推测事实作为其在本次证据调查申请的对象，不能认为是摸索证明。[②] "证明申请只有在极少数的情形中才能被视为不合法的探询证明。判例和学术界存在混乱认识的原因在于，在拒绝证明申请时经常以宣称的实际需要为标准，

[①] 参见[德]彼得·阿伦斯：《民事诉讼中无证明责任当事人的阐明义务》，载米夏埃尔·施蒂尔纳编：《德国民事诉讼法学文萃》，赵秀举译，中国政法大学出版社2005年版，第292页。鲁道夫·瓦塞尔曼发表了论文《从辩论主义到合作主义》，率先认识到辩论主义的适用基础在发生变化。参见该书第361页。

[②] Vgl. Jauerning, Zivilprozessrecht, 28. Aufl., 2003, S. 215.[参见科尔宁：《民事诉讼法》（第28版），2003年，第215页。]

而不是以教义上的认识为标准。"①

因应学界与实务上的态度变化，德国民事诉讼法也在不断地进行修正。《德国民事诉讼法》自1877年制定后历经多次修正，在每一次的修正中，法官介入诉讼的权力均不断地在强化。②如，第138条规定的要求当事人为真实义务及完全陈述义务③，第141条规定的命令当事人到场接受询问的权利④，第139条法官通过履行阐明义务要求当事人为完全陈述义务⑤，通过法官介入诉讼程度的强化，促使当事人履行诉讼促进义务及协力义务，是对传统辩论主义"三大命题"的突破与修正。2002年1月1日第142条的修改，将文书提出命令规定作了进一步强化⑥，大幅扩大了命令当事人提出文书的范围，目的在于使法院及早获得证明案件事实情况的资料，同时也使对方当事人能够具体化其主张并有针对性地准备证据。基于此，更多的论者认为此系为对辩论主义的修正，当然并不代表是对辩论主义的否定，更不是取代辩论主义。但是，正是立法及理念上的转变，为有限度地承认摸索证明的合法性提供了有力的注脚。《德国民事诉讼法》规定了程序法上当事人的阐明义务，一方当事人（包括不负证明责任的当事人）负有向对方当事人提供其所占有的文书及

---

① [德]罗森贝克、施瓦布、戈特瓦尔德：《德国民事诉讼法（下）》（第16版），李大雪译，中国法制出版社2007年版，第863页。
② 1909年6月1日的修正强化了区法院法官的事实阐明权及当事人到场的命令权，1924年2月13日的修正继续强化了法官的阐明义务，1933年10月27日则首次规定了真实义务，1976年的修订规定了当事人应当谨慎地负有诉讼促进义务制度，以及规定了证据失权、缺席审判制度强调了当事人的合作义务，2002年1月1日修正的重点在于强化法官诉讼实质指挥权及扩大法官提出命令权。
③ 第138条内容可参见本书第一章"诚实信用原则"部分。
④ 第141条（命令当事人亲自到场）规定："（1）为释明案件所必要时，法院应命令双方当事人到场。当事人一方因距离遥远或其他重大原因不能强使其遵守期日的，法院可不令其到场……"参见《德国民事诉讼法》，丁启明译，厦门大学出版社2016年版，第37页。
⑤ 第139条规定："（1）在必要时，法院应当与当事人共同从事实上和法律上两方面对于事实关系和法律关系进行释明并且提问。法院应当使当事人就一切重要的事实作出及时、完整的说明，特别在对所提事实说明不够时要使当事人加以补充，表明证据方法，提出有关申请。（2）……"参见《德国民事诉讼法》，丁启明译，厦门大学出版社2016年版，第37页。
⑥ 第142条（文书提出义务）将之前的"法院得命令当事人提出与其相关而为其所直接占有之文书，如家谱、计划、设计图及其他图画（第一项）法院得命令将当事人提出之文书于其所指定期间内置于书记处。（第二项）……"修改为"法院得命令当事人或第三人提出与当事人相关，而为其所占有之文书或者其他证明文件。法院得为此订立期间，及命令于其所特定期间内置于书记处。（第一项）第三人如于文书提出不能被期待或其依第383条至第385条有权拒绝作证者，则不负文书提出义务。第386条至第390条准用之。（第二项）……"参见《德国民事诉讼法》，丁启明译，厦门大学出版社2016年版，第37页。

其他证明材料；否则，将会对其进行消极证据评价。[①]《德国民法典》从实体法上规定了当事人的信息请求权，赋予法律关系参与人要求提供信息、出示证据等与案件事实相关的证明材料。[②]

三、日本理论学说与立法判例之流变

日本自明治维新转型近代国家时起效仿德国法，其法律文化及理念深受德国法影响。日本最早的近代民事诉讼法典，是1890年（明治23年）制定的，以1877年《德国民事诉讼法典》为蓝本。[③]但自二战伊始，日本法则受到美国法的诸多影响，日本民事诉讼法同样如此。所以，日本法兼采大陆法系与英美法系的合理因素。这种影响体现在对摸索证明的态度上就是，日本民事诉讼法理论学说及立法判例传统上一般认为摸索证明是不合法的。后来随着经济社会的发展与变迁，以及美国法介入的综合因素，渐而对摸索证明有限度地认可，直至更大范围地承认摸索证明的合法性。

日本传统民事诉讼理论认为，"当事人向法院所为的事实主张若未臻具体，将被认为是不适格的主张，法院并不将之作为审理的对象予以斟酌，其结果是，当事人因未能尽主张责任而遭受败诉的不利益"[④]。松本博之认为，摸索证明是不合法的，不负证明责任的当事人承担的具体事实陈述义务与摸索证明是性质不同的两个问题。以上传统理论认为，当事人的主张不符合具体

[①] 第423条规定："对方当事人在诉讼中为举证而引用在他自己手中的文书时，有提出此项文书的义务，即使只在准备书状中曾经引用的，也有提出的义务。"根据第445条、第448条不负证明责任的当事人还可以被作为当事人进行讯问。根据第286条、第427条可以对不履行文书提出义务的当事人进行消极证据评价。参见《德国民事诉讼法》，丁启明译，厦门大学出版社2016年版，第37页。
[②] 《德国民法典》如第259条（报告义务范围）、第260条（多数标的物的返还或者说明义务）、第402条（债权让与下原债权人的告知与文书交付义务）、第666条（受托人负有的答复及报告义务）、第810条（利益相关人的证书查阅权）、第1144条（债权人对已经清偿债务下的抵押等负有的证书交出义务）、第1605条（直系血亲之间就财产及收入状况的告知义务）等。参见《德国民法典》，台湾大学法律学院、台大法学基金会编译，北京大学出版社2017年版。
[③] 该部民事诉讼法草案最初就是由德国人特雪制定的，被称为"特雪草案"，实际就是德国民事诉讼法典的翻版。参见《日本民事诉讼法典》，曹云吉译，厦门大学出版社2017年版，第2页。
[④] 如在交通事故损害赔偿案件中，死者继承人以肇事方为被告，要求被告赔偿各项损失。但被告却以原告在两车发生碰撞前即已因心脏病死亡抗辩。参见［日］畑瑞穗：《主张的具体化》，载《法学教室》2000年第11期。转引自占善刚：《主张的具体化研究》，载《法学研究》2010年第2期，第111页。

化要求的（即证据声明中没有明确证据方法和证明主题），不具有合法性。[1] 证明主题的特定性要求当事人申请法院进行证据调查时，不能仅抽象地陈述证明主题，意图通过法院证据调查程序获得相应信息资料，而作为其主张进一步具体化的佐证，该种证明行为因其非法性而不应得到准许。

但是，对于证据偏在型案件及其他因案件性质造成证明困难的案件，当事人无法获取有效事实信息及证据资料，有时迫不得已提出缺乏充分证据的主张。为解决当事人面临的具体化窘境，学界相继提出了案情说明义务、具体事实的陈述以及证据提出义务等理论，使得过分强调摸索证明不合法这一命题就显得矫枉过正了；同时，也认为对摸索证明作出不合法这种非常断然的结论，因缺少细致的梳理而变得过于武断。[2] 一般情况下，对那些试图通过证据调查程序获得其在主张或者抗辩之时并未掌握的信息的证据声明，法院不认可其合法性，因为这种毫无根据、纯粹碰运气的证明行为并非真正意义上的证据调查；但是，并不将否定态度绝对化。而是考虑到具体个案的不同情形，如针对证据偏在型诉讼，学界倾向于认同摸索证明的合法性。还有，如果原告（提出主张的一方当事人）提出了充分的证据线索，促成法官启动了证据调查程序，调取了被对方当事人或者第三人所控制的证据，并使原告之前提出的模糊主张得以明确与具体，那原告之前不特定的主张及相应的证据声明应得到许可。[3] 正如伊藤真所认为的那样，由于证据偏在等情事导致对证明事项的进行特定化较为困难时，应对摸索证明持宽松态度。[4]

日本民事诉讼法也经历了一个渐进转变的过程。二战以后受美国法的影

---

[1] 参见［日］高桥宏志：《重点讲义民事诉讼法》，张卫平、许可译，法律出版社2007年版，第74页。
[2] 参见［日］高桥宏志：《重点讲义民事诉讼法》，张卫平、许可译，法律出版社2007年版，第74页。
[3] 参见［日］兼子一、松浦馨、新堂幸司、竹下守夫：《条解民事诉讼法》，弘文堂1986年版，第959页。
[4] 参见［日］伊藤真：《民事诉讼法》（第4版补订版），曹云吉译，北京大学出版社2019年版，第260页。

响，一些制度被吸纳进日本民事诉讼法典中。[①] 其中最引人注目的是诉讼系属后的当事人照会制度，被作为当事人获取信息的重要制度而确立下来。[②] 当事人照会改变了 1996 年民事诉讼法修正前的法院释明制度[③]，改为一方当事人应向对方当事人书面照会其所持有的事证信息，而该事证信息可能正是提出主张的一方当事人所需要的。对一件可能发生的诉讼纠纷而言，将要提起诉讼主张并在收集证据的当事人，也就是其在为诉讼做准备的时候，总是希望能够先知道对方当事人对其所要提起的主张是如何考虑的，以及对方将会如何辩驳及其将会提出哪些证据。这些，从准备提起诉讼的当事人角度而言，其是为了知己知彼不打无准备之仗，从而准备得更加充分一些，甚至根据对方当事人可能提出的辩驳和关键证据，而及早做出应对之策；从居中裁判的法院而言，能够在纠纷一进入诉讼流程中即可确定双方当事人之间的争点所在，便于法官指导当事人如何进行诉讼，分配证明责任，引导促进和解，以及开展集中庭审，最终提高案件审理质量和效率。而诉讼系属后的当事人照会制度满足了上述设想。后来 2003 年再次修正民事诉讼法时，范围扩大至起诉之前。这样当事人照会制度实现了从起诉前到立案及案件审理的全过程，并与证明责任（包括主观与客观）的预测、指引及裁判等价值功能形成了时空与效果上的呼应。可见，当事人照会制度是以美国法的证据开示制度（discovery）为样本设计和制定的。日本民事诉讼法在借鉴时，也是采取开放式的态度，最大限度地扩大了范围。开示的信息，既包括案件事实，也包括证据资料，还包括对方当事人的辩驳意

[①] 比如：1948 年民事诉讼法修改时引进了交叉询问制度，该制度系借鉴于美国陪审团制度；以及该次修正时一并引进的变更判决制度，系仿效美国法上 motion for new trail 制度；1950 年民事诉讼法修正时引进了连续审理主义；以及 1996 年民事诉讼法修改引入的小额案件诉讼程序、限制上告、诉讼系属后的当事人照会制度等。参见［日］中村英朗：《美国法对日本民事诉讼法之影响》，载中村宗雄、中村英朗：《诉讼法学方法论——中村民事诉讼理论精要》，陈刚、段文波译，中国法制出版社 2009 年版，第 316-321 页。

[②] 《日本民事诉讼法典》第 163 条（当事人照会）规定："当事人于诉讼系属中，为了对主张及举证进行准备，对于必要事项可以书面形式向对方当事人进行照会，并可以确定相当期间，要求对方当事人以书面形式予以回答。但是该照会符合下列任何一项时，不在此限：1、抽象或不具体的照会；2、侮辱或使相对方困惑的照会；3、重复照会；4、要求相对方当事人发表意见的照会；5、致相对方花费不合理的费用或时间的照会；6、对第 196 条或第 197 条规定的可拒绝作证的事项的照会。"

[③] 《日本民事诉讼法》（1996 年修正前）第 149 条即作此规定。

见。即便是对当事人不负有主张及举证责任的事实，也负有开示相关信息的义务。

在1996年修正引入当事人照会制度之前，日本民事诉讼立法及实务对摸索证明的态度总体是与其"母法"德国民事诉讼法一致，一般持否定态度。如，1972年日本浦和地方法院与东京高等法院针对同一事件，就原告的证据声请中证明主题不特定的摸索证明方式的合法性与否，给出了法院的态度。浦和地方法院认为，原告要求被告提出其原子炉设置许可申请书副本，其所表明的立证事项符合证明主题特定的要求，裁定要求被告提出相应文书。而东京高等法院则认为，原告应当提出关于原子炉构造、运转及安全装置等方面的具体事实，而其现有声请并未具体化，构成了不合法的摸索证明，裁定驳回了原告的文书提出申请。① 民事诉讼立法上的转变表明，对摸索证明的态度从否定向适度肯定转变，至少是不再一概地排斥。当然，立法上明确规定了不得照会的内容，如涉及私生活上的秘密的信息、营业秘密等。再者，立法要求当事人请求照会的内容必须是具体和特定的，而不能是抽象或者不具体的照会（民事诉讼法第163条第1项），可见适度许可当事人通过摸索方式收集证据的同时，又对具体化义务进行了明确，暗含着立法思想上的尚未统一和内生矛盾。

但从总体方向上看，日本民事诉讼立法是在朝着逐步扩大允许摸索证明范围的道路上前进。这一点从规定对文书提出命令范围的增加上得以佐证。② 当事人照会制度与文书提出命令制度都是当事人收集证据的重要手段。当事人照会制度是在法院进行证据调查之前当事人收集其整理争点及证据所必需信息的手段。文书提出命令本身则就是当事人请求法院实施证据调

---

① 东京高等法院认为，原告的文书提出命令申请中所表明的立证事实已超出运用证据判断的事实范畴，不符合证明主题特定化的要求。作为证明主题的事实应为关于原子炉构造、安全装置及运转情况方面的具体事实，而作为原告的当地居民向法院申请文书提出命令，要求被告提出原子炉设置许可申请书副本，其目的是证明被告的原子炉设置存在安全隐患。参见［日］小林秀之：《判例讲义民事诉讼法》，株式会社悠社2006年版，第168页。转引自占善刚：《主张的具体化研究》，载《法学研究》2010年第2期，第118页。
② 日本现行民事诉讼法典规定文书提出义务的第220条新增设了文书提出一般义务，这样加上旧法规定的四类文书，文书提出义务的内容增加至五类。

查的手段。当事人照会制度的理念与根据尽管存在不同观点，但为克服证据偏在以确保当事人诉讼武器平等和追求个案上的实体正义仍是其中重要内容。渐进性的程序制度安排实际上使摸索证明合法性问题在日本亦逐渐被淡化。①

---

① 参见胡学军：《拥抱抑或拒斥：摸索证明论的中国境遇》，载《东方法学》2014年第5期，第82页。

第三节　摸索证明许可性问题的法理分析

一、摸索证明许可性问题的本质探究

摸索证明的许可性问题，就是指对这种探索性的证明行为肯定与否的态度。摸索证明的许可性问题，不同国家采取的态度不一，与其所处的诉讼模式有关。越倾向于辩论主义的国家，越倾向采取否定的态度；而越倾向职权主义的国家，越倾向采取肯定的态度。在辩论主义的不断修正与发展中，实质上是与案件事实相关的证据资料的收集与提出，由当事人完全自主负担向法官适度强化职权调查过渡。摸索证明的许可性问题，其本质主要体现在：当事人应就于其有利之事实独自负有的主张和证明责任与当事人的证据收集权[①]之间的冲突与平衡问题。

一如上文，不论是英美法系的对抗制，还是大陆法系的辩论主义，提出裁判所必需的事实主张是当事人的事情；对与裁判有关联争议事实的证明，同为如此。上述当事人所负有的责任即为，主张责任和证明责任，在标的和范围上两者是一致的。[②]对于双方争议的案件事实，由双方当事人自行提出证据证明和进行攻击防御。两大法系采取相同的审理原则均是基于相同的假设——双方当事人有相同的能力和对等的地位进行证据收集和提出证据以证

---

① 此处的证据收集权是指，不占有证据资料的当事人，是否有权要求持有证据资料的对方当事人、第三人将证据资料交出或者在庭审上出示的权限。
② 主张责任与证明责任的一致性是相对而言的，若未提出主张，主张责任便会显示出其独立性。负有主张责任的当事人未提出主张的，则直接由其承担败诉责任。如诉讼理由没有完整的主张，尽管被告缺席也应当驳回诉讼。（德国民事诉讼法第331条第2款）

明案件事实。然而，诸如医疗事故案件等现代型诉讼及个案不同情况，上述假设只是理论上的理想化期待，而现实中就证据收集与提出而言并无法实现能力相同与地位对等。此即涉及如何对待当事人的证据收集权问题。两大法系于此态度大相径庭。英美法系通过设立证据开示制度赋予当事人证据收集权，并防止一方当事人垄断、隐匿其所独占的证据资料，以弥补上述能力对等假设的落空问题。大陆法系并未设立证据开示制度，也并未科以持有证据资料的当事人开示相关内容的义务，也就是并未赋予当事人直接收集证据的手段。而是通过真实义务、具体化义务、不负证明责任一方当事人的事案解明义务等方式，以弥补当事人处于弱势地位或者无法有效取得证据而造成的实质上的不平等问题。如德国民事诉讼法秉承"没有人必须帮助对手赢得诉讼"原则，此与其民事诉讼中严格私人领域保护和商业秘密保护做法一脉相传，但其通过规定阐明义务提升当事人的证明能力。[①]

在当事人没有独立的证据收集权——直接要求对方当事人或者第三人提交或者在庭审中出示其所占有的证据资料——的情况下，其又对于其有利之事实负有主张和证明责任，此时借以自力证明已无法实现，其能够寻求的只能是申请法院启动证据调查程序。但是，当事人的证据申请并不一定能够得到法院的许可，是否启动证据调查程序是法官裁量的范围，若法官认为其并不具备证据调查的条件或者尚无必要进行证据调查，则可能对证据申请进行拒绝。在于裁判具有重要意义的证据资料或者事实信息被对方当事人所独占，而负证明责任一方当事人无法取得且其证据申请亦未得到法院准许，那其势必将会承担败诉之后果。相反，若其证据申请得到法院准许，法院通过启动

[①] 德国法上的阐明义务分为一般阐明义务与特殊阐明义务。一般阐明义务是指当事人向对方提供自己并不占有的所有重要信息的一般诉讼义务。德国民事诉讼法没有规定一般阐明义务，但规定了特殊阐明义务及不负证明责任一方当事人的阐明义务。特殊阐明义务包括基于自己的引用（如果对方自己在诉讼中引用自己占有的文书举证，他必须提交该文书）、在抚养费纠纷中（法院可以命令当事人提供证明，说明自己的收入、财产和自己其他的人身状况和经济状况，若当事人未履行或者未完全履行该要求的，法院可以向第三人调取答复）、基于法院的命令等。广义上的特殊阐明义务还包括不负证明责任一方当事人的阐明义务以及当事人有义务提供自己占有的文书，如果其在诉讼中引用了该文书；还可以被作为当事人进行讯问；以及法院根据诚实信用原则要求其负主张责任和证明责任。参见［德］罗森贝克、施瓦布、戈特瓦尔德：《德国民事诉讼法（下）》（第16版），李大雪译，中国法制出版社2007年版，第811-812页。

证据调查程序，以真实义务、诉讼促进义务、诚实信用原则、不负证明责任一方当事人之事案解明义务等为依据，要求对方提交或者在庭审中出示其所持有之证据或者相应信息，则能够保障当事人之间实现武器平等，以实现案件审理的实质公正。所以，摸索证明许可性的本质是当事人独自负有的主张责任和收集、提供证据的责任与当事人的证据收集权之间的冲突与平衡问题。

在未建立证据开示制度的情况下，当事人意图通过私力调查而获取证据既面临合法性评价的不确定性，也将会遇到效率低下的窘境，故而当事人的证据收集权通常只能通过向法院提出证据申请而实现。大陆法系传统上对调查证据申请，就待证的事实与申请调查的证据，都要求具备重要性及具体化要件。申请具体化主要包括两个层面：其一，当事人对其提出的应证事实应作具体的陈述，而不能仅抽象为之；其二，当事人所提出的事实主张应具有一定的基础，而不能毫无根据。[①] 当证据申请未进行具体和特定时，其存在不确定性，此时即产生摸索证明的合法性问题。所以，证据申请的具体化与否对摸索证明许可性的判断的影响程度是摸索证明合法性问题的表征。法院证据调查程序包含当事人提出证据方法进行证据调查和法院依职权进行调查两个方面内容。当事人的证据收集权与法院依职权调查之间也存在协调与平衡的问题，当然这是摸索证明许可性问题的本质之下的内容，并非独立的问题表现。

二、摸索证明与传统诉讼理论的冲突表现

大陆法系传统民事诉讼理论总体上对摸索证明持否定性态度，其基本见解多系以与辩论主义、真实义务、具体化义务、诉讼促进义务、诚实信用原则等理论内涵发生冲突为论理基础，其中尤以与辩论主义的矛盾最为突出。

（一）摸索证明与辩论主义

辩论主义涉及应当怎样分配裁判的事实基础的责任，其首先是一个法

[①] 参见占善刚：《主张的具体化研究》，载《法学研究》2010年第2期，第111页。

律政治的问题，围绕解决该问题的方法面临两个原则选择：职权探知主义（Untersuchungsmaxime）和辩论主义（Verhandlungsmaxime）。辩论主义［也称为辩论原则（Verhandlungsgrundsatz）、提出原则（Beibringungsgrundsatz）或者当事人主义（Parteimaxime）］是指，当事人双方应当提出判决的事实基础（包括证据手段）并对此负证明责任。① 对于传统辩论主义的内涵的理解基本上形成共识，其为一项不言自明的基本原则。② 具体而言，将提出作为裁判基础的事实所必需资料（诉讼资料）的权能及责任赋予当事人行使及承担的原则就是辩论主义。与此相对，将确定事实所必需资料的探寻在当事人之外，还同时作为法院职责（来予以对待）的原则就是职权探知主义。③ 辩论主义最为核心的内容是，法院不能以当事人没有主张的事实和没有争议的事实作为裁判的基础，同时不得轻易启动职权调查程序。④ 一般而言，辩论主义诉讼主要是指涉及私的利益的普通诉讼，与之相对的职权探知主义诉讼则更多地指向涉及公的利益的人事诉讼。

依辩论主义法理，法院裁量基础是当事人所提出的事实主张及证据资料，而自认又对于法官有拘束力。辩论主义的根据在于私法自治，"当事人自由原则"和"当事人自我责任原则"主宰着民事诉讼。所以，穆泽拉克将辩论主义诉讼称为"当事人是程序的主人"的诉讼模式，由此衍生出了处分原则与辩论原则。⑤ 辩论主义从事实和主张的角度划分了当事人与法院之间权限与责任的分配问题。法院负责启动证据调查程序，并根据证据调查结果及当事人辩论的全部内容，对待证事实的存在与否进行自由判断。当事人负责提出事实主张和证据加以证明，也就是说，认为对于裁判具有意义的主要事实进行主张的责任在于当事人，并由其负责收集和提出证据，并负责向法院证明相

---

① 最早使用职权探知主义与辩论主义两种表达方式的是德国诉讼法学家根纳 Gonner，其在《德国普通诉讼手册》（第1版，1801年）中首次使用。参见［德］奥特马·尧厄尼希：《民事诉讼法》（第27版），周翠译，法律出版社2003年版，第124页。
② 如德国民事诉讼法便以其系不言自明的原则而未作出直接的规定。
③ 参见［日］新堂幸司：《新民事诉讼法》，林剑锋译，法律出版社2008年版，第305页。
④ 参见［日］兼子一、竹下守夫：《民事诉讼法》（新版），白绿铉译，法律出版社1995年版，第71-72页。
⑤ 参见［德］汉斯-约阿希姆·穆泽拉克：《德国民事诉讼法基础教程》，周翠译，中国政法大学出版社2005年版，第64页。

应事实主张的成立。而当事人进行摸索证明的目的在于，通过使得法院启动证据调查程序以获取其在主张时并不掌握的证据资料和事实信息，将本应由其自行负担的责任转移至法院，造成了实质上的法院职权调查，与辩论主义的内涵是相违背的。依据辩论主义原理，当事人应就于其有利之事实为主张和证明责任，对方当事人并不负有为其对手提供赢得诉讼武器的理由。但是，若摸索证明得到许可，则客观上造成了不负主张和证明责任的当事人为其对手胜诉提供了武器。此外，辩论主义还对摸索证明在具体诉讼中可能会造成法官过多地介入到普通民事诉讼（人事诉讼除外），而造成当事人之间实质上的不公正而心存疑虑。摸索证明可能造成当事人与法院职责和权限划分的混乱，以及模糊了当事人之间主张责任和提供证据责任的分配，而被传统辩论主义理论所反对。

（二）摸索证明与具体化义务

当事人提出事实主张，其首先要将证据手段引入诉讼以证明其主张，明确其证明主题或者证明内容。当事人申请证据调查，应表明应证事实。传统上对证据申请要求就应证的事实满足重要性与具体性要求，也就是说，必须就应证事实作特定具体的描述，且特定所要证明的具体内容。[①] 具体化义务，又称具体化负担或者具体化原则，是指要求当事人对于其主张应加以具体化，详细说明事实发生经过。依据具体化义务原理，当事人对其主张应予以实质化及明确化，否则其证明声明即有不合法的可能，而不被法院准许。[②] 依具体化义务否定摸索证明主要指两个方面：一方面，具体化的首要目的是便于法院进行证据上争点整理，以了解证据与待证事实之间的关联性，以利于审理

---

① 如《德国民事诉讼法典》第373条规定，申请证人，应表明证人姓名，并提出应向证人讯问的事实。第404条规定，申请鉴定，必须表明应鉴定的事项。《日本民事诉讼法典》第180条规定，证据申请应证明确表明应证明的事实。
② 通常在讨论具体化义务时，将与明确性原则进行关联讨论。明确性原则要求当事人对于诉的要素（诉讼主体、诉讼标的、诉讼理由、诉讼根据）加以明确化，如民事诉讼法规定起诉状应列明具体的事项。而具体化义务更加侧重于事实主张（事实陈述）方面的具体化，此为本书讨论的重点。

的集中化并促进诉讼。但是,从形式上看①,摸索证明恰恰与上述两个方面形成直接冲突,其使得对方当事人并不知道证据申请人的证据方法及证明主题,无法进行针对性的应对,同时,也使得法院在启动证据调查程序前无从得知双方的真正争点,使得具体化的上述目的无法有效实现。另一方面,司法资源的有限性及诉讼的效率性要求,法院的证据调查程序不能用在证据方法和证明主题不确定(即应证事实不具体)的证据申请上,完全捕风捉影地提出的主张是一种权利滥用而不能被许可。

(三)摸索证明与真实义务

作为大陆法系民事诉讼法的传统基本原则,当事人的真实义务部分国家有明文规定。②广义的真实义务包括真实陈述义务与完全义务两个方面。真实义务,要求当事人必须向法庭如实陈述其所知晓的案件事实和提出所掌握的证据资料。完全义务,要求当事人就其所知晓的案件基本事实均作全部陈述。传统诉讼法理论认为,若当事人故意陈述纯属虚构和无中生有的事实,其系违反真实义务,对其证据声请不应予以认可。将真实义务置于诚实信用原则的理论中加以讨论,而认为摸索证明因为违反诚实信用原则而被加以禁止,并认为摸索证明是当事人滥用其诉讼权利,违背诚实信用原则而应予以禁止。

(四)摸索证明与诉讼促进义务

法院的诉讼促进义务③和当事人的诉讼促进义务构成了诉讼促进义务的主要内容,而在讨论摸索证明的许可性问题时涉及的仅是当事人的诉讼促进义务。在当事人方面,其为了避免证明失权风险,应当根据一般及特别诉讼

---

① 之所以说是从形式上造成冲突,是因为在实质上适度地允许摸索证明可以在一定程度上开示双方当事人所持有的证据资料及事实信息,反而有助于明确争点和推进集中化审理。具体下文会分析。
② 《德国民事诉讼法典》第138条第1项规定:"当事人应就事实状况作出完全而真实的陈述。"
③ 法院的诉讼促进义务致力于使双方当事人及时、充分地提出事证主张,而运用阐明义务、命令当事人出席、命令当事人或者第三人提交文书、依职权进行鉴定和勘验等。参见周成泓:《论民事诉讼中的摸索证明》,载《法律科学(西北政法大学学报)》2008年第4期,第145页。

促进义务的要求，及时提出攻击防御的方法。《德国民事诉讼法》在第277条第1款（被告及时提出攻击防御方法）、第282条第1款（各方当事人及时提出攻击防御方法）和第340条第3款第1句（及时提出攻击防御方法）均着眼于促进诉讼实施，是从立法层面第一次明确清楚地表明了诉讼促进义务这一基本原则。立法者是以"诉讼促进义务"来表示加速和失权想法的。诉讼促进义务的目的和追求，是希望通过在时间层面的限制，推动当事人迅速地提出其事实和主张，禁止拖延诉讼，并通过将违反禁止拖延诉讼归入法律所不期望的行为之中而对确定其义务特征，否则将对其陈述和主张认定为失权，以促进诉讼。[1] 如果当事人的证据声明中证据方法或者证明主题不够明确，将会使得对方当事人缺乏明确的争议对象而无法有效实施攻击防御方法。

三、摸索证明与传统诉讼理论的协调发展

摸索证明与传统诉讼理论的冲突，主要表现在与辩论主义第一个基本原则（第一命题）"当事人所未主张的事实，法院不得将其作为判决的基础"和第三个基本原则（第三命题）"法院原则上不得依职权调查证据"之间，即依辩论主义原理"当事人应就其有利之事实为主张和证明责任"，而摸索证明与之背离。传统辩论主义产生的时代背景是，19世纪末的德国处于自由主义时代，国民自国家监护中被解放，追求思想自由与意思自治。反映在民事诉讼法上即为将民事诉讼视为双方当事人之间的争斗，而法官仅被期待成为中立仲裁人的角色。学者及立法者们均期望通过强化当事人实体法及程序法上的自由处分权利，以限制代表公权力的司法权的过多干预。

但是随着社会的发展变迁，工业、科技及信息化迅猛发展，人们在享受这些进步成果的同时，各种新型社会问题也相继出现。表现在民事司法领域就是，环境损害赔偿、消费者权益保护等现代型诉讼的大量发生。在现代型诉讼中，原告作为受损一方并不掌握证明其事实主张的证据，相应的证据及

---

[1] 参见［德］迪特尔·莱波尔德：《当事人的诉讼促进义务与法官的责任》，载［德］米夏埃尔·施蒂尔纳编：《德国民事诉讼法学文萃》，赵秀举译，中国政法大学出版社2005年版，第387-390页。

信息均为被告所持有，这种证据偏在现象造成了双方当事人的不对等性。当事人之间实质上的不对等性，使得传统辩论主义本来就很难完全实现的两个理想化的前提假设受到了冲击。为克服证据偏在情况，保证个案上的公正，辩论主义在不断地自我修正。从而一些用来弥补辩论主义之不足的——完全陈述义务、文书提出义务及事案解明义务等——理论被相继提出。

辩论主义内涵的自我修正，在其发源地德国有了直接的体现。自1877年民事诉讼法典制定始，经历了多次修正，每一次的修正均在不断地强化审判权对于私权诉讼的介入，突出法官的诉讼指挥权，更加强调当事人的诉讼促进义务。[①]民事诉讼性质正在经历着从自由的民事诉讼向社会的民事诉讼的转变，从诉讼中当事人自由进行力量角逐到在法官的指挥下的合作，辩论主义理论内涵在发展与丰富，协同主义理论被适时地提出[②]。对于一些出现当事人证明困难的诉讼，法院可以适度地强化职权调查及履行阐明义务。协同主义的主要表征即为法院职权探知主义的强化，虽然尚不足以动摇辩论主义的根基，但辩论主义向职权探知主义的偏向或者倾向，也意味着对摸索证明从完全禁止向有限度的许可转变。一如上述，在职权探知主义领域，证据调查与事实认定职责为法院所负担，一般不存在摸索证明问题。但是因为证据调查乃法院职责所在，为查明案件事实真相，法院有时会倾向于准许当事人的摸索证明行为。如奥地利，其民事诉讼法渐次与追求自由主义脱钩，赋予法官较强的介入权。基于此，奥地利民事诉讼中倾向于对摸索证明予以许可。

随着辩论主义的自我修正，体现的是对法院与当事人之间就证据收集、

[①] 辩论主义修正之于德国民事诉讼立法上的历程和体现，详见本章第二节"摸索证明许可性问题的比较分析"。
[②] 协同主义最早为曾担任法官的德国学者瓦舍曼（Wassermann）于1978年在其《社会的民事诉讼》一文中所提出，他认为在自由主义之民事诉讼观下采的辩论主义，造成当事人间实质上的不公平及诉讼迟延，因此必须通过法院的诉讼指挥、阐明、法院与当事人的讨论沟通、要求当事人及时提出事证资料，以实现武器平等，并促进诉讼。参见［德］瓦舍曼：《社会的民事诉讼》，森勇译，成文堂1990年版，第45页以下。虽然有提倡协同主义者，但多数观点仍认为民事诉讼的基本原则是辩论主义，且除了瓦舍曼（他曾预言民事诉讼法基本原理"辩论主义"已因现代法制基础改变而终结了）以外的德国法上的协同主义观点并未否定辩论原则的三大基本命题。Vgl. Kodek/Mayr, Zivilprozessrecht, 2. Aufl., 2013, Rn. 73 ff. ［参见克德克、马瑞里：《民事诉讼法》（第2版），2013年，页边73以下。］

提出责权划分的变化，从传统的当事人提出主义，到适度强化法官的职权介入，摸索证明也逐渐找到了适用和融入现代民事诉讼的空间。对摸索证明的适度许可，使得证据偏在情况下一方当事人因客观原因无法接触到证据和事实信息时，能够通过法院的证据调查程序获取相应的证据和事实信息，从而实现当事人之间的武器平等原则，保障实质上的公平与正义。摸索证明与传统民事诉讼理论的最大冲突——摸索证明与辩论主义的冲突——随着辩论主义的修正得以缓和，相应地，其与具体化义务等理论的冲突也在缓解。就具体化义务而言，若完全凭空捏造、毫无根据地提出事实主张，即使其提出明确的证明主题和具体的证据方法，亦因违背真实义务与诚实信用原则而不能被准许。但是，若负主张责任的当事人系因客观原因在无法获取细节事实的情况下，首先将推测的事实或者笼统的主张引入诉讼中，并以此让对方当事人因更接近事实而提出争辩，对于上述两种情形不宜将其放入具体化义务违反的讨论范畴之中而加以禁止。所以，在德国、日本等国家，在当事人遇到证明困难时，难以履行具体化义务的，开始允许当事人提出抽象性的主张和证明主题。[①] 就真实义务而言，若当事人的事实主张故意违背其主观认知、恶意说谎或者隐瞒事实真相，自是不应准许；若当事人的主张虽系推测，但具有一定的基础性与相当的可能性，也不宜加以禁止。完全拒绝其推测性主张，则无异于要求当事人放弃权利，因为当事人并非都能够对所有事实细节均有所掌握及知悉。

[①] 参见胡亚球：《论民事诉讼当事人具体化义务的中国路径》，载《清华法学》2013年第4期，第42页。

证明责任减轻论
Issue on the Reduction of Burden of Proof

第四节　摸索证明理论对于我国民事诉讼的启示

一、辩论主义之于我国民事立法及实务现状

（一）我国民事诉讼改革与诉讼构造发展

我国民事诉讼所呈现的诉讼构造[①]大致经历了两个发展阶段，第一个阶段自 20 世纪 90 年代初期至 21 世纪第一个十年的中后期，第二个阶段自 21 世纪第一个十年末期至今。在第一个阶段中，学界以当事人主义和职权主义为关键词讨论域外的民事诉讼构造观和我国的民事诉讼构造的定位与改革。在第二个阶段中，学界关注的重点则是在当事人主义和职权主义之外提出了协同主义这种新的诉讼构造观，其关键词是协同主义。[②] 我国于 1982 年颁布《民事诉讼法（试行）》，其展现的民事诉讼构造观为超职权主义现象，主要表现为：法院的裁判并不以当事人诉讼请求的范围为限，法院可以自主进行证据的收集、调查和提交[③]，法院可对当事人的处分行为进行干预[④]等。后于 1991 年通过新的《民事诉讼法》，超职权主义现象有所弱化，其通过不同的条

[①] 民事诉讼构造的不同（当事人主义与职权主义）涉及处分主义与辩论主义两部分内容，本书重点讨论辩论主义。
[②] 参见段厚省：《诉审商谈主义——基于商谈理性的民事诉讼构造观》，北京大学出版社 2013 年版，第 40 页。
[③] 1982 年《民事诉讼法（试行）》第 56 条规定："当事人对自己提出的主张，有责任提供证据。（第 1 款）人民法院应当按照法定程序，全面地、客观地收集和调查证据。（第 2 款）"
[④] 1982 年《民事诉讼法（试行）》第 149 条规定："第二审人民法院必须全面审查第一审人民法院认定的事实和适用的法律，不受上诉范围的限制。"

款规定强化了当事人主义[①]，但仍然具有较强的职权主义色彩，最为突出的是对于证据的收集并未施行真正的辩论主义。长期以来的超职权主义民事诉讼构造带来了诸多的负面影响，有学者将其总结为四个方面的危害：第一，损害了我国民事诉讼的民主性；第二，造成了诉讼拖延和讼累；第三，导致了法官专断，有损于法院的公正形象；第四，忽视了当事人在诉讼中的作用，不利于查清案件事实。[②]

自20世纪80年代末期起，我国开始探索和推进民事审判方式改革，主要围绕当事人与法院证据收集和提出、调解与判决、庭审方式等方面展开。[③]主线是，"从主张法院积极的职权干预，逐渐地转向要求当事人在诉讼中自己作出决定或选择并对此负责的理念"[④]。《民事证据规定》(2001年)[⑤]是我国审判方式改革中强化当事人举证责任的代表性司法解释，强化当事人的证明责任[⑥]，弱化与限定法院职权调查范围[⑦]。在当事人与法院之间就证明案件事实的证据资料的收集和提出权限，由法官"大包大揽"逐步向当事人"自负其责"转变和推进，这种转变是我国持续推进民事审判方式改革和深化司法改革的重要内容之一。在改革过程中，大陆法系意义上的"辩论主义"理念逐步地在我国民事诉讼立法及司法解释上得到了一定程度的体现。2012年，我国对《民事诉讼法》进行了较大幅度的修改，《民事诉讼法解释》进一步强化了辩

[①] 如限缩了法院的职权调查范围（1991年《民事诉讼法》第64条第2款）、职权裁定保全范围（1991年《民事诉讼法》第92条第1款）等。
[②] 参见王韶华：《试析民事诉讼中超职权主义现象》，载《中外法学》1991年第2期，第18-19页。
[③] 参见张卫平：《转换的逻辑：民事诉讼体制转型分析》（修订版），法律出版社2007年版，第248-264页。
[④] 王亚新、陈杭平、刘君博：《中国民事诉讼法重点讲义》，高等教育出版社2017年版，第22页。
[⑤] 最高人民法院于2019年12月25日发布了针对《民事证据规定》(2001年)的修改决定[修改后的司法解释将于2020年5月1日起施行，以下简称为《民事证据规定》(2019年修正)]。
[⑥] 《民事证据规定》(2001年)第2条明确规定了当事人对其主张或者辩驳负有举证责任，虽然并不能认定其为真正意义上的客观证明责任，但在客观上强化了当事人的主张责任并进而将证据收集和提出的义务赋予当事人。
[⑦] 《民事证据规定》(2001年)第3条第2款规定："当事人因客观原因不能自行收集的证据，可申请人民法院调查收集。"第15条规定："《民事诉讼法》第六十四条规定的'人民法院认为审理案件需要的证据'，是指以下情形：（一）涉及可能有损国家利益、社会公共利益或者他人合法权益的事实；（二）涉及依职权追加当事人、中止诉讼、终结诉讼、回避等与实体争议无关的程序事项。"

论原则，如第 92 条对自认的规定①，当事人自认的事实另一方当事人无须举证证明，也直接对法院的事实认定产生约束力，与辩论主义的第二命题接近。第 107 条第 2 款首次在司法解释层面提出了"待证事实真伪不明"概念，尽管并未构成完整意义上证明责任体系②，但对客观证明责任的初步规定仍具有十分重要的意义。"真伪不明"概念的提出，进一步强化了当事人的主张责任和证明责任意识，此与辩论主义的第一命题接近。我国民事诉讼构造已由传统职权（甚至是超职权）主义诉讼构造向辩论主义（当事人主义）诉讼构造转变。

辩论主义在我国得以实质性地推进，但彼时我国的辩论原则与传统理论上的辩论主义仍有本质区别：首先，在事实主张和证据的收集问题上，我国并没有实行真正的辩论主义；其次，在诉讼程序的选择和控制上，我国民事诉讼基本上实行职权进行主义，当事人并不享有程序的选择权和控制权。③ 随着我国民事诉讼立法的不断完善，对当事人的程序权益的保障也在不断增强。《民事诉讼法》（2021 年修正）赋予当事人对一些诉讼程序的异议权，如当事人认为不符合小额诉讼程序④和独任制审理程序⑤条件的，可以向人民法院提出异议。当然，这与学界所主张的辩论主义仍存在一定的距离。最后，也是非常重要的是，自认这一作为辩论主义第二命题的制度载体，自认意旨"当事人不争执的事实，法官应作为裁判基础加以采纳"，与常识意义上的"不争执，不调查"相比，辩论主义更强调自认事实对法官的拘束力，即"不争执，应采纳"。而我国民事诉讼实务中，对于当事人达成的"非真实自认"，若发

---

① 《民事诉讼法解释》（2020 年修正）第 92 条规定："一方当事人在法庭审理中，或者在起诉状、答辩状、代理词等书面材料中，对于己不利的事实明确表示承认的，另一方当事人无需举证证明。（第 1 款）对于涉及身份关系、国家利益、社会公共利益等应当由人民法院依职权调查的事实，不适用前款自认的规定。（第 2 款）自认的事实与查明的事实不符的，人民法院不予确认。（第 3 款）"
② 因为其未将客观证明责任与裁判意义上的不利后果相联系。
③ 参见汤维建：《民事诉讼法学》，北京大学出版社 2008 年版，第 67-68 页。
④ 《民事诉讼法》（2021 年修正）第 169 条第 2 款规定："当事人认为案件适用小额诉讼的程序审理违反法律规定的，可以向人民法院提出异议。人民法院对当事人提出的异议应当审查，异议成立的，应当适用简易程序的其他规定审理或者裁定转为普通程序；异议不成立的，裁定驳回。"
⑤ 《民事诉讼法》（2021 年修正）第 43 条第 2 款规定："当事人认为案件由审判员一人独任审理违反法律规定的，可以向人民法院提出异议。人民法院对当事人提出异议应当审查，异议成立的，裁定转由合议庭审理；异议不成立的，裁定驳回。"

现其与查明的事实不符则基本上倾向于驳回。虽然德国学界及实务关于"非真实自认"约束力也存在一定争论，但主流观点仍认为，"非真实自认"并不违反真实义务，对法官有约束力。德国实务中常通过对驳回当事人撤回"非真实自认"方式表明对该问题的态度。

（二）我国民事诉讼改革与诉讼结构发展总结

通过上述分析可知，自20世纪90年代以来我国民事司法改革的一条主线，即为：弱化超职权主义、强化当事人主义。历经几十年发展，我国民事诉讼构造已由传统职权（甚至是超职权）主义向辩论主义（当事人主义）逐步转变。① 这些年的改革取得了有目共睹的成绩。但是，不能回避的是，当事人主义转型并没有完成，当事人主义尚未从根本上建立。② 我们正面临着一个尴尬的局面：辩论主义未得到实质性的实现与当事人证明能力（收集和提出证据）未得到实质性的提升并存。

一方面，辩论主义未得到实质上实现。辩论主义的"三个命题"在我国民事诉讼立法及实务中均未得以完全建立和落实。辩论主义的核心要义在于，当事人就于己有利之事实负有主张和证明责任，证明责任通过主观证明责任与客观证明责任两个概念予以体现。客观证明责任具有于真伪不明情况下的裁判功能，以及当事人对于将要进入诉讼或者正在诉讼的结果有了提前预判的预测功能。这两个功能的存在使得当事人必须提高其于民事法律行为发生时的证据保全行为，否则可能会在以后的诉讼中因无有力证据而遭受败诉之风险，此举自然无形之中提高了当事人的证据收集能力。以当事人是距离证明案件事实最近的人作为证明责任分配的基础，正是辩论主义第一命题的主要内容。

但是，社会公众对辩论主义第一命题的认识并不如学界所预设的那样理想，相当部分社会主体仍然认为证明案件事实真相的职责在于法院而非提出

---

① 有观点称这种转变为"从主张法院积极的职权干预，逐渐地转向要求当事人在诉讼中自己作出决定或选择并对此负责的理念。参见王亚新、陈杭平、刘君博：《中国民事诉讼法重点讲义》，高等教育出版社2017年版，第22页。
② 相应观点也可参见张卫平：《诉讼体制或模式转型的现实与前景分析》，载《当代法学》2016年第3期；任重：《比较民事诉讼研究的中国问题意识》，载《中国法律评论》2022年第5期。

主张之人。最为典型的就是《民事证据规定》(2001年)所遭遇的尴尬。该规定在颁布之初受到一致好评,"堪称为我国民事诉讼证据制度发展史上的里程碑","强化了当事人在证据的运用上占据绝对的支配地位,法院的功能在于配合当事人对证据制度的运用"。[①] 该司法解释对法院职权调查范围明确化、特定化,其意义无论怎样赞誉评价都不为过。[②] 但随着其在司法实务中的适用,更多的是来自各个方面(学界、当事人及社会公众、法官)的批评声音[③]。主要集中在举证制度、当事人与法院之间的证据收集和提出的权限划分及自认规则缺乏等方面。司法实务中法官对于有些制度并未严格适用,如举证期限、证据失权、当事人与法院的证据调查权限等。为了查明案件事实真相需要,以及迫于来自当事人的压力,下文,我们将分析摸索证明在一定程度上可以对职权调查起到替代性的作用,从而淡化我国民事诉讼的职权主义色彩。目前可以说,我们在辩论主义的道路上前进了一大步,但离真正的辩论主义还有一定距离。

另一方面,当事人证明能力仍有待于提升。其一,当事人自身的证明能力没有实质提高。首先,证明责任理念尚未深入人心,当事人对于应由其对有利于自己的事实负主张和证明责任的意识远未形成。其二,当事人没有证据收集和保全意识,证据保全能力严重不足。有时仅是凭借朴素观念对外发生民事行为,甚至一些商事交易行为中也是如此。[④] 其三,制度保障上也有待进一步完善。虽然传统辩论主义理论也未赋予当事人直接的证据收集权,但仍有国家作了有益的尝试,如德国《民事诉讼法》规定了独立证据程序[⑤]、文

[①] 汤维建、陈巍:《〈关于民事诉讼证据的若干规定〉的创新与不足》,载《法商研究》2005年第3期,第156-158页。
[②] 参见李国光:《最高人民法院〈关于民事诉讼证据的若干规定〉的理解和适用》,中国法制出版社2002年版,第182页。
[③] 参见丁宝同:《证明责任规则的华而不实和自认规则的功能缺失——最高人民法院〈关于民事诉讼证据的若干规定〉的理论问题探析》,载《政法论丛》2003年第4期。
[④] 如通过口头约定的方式进行交往行为大量存在,向对方送货时轻易同意不明身份人员签收;买方收货后,在未得到对方明确指示(指有书面函件或者短信、电子邮件、微信往来等)的情况下,便向对方业务员支付货款。
[⑤] 《德国民事诉讼法》第12节用专节规定了独立的证据程序,法院通过该程序实现对与法律关系有关的事实的预防性认定,同时还可于诉讼前(纠纷发生当时或者准备诉讼阶段)向双方当事人进行释明。该程序独立于法院的判决程序之外,实现了对证明保全制度的发展。

书提出义务①,《德国民法典》规定了当事人于实体法上的信息请求权,日本《民事诉讼法》规定了当事人照会制度。而我国民事诉讼法虽规定了申请法院调查取证及证据保全制度②,但其与英美法系的证据开示制度以及德国、日本等大陆法系国家对于当事人证据收集权的保障仍存在巨大差距。

若不采取一定的手段或者方法提升当事人的举证能力或者减轻其证明负担,将影响证据偏在型案件及其他客观上证明困难的案件在个案审理上实体公正的实现。最高人民法院认识到了这一点,相继通过司法解释规定书证提出命令制度并对其进行完善。③其认为,当事人收集证据的能力不足、途径有限已是长期以来制约民事审判活动目标——查明案件事实和尽量发现真实——的重要原因,通过完善书证提出命令制度,可以提高当事人的举证能力和扩展当事人收集证据的途径,以更好地查明案件事实,从而保障当事人诉讼权利和实体权利的实现。④应当说,这的确在一定程度上缓解了当事人的证明困难,对于实现当事人之间的武器平等原则和保障最终裁判结果公正均起到了非常积极的作用。

但是,司法实践中书证提出命令制度的运行效果并未达到预期,存在适用率及准许率"双偏低"问题。⑤相应地,设立书证提出命令制度的直接目

---

① 《德国民事诉讼法》第 421 条规定:"举证人断定证书在对方当事人手中时,应在申请证据时,同时申请命对方当事人提出证书。"参见《德国民事诉讼法》,丁启明译,厦门大学出版社 2016 年版,第 102 页。

② 分别见我国《民事诉讼法》第 64 条、第 84 条规定。

③ 《民事诉讼法解释》(2015 年)第 112 条首次正式确立了书证提出命令制度。《民事证据规定》(2019 年修正)用 4 个条文(第 45-48 条)对书证提出命令的申请条件、审查程序、提出范围及不遵守命令的后果进行了规定,使得该项制度更具可操作性,制度体系也更加完善。

④ 参见江必新:《最高人民法院关于修改〈关于民事诉讼证据的若干规定〉的决定》新闻发布稿,载《人民法院报》2019 年 12 月 27 日第 1-2 版;最高人民法院民事审判第一庭编著:《新民事诉讼证据规定理解与适用(上)》,人民法院出版社 2020 年版,第 434-435 页;最高人民法院修改后民事诉讼贯彻实施工作领导小组编著:《民事诉讼司法解释理解与适用(上)》,人民法院出版社 2015 年版,第 369-372 页。《最高人民法院关于知识产权民事诉讼证据的若干规定》第 24 条、第 25 条对书证提出命令制度也作了规定。

⑤ 通过中国裁判文书网进行检索可知,申请率与准许率均不高。也有文章进行实证研究指出,我国书证提出命令程序除了"双偏低"外,还存在缺乏救济途径及适用标准不一等问题,导致该项制度在司法实践中的效果大打折扣。相关研究可参见潘剑锋、牛正浩:《书证提出命令的理论革新与路径优化——以商业秘密侵权诉讼为切入点》,载《北方法学》2021 年第 6 期,第 9-10 页;曹建军:《论书证提出命令的制度扩张与要件重构》,载《当代法学》2021 年第 1 期,第 128-139 页。

的——提高当事人的收集和提出证据的能力——则未能真正实现。①究其原因，是多方面的。②最为突出的莫过于，实务和理论上对书证提出命令制度的理论基础——摸索证明——的认识模糊所致。

二、本书对于我国民事诉讼中摸索证明的基本观点

摸索证明的许可性问题的本质是，当事人的证据收集权与当事人负有提供证据证明其主张的责任之间的冲突与平衡问题。摸索证明在我国民事诉讼语境下许可性问题的讨论，应当建立在全面而客观分析我国民事诉讼当前面临的尴尬局面——辩论主义未得到实质上实现与当事人证明能力（收集和提出证据）未得到实质性提升并存——的基础上展开。鉴于此，本书认为我国民事诉讼对于摸索证明可持谨慎的许可性态度，即：一般性地否定，例外地许可。

（一）一般性地否定

辩论主义是大陆法系民事诉讼理论的基本内核，尽管随着社会的发展而出现协同主义，但其并非对辩论主义的否定，而只是对辩论主义的发展。在强化对抗主义的英美法系，尊重当事人意思自治、当事人应自证其主张，以及原则上排除职权调查等基本理念也无实质变化。故而，在向辩论主义前进的道路上，我们没有理由半途而废。过于宽泛地容许摸索证明，就是对辩论主义根基的侵蚀。坚持辩论主义第一命题，即承认当事人应就于其有利之事实为主张与证明责任（提出证据及承担不利后果），就得总体上否定——负有主张和抗辩责任一方当事人不明确证据方法与证明主题情况下的探索性

---

① 笔者在中国裁判文书网上以书证提出命令为关键词进行检索，不设时间限制，截至2023年3月31日共计裁判文书463件，而法院准许当事人提出的书证命令提出申请的仅为个位数。
② 其一，司法解释对于书证提出命令的规定相对保守，权利人只能通过法院向对方当事人（不包括案外人）收集证据，且收集对象限于书证、视听资料和电子数据，而不包括物证。参见袁中华：《论民事诉讼中的法官调查取证权》，载《中国法学》2020年第5期。其二，法官群体针对当事人出现举证困难时的"两极思维"——一极是，直接按证明责任分配规则认定其举证不力而判其败诉；另一极是，应申请或者直接依职权调取证据——仍占主流，而对书证提出命令制度的理论基础和价值意义还缺乏清晰的认识。相应的文书可参见：江苏省徐州经济技术开发区人民法院（2021）苏0391民初3156号民事判决书；上海金融法院沪74民初283号民事判决书。其三，学界就书证提出命令的法律性质、价值目标等基本理论问题的研究尚不深入，且未形成共识，无法给实务以参考。

证明行为——摸索证明，否则辩论主义无从落实。我国民事诉讼一直在弱化超职权主义传统带来的诸多弊端，以向真正的辩论主义迈进。我们一直不缺乏职权主义的传统，在民事诉讼实务中法官职权调查也未曾退出舞台。辩论主义在我国民事诉讼立法及实务中未得到实质性的实现，与其内涵紧密相关的证明责任及其分配理论也未得到真正的普及与落实。若一般性地容许摸索证明问题，除了上述与辩论主义原则冲突之外，还可能会带来以下具体的问题：

第一，民事诉讼诚实信用原则流于具文。若当事人对于其提起的绝大多数诉讼无须负有主张和证明责任，在没有证据或者证据尚不足以支持其主张的情况下即提起诉讼，在诉讼中或者诉讼前提出证据方法不确定、证明主题不明确的诉讼主张，而不被法院所禁止，可能会造成大量滥诉情况发生。当事人随意诉讼的成本很低，却可以通过法院启动证据调查提高胜诉率，此将会侵害对方当事人的合法权益，也将使得司法沦为被操纵的工具。

第二，社会公众证据保全意识更加淡化。证明责任的功能之一为指引功能，即为当事人如何进行证明行为提供指引。证明责任的指引功能主要通过证明责任的一般分配规则去引导当事人如何围绕其诉讼主张举证，"通过确立合理的举证责任规则去塑造人们未来的行为"①。指引功能还体现在诉讼开始前的证据保全意识，知晓"打官司就是打证据"，在对外发生民事法律行为时就应当注意保全证据，为以后可能发生的法律纠纷提供必要的证据。在诉讼开始前，证据遗失或者存在后来证明困难的危险时，通过证据保全程序进行预防性的证据调查就有必要。若总体上容许摸索证明行为，则可能会使得原本就未形成的证据保全意识更加淡化，从而间接导致以后可能进入诉讼的案件，查明事实的司法成本过高，损害全体公众的合法权益；也将导致适用证明责任裁判的概率增加，而对涉诉的当事人的合法权益保护不利。

第三，法院根本无法应对的诉讼爆炸。无证据的纯粹射幸投机式的诉讼与无根据的意图启动法院调查程序获取证据的诉讼，可能会导致大量的虚假

---

① 何海波：《举证责任分配：一个价值衡量的方法》，载《中外法学》2003年第2期，第138页。

诉讼，有限的司法资源被用于大量无谓的诉讼之中。

第四，司法中立的愿景受到严重挑战。摸索证明的目的是启动法院调查程序，以替代当事人自身的证据收集和提出责任。过分地强调法院调查程序，易造成司法权这一公权力过度介入私法领域的问题，影响司法的中立性。摸索证明涉及利用司法权这一公权力调查证据资料及事实信息的行为，对于发动公权力行为介入私法领域的纠纷，诉讼法应有其基本要求，否则可能造成滥诉或者企图窥探当事人隐私及企业正当的商业秘密的情况，而给相对人或者第三人的合法权益造成不当侵害或者干扰。

（二）例外地许可

与辩论主义未得到实质上实现相对的是，我国民事活动中①当事人证明能力（收集和提出证据）未得到实质性提升。

其一，对于证据偏在型案件类型，应当适度许可摸索证明，以实现当事人之间的武器平等原则。诸如医疗事故纠纷、产品责任纠纷、环境污染损害赔偿纠纷及其他类似纠纷（如票据请求权纠纷），其与一般合同、合伙协议等常见纠纷类型不同，证据通常偏在于一方，权利人在诉讼前及诉讼中均难以接近证据，其在举证能力上与相对方无法形成对等。在诉讼前，若不允许受害人采取一定的摸索证明行为（如诉前证据保全），则受害人既难以凭借有关资料判断应否提起诉讼，即使提起诉讼，也可能无法或难以特定其主张。承认摸索证明，允许当事人在一定条件下通过法院调查取证程序收集进一步的事证信息，具有现实意义。②对于证据偏在型类型案件，若仍然要求由权利人负全部的证据收集和提出责任，可能会造成当事人之间地位的实质不对等，违背了当事人对证据占有和提出的可期待性，故而有必要对受害人的举证责任进行减轻。

其二，对于个别案件之特殊情况，可适度认可摸索证明，以权衡双方当

---

① 需要指出的是，此处强调民事活动而非民事诉讼，是指诉讼前的民事活动发生时与进入诉讼后的诉讼行为中，当事人的证据收集手段与能力均存在缺陷与不足之处。
② 丁朋超：《民事诉讼中的摸索证明论》，载《大连理工大学学报（社会科学版）》2016年第2期，第118页。

事人之间的权益比例。在司法实务中，有的案件虽非典型的证据偏在型案件，也非人事诉讼，权利人对于证明主题或者证据方法无法予以明确化，但其已经提供了初步的证据或者作了合理的解释，而非漫无目的或者纯粹投机的射幸行为，且相对方距离证据或者信息较近，从维护诉讼诚实信用原则和保障当事人武器平等原则出发，应适度地允许摸索证明。

需注意的是，在如确认亲子关系等人事诉讼中，并不存在摸索证明的概念或者讨论的空间。从确定当事人与法院在诉讼中的地位与作用角度出发理解辩论主义的内涵，辩论主义要求当事人负有收集、提出于裁判有意义的证据资料，职权主义则将于裁判有意义的证据资料的收集和提出的职责赋予法院（至少应由法院和当事人共同为之）。我国民事诉讼法规定的辩论原则，没有赋予当事人之间的辩论结果对法院裁判的约束力，其更多的还是宣示意义，还停留在让当事人进行辩论的层面。也就是有的学者所称的"非约束性辩论原则"。[①] 在职权主义诉讼模式下，当事人的责任多集中于提出诉讼主张，而将收集证据和查明事实的责任施加于法官。因为摸索证明的目的是提高当事人的证明能力，以减轻其证明负担。对于如人事诉讼等强调职权主义的领域，法官为查明事实有时须依职权主动调查，或者应当事人的申请进行调查，故其无讨论摸索证明问题的空间。

三、摸索证明之于我国民事诉讼的具体适用

从民事纠纷发生的阶段来看，可以分为起诉前与起诉后（诉讼中）。摸索证明的许可与否关涉着当事人证据收集和提出问题，其于起诉前与诉讼中均

---

① 张卫平教授把辩论原则区分为，约束性辩论原则和非约束性辩论原则。约束性辩论原则是现代各法治国家民事诉讼所普遍遵循的基本原则，在大陆法系国家民事诉讼理论中被称为辩论原则，基本内涵同上述德、日民事诉讼法理论基本一致认同的"三命题"说。而我国民事诉讼法所规定的辩论原则实际上成为一种非约束性或非实质性原则，因此，可将这种形式上的辩论原则称为"非约束性辩论原则"。参见张卫平：《我国民事诉讼辩论原则重述》，载《法学研究》1996年第6期，第47页；张卫平、任重：《案外第三人权益程序保障体系研究》，载《法律科学（西北政法大学学报）》2014年第6期，第134页。

有适用空间。①但是，对于起诉前和诉讼中的摸索证明的态度应有所区别，起诉前应较诉讼中更加倾向于许可摸索证明。

（一）诉前的摸索证明问题

证据保全分为诉前证据保全与诉中证据保全。对于进入诉讼中的当事人而言，经历过证据交换、质证等程序，当事人对于其主张或者辩称的证明主题与证据方法均有一定程度的认识，摸索证明的存在空间相对较窄。故而，与摸索证明关联更加密切的是诉前证据保全。

1. 证据保全制度的传统与发展

传统意义上的诉前证据保全，是指为了防止证据灭失或者以后难以取得，而申请法院予以保全的制度。如对于证明纠纷事实有着关键作用的证人即将移居国外，为了防止将来发生诉讼时收集证据困难，纠纷一方于诉前申请法院对该证人提前进行调查获取其证言。

传统意义上的证据保全，其本来机能就只是保全证据。但近年来，一些国家在诉前证据保全制度上的探索和实践，使得现代证据保全制度更加丰富，具备了某种证据开示的机能，也与英美法系的证据开示制度形成呼应。德国民事诉讼法于1990年设立独立证据程序（Selbastandiges Beweisverfahren）。②该制度的设立目的是，除维持原有保全证据功能以外，还希望能够减少诉源及促进诉讼解决。如，医疗损害赔偿纠纷，在纠纷发生之时，患者与医院之间的争议通常集中在损害赔偿的范围以及手术过程的规范性等重要事实，医院不予披露则患者无从知晓，通过独立证据程序使得患者了解手术相应情况，

---

① 随着我国顺应全球民事诉讼立案（诉讼系属）形式审查的潮流采立案登记制后，摸索证明禁止原则在起诉受理阶段并无太多适用的空间。根据立案登记制要求，法院在原告提交诉状立案时只进行形式上的审查。形式上审查主要是指审查当事人起诉是否符合《民事诉讼法》第122条规定。《民事诉讼法解释》（2022年修正）第208条第1款规定："人民法院接到当事人提交的民事起诉状时，对符合民事诉讼法第一百二十二条的规定，且不属于第一百二十七条规定情形的，应当登记立案；对当场不能判定是否符合起诉条件的，应当接收起诉材料，并出具注明收到日期的书面凭证。"第209条第1款规定："原告提供被告的姓名或者名称、住所等信息具体明确，足以使被告与他人相区别的，可以认定为有明确的被告。"
② 《德国民事诉讼法》第485条详细规定了独立的证据程序的许可条件。

患者可能便会觉得并无必要提起诉讼，或者能够促成医患双方达成和解。独立证据程序是以前证据保全的发展，有助于诉讼防护，并加快还在进行的法律争议。①日本民事诉讼证据保全理论认为，通过对保全事由的宽缓解释实际上可以发挥开示的机能，此为适度认可摸索证明的正当性。这种宽缓解释一方面为了实现具有实效性的权利救济，另一方面也为了防止提起无根据的诉讼。②而英美法系通过证据开示制度，使当事人在诉前充分知晓和获得与事实与争议有关的信息，促使当事人在诉讼前或诉讼中对案件进行客观评估，缩小争点范围，促进自行和解，节约司法资源。

2. 摸索证明理论在证据保全制度上的运用

当前，从建构的层面而言，我国民事证据保全制度仍停留在保全证据这一传统功能上③，从其功能来看已经无法适用现代民事诉讼证据制度的要求了。而对证据保全制度特别是诉前证据保全的功能进行拓展和重构，摸索证明理论为此提供了学理基础。

第一，对于一般性诉讼，若存在证据有灭失或者以后难以取得的情况，允许当事人在诉前向法院申请保全证据，申请人（与纠纷有关的利害关系人）应相对具体说明证明主题。证人病危或者即将移居国外，申请人对其进行询问形成调查笔录，但因涉及证人的合法权益，申请人应能相对具体说明证人与其纠纷之间的关联性，如证人即为当初其与相对方之间民间借贷的见证人。当然，因为纠纷并未进入诉讼阶段，申请人可能无法对其主张的事实和证据作具体陈述，故而其能对证明主题作一般性陈述即可，也即相对具体。

第二，对于证据偏在型诉讼，权利人提起要求相对方提交其持有的与证明案件事实相关的证据资料的保全申请，原则上均应予以准许。在产品质量

---

① 参见［德］罗森贝克、施瓦布、戈特瓦尔德：《德国民事诉讼法（下）》（第16版），李大雪译，中国法制出版社2007年版，第870页。
② 参见［日］伊藤真：《民事诉讼法》（第4版补订版），曹云吉译，北京大学出版社2019年版，第309页。
③ 参见我国《民事诉讼法》第104条第1款规定："利害关系人因情况紧急，不立即申请保全将会使其合法权益受到难以弥补的损害，可以在提起诉讼或者申请仲裁前向被保全财产所在地、被申请人住所地或者对案件有管辖权的人民法院申请采取保全措施。申请人应当提供担保，不提供担保的，裁定驳回申请。"

纠纷等证据偏在型案件中，有关纠纷事件的信息、文书、资料通常构造性地偏在于处于优势地位一方当事人，如产品生产制造的设计图纸、配方及缺陷均掌握在生产厂家手中，病人手术的病历资料及诊疗过程均掌握在医院（医生）手中。受害人为准备诉讼，常遭遇难以收集到充分的证据资料的困境，无法全面地了解案件事实发生经过，也就很难准确地提出诉讼主张及其事实基础。为保障当事人的证明权，维持平等接近事实及证据的机会，应准许受害人提出的证据保全申请。因受害人无法有效地接近事件事实中心，其只需要说明与纠纷事件的关联性，证明其非无端臆造、纯属射幸即可，而对证据方法与证明主题则不应过于苛求。①当事人作为诉讼争议事实的相关方，任何一方均有平等接近和使用相关事实信息和证据进行诉讼的权利。在证据偏在型纠纷事件中，通常有一方当事人即使尽其全力亦无法有效收集相关信息及证据资料的，此系其客观上无法接近证据及收集能力不够所致；相对而言，相对方当事人持有该信息及证据资料，且要求其提出较为容易，并非其不可期待，也不会损害其合法权益。相对方开示其所持有的证据资料，除了可以保障当事人平等的接近证据权和实现武器对等以外，还可以让一方当事人于诉前充分了解事件资料，以准确评估接下来诉讼的必要性，或者诉讼主张的内容与范围，有助于双方当事人于诉前明确争议焦点，促成协商解决纠纷。

以上为现代诉前证据保全制度内涵中，可通过摸索证明理论予以解释的两种情形。在该两种情形下，应当对当事人的摸索证明行为持宽容态度。当然，为保障当事人的防御权，对于面向对方当事人的保全行为，应给予其陈

---

① 如患呼吸道重病的若干名受害人申请法院对他们周边一直排刺鼻废气的工厂进行证据保全，要求调取该工厂废气排放设备的参数、规格及废气组成部分，申请的理由是他们近几年来不同人员相继患上严重的呼吸道疾病。根据《最高人民法院关于审理环境侵权责任纠纷案件适用法律若干问题的解释》（2015年）第6条规定："被侵权人根据侵权责任法第六十五条规定请求赔偿的，应当提供证明以下事实的证据材料：（一）污染者排放了污染物；（二）被侵权人的损害；（三）污染者排放的污染物或者其次生污染物与损害之间具有关联性。"权利主张一方当事人因无法获取有效证据资料，对于存在侵权行为、受有损害，以及损害与侵权行为之间的因果关系无法提起初步证据证明而败诉。参见广东省乐昌市人民法院（2017）粤0281民初1426号民事判决书；山东省青州市人民法院（2018）鲁0781民初3740号民事判决书。

述意见的机会；对于面向第三方的保全行为，应保障该第三方的隐私及其他合法权益不受侵害，如对于询问笔录只允许查阅而不得复制。

3. 诉前证据保全中对摸索证明不应许可的例外情形

以下两种形式下诉前阶段对摸索证明不应予以准许。其一，基于法律规定得请求交付或者查阅、复制的证据资料，可允许诉前证据保全，但申请人应明确证据方法与证明主题。虽然在起诉前双方并未形成诉讼法律关系，但根据法律规定双方之间存在实体上法律关系，如一方有查阅复制资料报表的权利，另一方有予以配合的义务。最为典型的是股东知情权案件[①]，针对知情权的范围与对象，该种证据保全其本质上已与提起具体诉讼并作实体审理无异，应给予被保全对象发表意见的机会，此也为保障相对人防御权的应有之义。故而，利害关系人在申请查阅、复制公司章程、财务会计报告等信息时，其应当证明其具有股东身份（至少形式上证明），且要明确其具体主张（查阅、复制公司资料）以及明确要保全的具体对象（公司章程、财务会计报告），即原则上不允许摸索证明。如果允许摸索证明，可能会造成该类诉前证据保全行为被随意性地使用，甚至出现滥申请、滥保全现象，既浪费了司法资源，也不利于现代公司治理制度的构建，还可能侵害被保全对象的商业秘密。对于该类诉前证据保全，法院应当充分权衡双方当事人利益关系，秉承克制与谨慎态度，在没有证据可能灭失之情况下，原则上不予启动。至于摸索证明，同样如此。

其二，对于确定事件、物体、人身损害现状有法律上利益且必要时，可允许诉前证据保全，但申请人应明确证据方法与证明主题。该种诉前证据保全类型扩大了许可诉前保全证据范围，拓宽了诉前证据保全功能。其较德国的独立证据程序所能调查范围更广，已经接近于英美法系证据开示制度所达

[①] 我国《公司法》第33条规定："股东有权查阅、复制公司章程、股东会会议记录、董事会会议决议、监事会会议决议和财务会计报告。（第1款）股东可以要求查阅会计账簿。股东要求查阅会计账簿的，应当向公司提出书面请求，说明目的。公司有合理根据认为股东查阅会计账簿有不正当目的，可能损害公司合法利益的，可以拒绝提供查阅，并应当自股东提出书面请求之日起十五日内书面答复股东并说明理由。公司拒绝提供查阅的，股东可以请求人民法院要求公司提供查阅。（第2款）"

到的效果。通过法院组织的诉前鉴定程序，因司法机关的中立性而为双方所认可[①]，即使在鉴定之后无法达成和解，其也可使当事人充分掌握纠纷的全部信息及明确争点所在，为进入诉讼后实现集中审理，提高司法效率，节约司法资源。

但是，为避免当事人动辄提交与日后诉讼争点无关联的证据保全，甚至在未掌握任何事实线索下的投机性收集证据，或者意图收集与纠纷事件毫无关联的证据[②]，应当要求当事人将其证据保全对应的事实主张具体化。申请人应当证明证据保全行为存在法律上利益且必要，法官在审查时可考量以下因素：(1) 当事人证据收集（鉴定、评估、勘验等）的必要性；(2) 相对方当事人参与程序的负担比例情况；(3) 司法资源的占用与合理性情况；(4) 证据方法、证明主题与纠纷事件的关联性。简言之，事件、物体及人身现状的保全确定，对于接下来的诉讼会带来哪些帮助与便利，是否能够节约时间、费用及人力成本支出，以判断其是否存在法律上利益及必要性。如道路交通事故损害赔偿纠纷中人身损失的证据保全行为系属法律上利益且必要。但若诉前证据保全行为所占用的司法资源已接近甚至高于诉讼，则其保全的必要性便不存在。[③]

（二）诉讼中的摸索证明问题

与诉讼前的摸索证明总体上许可的态度不同，诉讼中应对摸索证明更加严格。

[①] 如：在道路交通事故损害赔偿纠纷中，若不启动鉴定通常难以确定具体的损失数额，往往无法确定其实际损失为多少，双方进行协商处理则缺乏基础，若能通过法院诉前鉴定程序（本质上即诉前证据保全），有助于双方当事人自主协商解决纠纷。司法实践中，因诉前自行委托鉴定而遭到对方拒绝认可其效力，于诉讼中再次申请法院启动鉴定程序的时有出现。参见陕西省西安市中级人民法院 (2019) 陕 01 民终 11097 号民事判决书。

[②] 如：当事人申请对其人身伤残等级及身份伤害进行鉴定，以及要求对医疗费、护理费、营养费等费用进行评估，却将与纠纷事件无关的疾病诊疗费用一并纳入进行评估鉴定。

[③] 如在买卖合同纠纷中，卖方要求买方支付尾款，但买方一直以设备存在质量问题为由拒不支付尾款，买方申请对设备进行证据保全（质量鉴定），但卖方提出其提供的只是设置组成元件而非整套设备，双方对鉴定的范围及关联性产生争议，需法院多次组织质证并至现场勘验，其占用的司法资源显已与诉讼无异，已无诉前证据保全的必要。

第二章　证明责任减轻的典型方法之一：摸索证明

1.诉讼类型与摸索证明

在适用职权主义领域，原则上并不存在否定摸索证明的空间，故下文主要探讨辩论主义领域中诉讼的摸索证明许可性问题。

其一，对于证据偏在型诉讼，原告因无法掌握充分证据及把握事实，无法准确地提出请求与主张，原则上应予以准许其证明申请。与诉前一样，对于产品质量纠纷等现代型诉讼，能够证明案件事实的信息及证据资料偏在于一方当事人，为保障双方当事人能够平等接近证据与事实信息，应对原告的举证责任予以减轻，允许并未尽到具体化义务的证明申请，以实现当事人之间武器上平等原则。在证据偏在型纠纷事件中，原告无法收集证据系非归责于其本人原因，相反被告通常可较容易提出相应证据，故而要求掌握证据一方当事人提出开示相应证据，并未超其期待，亦不损害其权益。

其二，对于普通型诉讼，双方当事人收集及提出证据能力相当，当事人为主张或者抗辩，其证据申请应当具体而明确。普通型诉讼中双方当事人之间同为纠纷事件的参与方，其距离事实及证据相当，均有着大抵平等的证据收集与提出能力。若一主当事人为主张或者抗辩，却不提出具体的证据方法和证明主题，而寄希望于通过法院启动证据调查程序，以收集自己原本并不清晰知晓和掌握的证据，此举不利于维护当事人平等的攻击防御权利，造成实质上的不对等。

其三，对于个别诉讼案件，若一方当事人已经提出初步合理的根据并经证明，其非因可归责于本人的原因而无法获取相应准确的证据，或者无法具体化其事实主张，可允许其提出的证据调查申请。与证据偏在型诉讼不同的是，个别诉讼案件的双方当事人也都参与事件发生过程，其对于案件事实的发生都知晓，只是因客观原因而无法有效收集和提出证据，故从严认定其证据调查申请。当事人必须先提出初步证据，证明其就事实主张存在合理性推定，法院方能准许其证据调查申请。①

2. 证据交换与摸索证明

诉讼中的证据交换制度，是指在庭审前，当事人之间自行或者在法院组织下，相互交换其所持有及用来证明各自主张的证据，明确争议焦点，为集中审理作准备。借鉴英美法系的证据开示制度，《民事证据规定》（2001 年）首次规定了法院主持下的证据交换制度。②但是在司法实务中，证据交换制度运行的最大问题是——双方当事人交换的证据不够充分。主要表现为：首先，当事人总是会担心对方提供的证据不够全面；其次，当事人总是会担心对方提供的证据不具关联性。上述两方面的担心导致证据交换制度在实践中流于形式。即使进行了证据交换，仍然大量出现在庭审中随时提出证据的现象，导致一件案件多次开庭。③

为使得证据交换制度能够实现其设计初衷，促使双方当事人最大化地交换所持有的证据，以提升当事人的证据收集能力，可引入摸索证明解决"双方当事人交换的证据不够充分"的问题。

（1）证据交换的范围问题。证据交换僵局的症结在于，当事人担心过多地交换本方证据导致其在诉讼攻防中处于不利局面。若一方当事人对事实主张能作初步陈述且具合理性，而非恶意投机与意图射幸，法官可准许其提出的交换证据申请，要求对方交换其所持有的证据，否则向其释明要面临证据失权。适度地许可摸索证明，可以有效破解当事人之间担心对方不交换证据、

---

① 如在一件民间借贷纠纷案件中，被告（借款人）主张原告（出借人）的债权已过诉讼时效，原告陈述其自借款到期后的每年均至被告家上门催讨，因为被告住在农村，且六七十岁了不识字也没有手机，其只能上门催讨，并提供其朋友作证（该朋友出庭作证其曾多次陪同原告上门催款）。在庭审中，法官为验证证人证言之真伪，当庭要求证人带路指认被告住所，其虽不熟练但最后还是找到了被告的家。从证人作证及现场指认行为，可以推定证人确曾陪同原告到被告家进行催款，但其于何时去、第一次或者最后一次是什么时候无法确定。原告申请法院对被告本人进行调查，要求其本人出庭当面对质或者接受法官调查询问，法官认为原告已经提供了初步合理的证据与推测，遂启动了调查程序要求被告本人到庭接受询问。
② 《民事证据规定》（2001 年）第 37 条、第 38 条、第 39 条及第 40 条首次对证据交换制度进行了详细规定。
③ 在实务中，当事人能够严格按照证据交换要求全面开示各自持有证据的，几乎没有，更多的是在庭审当天提交证据。其目的为：一是担心过早提交证据，让对方有了充分准备，难免让自己被动；二是当庭提交证据并不会给其带来严重的不利后果，如不会因此被认定证据失权。

不充分交换证据及交换不相关证据的局面。

应当注意的是，准许通过摸索证明扩大证据交换范围，但并非要求当事人交换其所持有的一切证据。美国证据开示的范围非常宽泛，除了非正式的证据开示以外，《联邦民事诉讼规则》第26条规定的初始阶段、专家证言及审前出示强制性披露的三个阶段中每个阶段均应进行证据开示，不论对方请求与否。在美国证据开示程序中，实务上普遍认为关联性是没有界限的。但是，过度的证据开示，造成诉讼规则被滥用和诉讼成本高昂，而司法最重要的公正与效率却被淡化。鉴于此，日本民事诉讼的当事人照会制度要求，无论是起诉前的还是诉讼中的当事人照会事项，均应为当事人于诉讼中所提出的主张与举证所必要的事项；另外，针对起诉前与诉讼中的不同阶段专门规定了除外事项。①

如何在摸索证明与证据交换之间达成良好的平衡，需要明确界定交换范围与除外事项。首先，将证据交换的范围确定为与当事人主张相关联的必要事项。所谓必要事项，是指与案件事实（基本事实，与能够证明案件事实的间接事实）存在关联的事项，如合同关系成立、履行、变化及消灭的事实，与诉讼标的相关的事实。其次，明确规定证据交换的除外事项。通过除外事项限缩摸索证明可能带来的范围过大化问题，如将商业秘密、生活隐私、特有职业的伦理保密及证人就特定事项的拒绝作证权等排除在外。

（2）证据交换的保障机制。证据交换制度僵局的根本原因是，对未按要求进行证据交换行为缺乏有力的制裁。即使存在举证期限与证据失权制度，也因为其过于理想化色彩而形成具文。因未在规定期限内提交证据而承担败诉后果的几乎没有，即使一审采取证据失权制度而判定一方当事人承担不利

---

① 日本民事诉讼法详细列举了当事人照会的除外事项。起诉前，关于相对方或者第三人私生活上的秘密以及可能会妨碍相对方或者第三人的社会生活的事项，以及关于相对方或者第三人营业秘密的事项，不在照会范围。[第132条（起诉前的当事人照会）] 诉讼中，对于抽象或者不具体的，侮辱或者使相对方困惑的，重复，要求相对方当事人发表意见，致相对方花费不合理的费用或者时间的，以及遵守职业操守保密规定及可能导致其亲属遭到刑事不利的证人证言，不在照会范围。[第163条（诉讼中的当事人照会）、第196条（证人拒绝作证权）、第197条（证人拒绝作证权）] 参见《日本民事诉讼法典》，曹云吉译，厦门大学出版社2017年版。

后果，但若当事人在二审中提交相应证据，二审多会将该案件改判或者发回重审。《证据若干规定》也并没有就当事人违反规定进行证据交换设置对应的制裁措施。

这一点，美国的经验值得借鉴。《联邦民事诉讼规则》第37条第3款规定，当事人无充分理由不按要求开示其所持有的证据时，除非该不作为是无害的，否则将排除应开示而未开示证据的证据能力（证人或者信息资料不得在随后的庭审中作为证据出示和使用）。另外，未按要求开示的一方当事人应赔偿对方因此支出的合理费用，包括律师费用及其他必要成本支出。[1]证据失权制度在美国民事诉讼实践中虽然也受到了不同程度的非议，但其整体运行是良好的。我国《民事诉讼法》（2012年修正）第65条明文规定了证据失权和金钱制裁制度。[2]虽然立法明确规定了证据失权制度，随后的《民事诉讼法解释》（2015年）显然是吸取了10年前《民事证据规定》（2001年）的教训，转而作了变通性规定，但证据失权制度仍未实际落地。[3]然而，实务中逾期提交的证据几乎都与基本事实有关，此本就是其诉讼策略而已。当然，金钱制裁还是有一定的警示作用的。

其实，若一方当事人无正当理由拒不配合证据交换，在诉讼审理中，将

---

[1] 参见《美国联邦民事诉讼规则证据规则》，白绿铉、卞建林译，中国法制出版社2000年版，第75页。
[2] 我国《民事诉讼法》（2012年修正）第65条规定："当事人对自己提出的主张应当及时提供证据。（第1款）人民法院根据当事人的主张和案件审理情况，确定当事人应当提供的证据及其期限。当事人在该期限内提供证据确有困难的，可以向人民法院申请延长期限，人民法院根据当事人的申请适当延长。当事人逾期提供证据的，人民法院应当责令其说明理由；拒不说明理由或者理由不成立的，人民法院根据不同情形可以不予采纳该证据，或者采纳该证据但予以训诫、罚款。（第2款）"《民事诉讼法》（2023年修正）第68条仍延续上述规定。
[3]《民事诉讼法解释》（2015年）第103条规定："当事人因故意或者重大过失逾期提供的证据，人民法院不予采纳。但该证据与案件基本事实有关的，人民法院应当采纳，并依照民事诉讼法第六十五条、第一百一十五条第一款的规定予以训诫、罚款。（第1款）当事人非因故意或者重大过失逾期提供的证据，人民法院应当采纳，并对当事人予以训诫。（第2款）当事人一方要求另一方赔偿因逾期提供证据致使其增加的交通、住宿、就餐、误工、证人出庭作证等必要费用的，人民法院可予支持。（第3款）"后来的《民事诉讼法解释》（2022年修正）第102条延续了上述规定。

多少对法官的心证产生影响。[①] 正如日本的当事人照会制度一样，其亦并未规定制裁措施，但这并不影响当事人照会制度在该国良好的运用。

[①] 如以买卖合同纠纷案件为例，在法院主持的证据交换中，原告向被告交换了双方之间的买卖合同、送货单、对账单等证据，而被告虽主张其已经支付了全部货款但并未提交任何付款凭证。此时，法官内心已经对被告的陈述抱怀疑态度，即对其产生了不信任，而这种不信任感将伴随整个诉讼过程，甚至产生了先入为主的观念，这样对被告显然是不利的。

结　语

摸索证明的产生，与当事人收集和提出证据的能力不够密切相关。作为证明责任减轻制度的一种，摸索证明通过对主观证明责任的运用，能够间接地提升当事人的证明能力，维持当事人之间武器对等原则，维护案件审理的实体正义。摸索证明的许可性问题的本质是，当事人的证据收集权与当事人负有提供证据证明其主张的责任之间的冲突与平衡问题。我国民事诉讼构造与民事审判方式改革在取得长足进步的同时，也面临着尴尬局面：辩论主义未得到实质上实现与当事人证明能力（收集和提出证据）未得到实质性提升并存。摸索证明在我国民事诉讼语境下许可性问题的讨论，应当直面上述尴尬局面。我国民事诉讼对于摸索证明可持谨慎的许可性态度，即：一般性地否定，例外地许可。摸索证明的许可与否关涉着当事人证据收集和提出问题，其于起诉前与诉讼中均有适用空间。但是，对于起诉前和诉讼中的摸索证明的态度应有所区别，起诉前应较诉讼中更加倾向于许可摸索证明。

第三章　证明责任减轻的典型方法之二：损害赔偿酌定

引言

　　民法以填补损害为矫正当事人行为失范的基本方法，即使当事人最初受到侵害的并非财产权利，最后也往往会转化为以金钱来弥补已经造成的损害。因此损害赔偿之诉乃是民事诉讼中最为大量发生的诉讼形态。通常而言，在损害赔偿之诉中，损害事实应由主张损害赔偿请求权的一方当事人承担证明责任。因为损害是否发生以及造成多少损失，一般是在遭受损害之人的认知范围之内，该等事实距离受害人也较近，受害人更易于获取证据。所以受害人若主张损害赔偿，由其对相关事实承担证明责任较为合理。然而在某些情形，即使亲历损害的人自己也难以充分证明损害的确实存在以及损害的具体数额。例如在受害人精神遭受损害的情形中，受害人的精神到底伤害程度如何，多少金额的补偿才能抚慰其心灵，都是受害人自己很难证明的。其他也有很多这样的情形，如在知识产权侵权的领域，在环境侵权的领域，以及在其他很多的领域，当事人所遭受的损害，都难以得到充分证明，或者虽然能够进行证明，但是证明的成本极高，甚至与其所主张的损害金额不成比例，再者，加上证明的困难又会拖延诉讼，不当增加当事人的诉讼成本乃至司法资源的耗费。此种情况下，无论从实体正义、程序公正还是诉讼经济等各种角度观察，都不应对当事人科以过高的证明负担，同时也不应仅因当事人难以证明其所遭受的损害，径行驳回其主张。否则司法裁判会因违反人们所秉承的一般公正观，而难以得到当事人乃至社会公众的理解。因此，各国针对特别情形下损害赔偿事实证明困难的问题，一般都从社会的一般公正观念出发，而对其进行制度上的对策安排，这就是损害赔偿酌定制度，也即由法官根据个案具体情况，对当事人是否遭受损害以及应给予多少赔偿，酌情判定。

关于这一点，我国立法与实务也有积极探索，在民事实体法以及一些司法解释中，对损害赔偿酌定也有零散规定。但是迄今为止，我国民事诉讼法尚未从证明角度对损害赔偿的酌定列有程序性规定，既有的规定也都散落于不同的立法与司法解释中，在条文表述上当然也不统一。而由于制度散乱，实务中在涉及损害赔偿酌定时，当然也存在混乱无序现象，也未见有说理充分的裁判。而理论界对于损害赔偿酌定的法律性质、适用条件、适用原则等亦存争议。尤其对于损害赔偿酌定的适用方法为何，更多为论者忽略。基于此，本章拟对民事诉讼中的损害赔偿酌定问题进行一些初步探讨，以求澄清损害赔偿酌定的法律性质，确定进行损害赔偿酌定的基本方法等。①

---

① 本章内容也可参见王刚：《论民事诉讼中的损害赔偿酌定》，载《判解研究》（2020年第4辑），王利明主编，人民法院出版社2021年版，第43-70页。

第一节　损害赔偿酌定的基本理论

一、损害的概念及其内涵

（一）损害的概念

无损害，无赔偿。"唯有被侵权人因侵权行为遭受了损害，方能要求侵权人负损害赔偿义务，即成立损害赔偿责任。"[1]可以说，损害是所有的民事赔偿责任的必备构成要件。但是，如何定义损害的概念，存在不同学说观点，也是民事损害赔偿领域争议最大的问题之一。代表性学说有两种。

利益说。又称差额说，该说由德国近现代损害赔偿法的开拓者和奠基人弗里德里希·蒙森（Friedrich Mommsen）于1855年在其专著《利益论》中首次提出，"将损害定义为两个总数的差额，在计算损害时，人们只要假设，如果致损事实没有发生的话，受害人现在的财产总额会是多少，然后将这个假设总额减去受害人现有的财产总额，所得出的差额就是损害"[2]。该说认为，损害的本质是被害人因特定侵害行为或者事故所受损害的利益，"该项利益，乃被害人之总财产状况，于有损害事故之发生与无损害事故下所生之差额"[3]。利益说在定义损害的概念时，不区分损害与损害额。

---

[1] 程啸：《侵权责任法》（第2版），法律出版社2015年版，第215页。
[2] Vgl. Friedrich Mommsen, Zur Lehre von dem Interesse, Braunsehweig, 1855, S. 3.（参见弗里德里希·蒙森：《利益论》，1855年，第3页。）转引自李承亮：《损害赔偿与民事责任》，载《法学研究》2009年第3期，第137页。
[3] 曾世雄：《损害赔偿法原理》，中国政法大学出版社2001年版，第119页。

组织说。该说为德国学者欧特曼（Oertmann）首倡。他在《请求损害赔偿时之损益相抵》（1901 年）提出："损害乃法律主体因其财产之构成成分被剥夺或毁损或其身体受伤害，所受之不利益。"[①] 损害又称损害后果，受害人一方因他人的侵害行为或者准侵害行为而遭受的人身、精神或者财产方面的不利后果。[②] 组织说将损害事实换算成金钱的过程与判断损害是否发生的过程相剥离，明确区分了损害与损害额。[③]

现代损害概念起源于传统自然损害概念。[④] 发源于自然损害概念的"差额说"（"利益说"），强调受害人于损害发生前后的财产状况的变化（差额），更能体现其客观属性，"客观上的损失，是指任何物质的或者精神的利益的非自愿的丧失"[⑤]。有差额，则有损害；无差额，则无损害。"利益说"（"差额说"）将所有不利因素全部斟酌考虑，其本旨与全部赔偿原则的旨趣也相吻合，较"组织说"更加灵活，可以衡平与兼顾个案公正。[⑥]

（二）损害事实与损害数额

损害事实与损害数额是损害的一体两面、难以分割。当代民法的损害概念发源于德国民法上的损害概念，而后者则起源于传统的自然损害概念。传统的自然损害概念认为，进行法律判断的前提条件是损害产生及程度确定，而这种判断和评价在诉讼中会受一定的社会价值观念和一定的法律秩序状况的影响，相对而言损害本身应当为一个纯客观的事实。从诉讼过程来看，损害结果的证明和确定过程，实质上就是损害事实与损害数额的证明和确定之

[①] 曾世雄：《损害赔偿法原理》，中国政法大学出版社 2001 年版，第 119 页。
[②] 张新宝：《侵权责任法》（第 4 版），中国人民大学出版社 2016 年版，第 27 页。
[③] 参见段文波：《事实证明抑或法官裁量：民事损害赔偿数额认定的德日经验》，载《法学家》2012 年第 6 期，第 168-169 页。
[④] 传统的自然损害概念最早由费舍尔（Fischer）使用，包括两方面的含义：首先，将损害理解为一个纯客观的事实；其次，着眼于具体权益事实上所遭受的破坏。后来蒙森的"假设差额"理论本质上也是自然损害概念，不同的只是蒙森的损害概念更加关注损害人所享有的权益作为一个整体的价值总额。参见李承亮：《损害赔偿与民事责任》，载《法学研究》2009 年第 3 期，第 136-138 页。
[⑤] 程啸：《侵权责任法》（第 2 版），法律出版社 2015 年版，第 216 页。
[⑥] "组织说"主张客观损害为损害的最低额，有时无法兼顾受害人所受到的可得利益损失，而"利益说"则考虑到受害人受损的全部财产状况。

过程，即将损害事实和损害赔偿数额作了同一化的证明和确定。[1] 不论是基于何种请求权基础，因侵权行为或者违约行为给对方造成损害这一事实要件可以确定的情况下，通常都会有损害数额这一反映损害事实程度的存在，即损害事实极大概率地会导致损害数额的出现，也可以说损害数额是损害事实的客观必然反映。此处损害数额对损害事实的客观反映，是指损害事实本身造成的物质性损失及非物质性损失，物质性损失可以通过金钱衡量或者参照，非物质性损失如精神损害则也可以通过抚慰金形式予以衡量或者参照。在生活实践中，也许会客观存在，但极难发现，会有损害事实存在而无损害数额的情况。如违约之诉，即使以较为普通的买卖合同之诉为例，一方迟延交付货物，通常情况下都会给对方带来损害的事实，只有极少数的情况迟延交付货物对合同相对方没有损失情况的发生；一方迟延给付货款，同样会给对方带来损失，至少是资金占有期间的损失。侵权之诉同样如此，侮辱他人引发的损害赔偿案件即为无法区分损害事实与损害数额的典型[2]，如"中国公共场所无烟诉讼第一案"[3] 的 1 元精神损害赔偿即为如此。

二、损害赔偿酌定的法律性质

（一）关于损害赔偿酌定之法律性质的学理分歧

关于损害赔偿酌定的法律性质，学理存在分歧，大略观之，有程序利益保护说，证明标准降低说，裁量评价说以及折中说等若干论点。

程序利益保护说认为，鉴于损害赔偿纠纷案件原告就损害赔偿额往往遭遇举证困难，为促进诉讼，提升司法效率，以及平衡人力、费用和时间成本等程序利益，授权法官在案件审理时根据事实查明情况，依衡平法理从多种

---

[1] 参见唐力、谷佳杰：《论知识产权诉讼中损害赔偿数额的确定》，载《法学评论》2014 年第 2 期，第 188 页。
[2] 甲在公众场合辱骂乙近十分钟，乙当场被骂哭，若乙起诉要求精神损害赔偿，应否支持？本案中损害事实是客观存在的，只是受到的精神损失情况难以判断而已。近几年偶有出现的 1 元精神损害赔偿案件即为该种情形，能够很好地说明损害事实与损害数额的难以一概地区分性。
[3] 案情详见 http://cppcc.china.com.cn/2018-06/27/content_53668035.htm，最后访问日期：2023 年 5 月 1 日。

可能的金额中择一裁判。此系依循程序利益保护原则而制定，立足于平衡兼顾程序利益与系争实体利益观点。①该说既有程序利益保护主张，也涵盖了证明负担减轻及证明度降低观点，但总体来看其核心观点乃在于保护程序利益。

证明标准（证明度）降低说为德国通说，并为日本立法所采纳。德国学理认为，法官通过降低证明标准的方式将形成内心确信的要求予以简化，相应地，对原告的证明要求也被简化。简而言之，对损害赔偿的发生与否以及损害赔偿的数额，并不要求法官对量算基础获得完全的确认，而只需要达到相对占优势的盖然性的确信即可。②而《日本民事诉讼法》第248条规定损害赔偿酌定的立法理由为：其一，立法考虑到了与抚慰金和幼儿（未满就业年龄之年少者）逸失利益③相关的判例；其二，考虑到了减轻证明度的规定。虽然证明度减轻说为日本立法所采，然该说在日本民事诉讼学界却未能成为通说。④

裁量评价说则为日本学者平井宜雄最先提出。其于20世纪70年代指出损害额的认定并非事实认定层面上的问题而应是评估层面上的问题，并进一步主张损害的金额评估非为实体法问题，而为法官裁量范围问题。⑤该说认为损害数额的认定本来就属于评价的问题，证明度的要求只适用于事实的再现，当涉及评价领域时，证明度或者是心证程度并无适用余地，如租金数额的计算、抚慰金的计算及幼儿逸失利益都是评价的范畴而非盖然性问题，故法律

---

① 王刚：《论民事诉讼中的损害赔偿酌定》，载《判解研究》（第94辑），王利明主编，人民法院出版社2021年版，第44-45页。
② 参见[德]罗森贝克、施瓦布、戈特瓦尔德：《德国民事诉讼法（下）》（第16版），李大雪译，中国法制出版社2007年版，第843-844页。
③ 所谓逸失利益，主要是指对被害人丧失职业能力本身而导致的损害。在日本法院所作的判例中，有的设计了逸失利益的计算公式：逸失利益＝预计总收入（预计年收入×预计变业年限）-预计生活费。参见[日]高桥宏志：《重点讲义民事诉讼法》，张卫平、许可译，法律出版社2007年版，第47页。
④ 针对《日本民事诉讼法》第248条规定的理解，日本学界存在不同学说，似乎并没有一种学说能够得到学界普遍认可。相关观点可参见[日]伊藤真：《民事诉讼法》（第4版补订版），曹云吉译，北京大学出版社2019年版，第249页。
⑤ 参见[日]平井宜雄：《损害赔偿法理论》，东京大学出版会1978年版，第382、479页。转引自[日]潮见佳男：《作为法官裁量问题的"相当损害额"——以日本《民事诉讼法》第248条的适用为中心》，姜荣吉译，载《北方法学》2014年第5期。

评价说在理论上似乎更有发展空间。[①]

似乎在任何问题上，学界均有持折中主义立场者，在损害赔偿酌定至法律性质的认识上也是这样。此说认为损害赔偿酌定包括证明度减轻与裁量评价两种性质。[②] 实际上日本民事诉讼法有关损害赔偿酌定的立法目的除了降低证明度外，也有认为其具有法律评价的性质，只是日本学界有不少观点认为该两种立法目的在司法实践中不可能同时实现。前述我国台湾地区有学者所持的授予法院裁量权的观点，也在某种程度上更接近折中说的立场。

（二）损害赔偿酌定在性质上应属证明责任减轻

前述各说对于损害赔偿酌定的性质争议，其焦点在于如何理解损害事实与损害数额之间的关系问题，以及事实证明与裁量评价之间的关系问题。

就前一问题而言，将损害事实与损害数额分别纳入事实证明与法律评价范畴的观点，仅是理论上的预设。民法上的损害概念变动不居，无须过多地纠结于损害概念学说对损害赔偿酌定法律性质的认定。损害赔偿数额内嵌于损害事实之中，从而构成损害赔偿请求权的构成要件。[③] 对于损害数额的确定，应先由主张损害赔偿一方当事人对损害事实与损害数额同时提出证据加以证明，当事人在证明过程中不会人为地割裂损害事实与损害数额。将损害赔偿分为事实证明和法律评价，即由当事人负责对损害事实进行证明和法官根据对损害数额进行自由裁量，并不能完全契合现实中损害事实与损害数额

[①] 即认为损害赔偿酌定之规范，不仅在于降低证明度，同时亦是赋予法院裁量权，在损害数额难以证明的情况下，法官可依程序上及实体上的裁量权，裁量决定损害的具体数额。该说为部分日本学者所推崇，持该观点的日本学者有春日伟知郎、坂本惠三、新堂幸司等。相关文章可参见：[日] 春日伟知郎：《"相当损害额"的认定》，载《法学家》1996 年 1098 号，第 73 页以下；[日] 新堂幸司：《新民事诉讼法》，林剑锋译，法律出版社 2008 年版，第 396 页。

[②] 持该种观点的日本学者有伊藤真、梅本吉彦等。参见 [日] 潮见佳男：《作为法官裁量问题的"相当损害额"——以日本〈民事诉讼法〉第 248 条的适用为中心》，姜荣吉译，载《北方法学》2014 年第 5 期。

[③] 参见唐力、谷佳杰：《论知识产权诉讼中损害赔偿数额的确定》，载《法学评论》2014 年第 2 期，第 188 页。

三、以损害赔偿酌定来减轻当事人证明责任的积极意义

在原告已经证明其受有损害，或者双方当事人就损害行为、存在过错及因果关系等要件事实均无争议之情况下，原告确存在客观上不能证明或者证明确有重大困难的，仍强求其提出证据证明损害数额，此显然对原告要求过于苛刻，也有失公平。所以，对于一些案件的损害赔偿采由法官斟酌情形定其数额。因损害赔偿案件性质的特殊性，诸如德国、日本立法及我国台湾地区均将损害赔偿酌定制度作为特别的程序设置。损害赔偿酌定制度的实质是，基于诉讼公平而建立起来的一种裁判方法，其得以确立的正当性基石就是对公平的追求。[1] 通过损害赔偿酌定，以减轻当事人的证明负担，是司法裁判追求个案上公平正义的应有之义，这是其一。其二，若依损害性质，在当事人已经竭力举证的情况下，仍然无法证明其受有损害及确定准确金额，此时若再强求其进一步举证，也不符合诉讼经济原则。所以，对损害赔偿进行酌定，有利于促进诉讼经济，减少司法资源不当耗费。其三，虽然诉讼经济原则是损害赔偿酌定的价值追求之一，但为尽可能查明案件事实，法官仍需全面审查证据调查情况，甚至于必要时启动职权调查。同时，法官应适时将酌定之心证予以公开，并给予双方当事人就法官所进行的损害赔偿酌定充分陈述其意见的机会。

---

[1] 参见黄毅：《损害赔偿额之酌定：基于诉讼公平的考量》，载《法学杂志》2012年第4期，第147页。

第二节　损害赔偿酌定的域外经验

一、大陆法系主要国家关于损害赔偿酌定的制度

大陆法系例如德国、日本等，均在民事诉讼法中明确规定了损害赔偿酌定制度。德国早在1877年制定的《德国民事诉讼法典》第287条即规定："当事人对于是否有损害、损害的数额以及应赔偿的利益额存有争议时，法院应考虑全部情况，经过自由心证，对争点作出判断。是否依申请而调查证据、是否依职权进行鉴定以及调查和鉴定进行到何种程度，都由法院酌情决定。"[①] 德国在损害赔偿程序中引入了特别自由心证制度[②]，将是否有损害以及损害的数额均交由法官自由裁量。其立法理由为，损害赔偿有无及数额难以证明，导致诉讼拖延及当事人之诉讼请求无法实现，有损于实体正义。即，采取第286条的完全证明标准无法实现通过诉讼程序保障多数被害人的损害赔偿请求

---

① 《德国民事诉讼法典》第287条规定："当事人对于是否有损害、损害的数额以及应赔偿的利益额存有争议时，法院应考虑全部情况，经过自由心证，对争点作出判断。是否依申请而调查证据、是否依职权进行鉴定以及调查和鉴定进行到何种程度，都由法院酌情决定。法院就损害和利益可以讯问举证人；此时准用第452条第1款第1句、第2款至第4款的规定。（第1款）在财产权的诉讼以及其他情形，当事人对于债权额有争议，如果要完全说明一切有关情况有困难，而此种困难与债权争议部分的价值比较起来很不相称时，准用第1款第1句、第2句的规定。（第2款）"参见《德国民事诉讼法》，丁启明译，厦门大学出版社2016年版，第68页。

② 德国民事诉讼法上的特别自由心证制度是相对于其第286条所规定的自由心证制度而言的。第286条规定"法院应当考虑言词辩论的全部内容以及已有的调查证据的结果，经过自由心证，以判断事实上的主张是否可以认为真实。作为法官心证根据的理由，应判决中记明"。第286条规定的自由心证制度是一般性原则，针对所有类型案件均可适应。根据第286条规定，如果法院对待证事实的真实性形成了确信，因为它是根据法定的（基本）证据标准得到了证明，其为完全证明。参见[德]罗森贝克、施瓦布、戈特瓦尔德：《德国民事诉讼法（下）》（第16版），李大雪译，中国法制出版社2007年版，第814页。第287条所规定的特别心证制度是针对损害赔偿的有无及数额在发生较大争议而无法确定时而适应。

权，为此，有必要降低相关事实的证明度，并赋予法官的证据调查决定自由权。[①]

日本《民事诉讼法》第 248 条规定："裁判所对损害予以认定时，对于损害的性质以及额度进行举证极其困难时，裁判所可基于口头辩论全趣旨以及证据调查结果，认定相当的损害额。"此为日本民事诉讼法于 1996 年修正时新增条文。与德国相似，日本民事诉讼法也是通过特别自由心证制度将损害性质与额度交给法官自由裁量。[②] 也有学者认为，第 248 条所规定的损害额的证明问题为自由心证主义（第 247 条）的例外情形[③]，这种将第 247 条与第 248 条规定认为是"一般与例外"，与特别自由心证制度之说并无本质区别。与德国法不同的是：其一，日本将损害的发生作为法官对损害赔偿酌定的前提条件，即对于损害的有无这一事实仍适用一般自由心证主义进行判定，根据证明责任原理裁判。其二，日本还要求当事人对损害数额难以确定进行证明，而德国并无如此严苛之规定。[④]

以上几个立法例均将损害数额在当事人不能证明或者证明显有重大困难时交由法官自由心证，不同之处在于，对于责任范围的因果关系的适用问题有着不同的学理观点与立法表达。在德国[⑤]，通说认为责任原因与责任成立的因果关系应适用第 286 条的规定；对于责任范围的因果关系的确定，适用民事诉讼法

[①] Vgl. Musielak/Foerste, ZPO, Kommentar, 1999, § 287 Rn. 1.（参见穆泽拉克、霍斯特：《民事诉讼法评论》，1999 年，第 287 条页边码 1。）
[②]《日本民事诉讼法》第 247 条规定："裁判所于作出判决时，应斟酌口头辩论全趣旨以及证据调查结果，依自由心证，对事实主张的真实与否作出判断。"
[③] 参见 [日] 伊藤真：《民事诉讼法》（第 4 版补订版），曹云吉译，北京大学出版社 2019 年版，第 250 页。
[④]《日本民事诉讼法》第 248 条规定的"对于损害的性质以及额度进行举证极其困难"，是指损害需以高度的专业知识予以证明，且证明所要耗费的成本支出（时间、金钱）与当事人请求的金额不成比例，如成本支出接近、等于、甚至高于诉讼请求金额。参见 [日] 兼子一：《条解民事诉讼法》（第 2 版），东京弘文堂 2011 年版，第 1389 页。
[⑤] 在德国法中，存在责任成立的因果关系与责任范围的因果关系两种情形。前者，是指可归责的行为与权利受侵害（或保护他人法律的违反）之间具有因果关系，如受害人患呼吸道疾病与其住处附近的工厂排放废气的关联性问题。后者，是指权利受侵害与损害之间的因果关系，如在交通事故后，受害人一方住院期间发生的诊疗费用，或者其住院期间感染其他疾病，与交通事故是否存在因果关系。参见王泽鉴：《侵权行为法（第一册）》，中国政法大学出版社 2001 年版，第 187-191 页。

第 287 条规定。[①] 日本则在其新民事诉讼法修正前后持不同观点，在 1996 年修正之前，对于因果关系（包括责任成立的因果关系与责任范围的因果关系）持开放性态度，比较典型的是学说及实务上对因果关系采自由心证合比例决定损害赔偿数额。[②] 在第 248 条修正后，立法将责任成立的因果关系排除在该条适用之外，认为损害赔偿酌定主要是针对损害事实已经认定的前提下。

二、英美法系有关损害赔偿酌定的实践

前述德、日、奥地利以及我国台湾地区均在民事诉讼法中对损害赔偿酌定列有明文。而美国、英国的民事诉讼立法则并未对损害赔偿酌定进行规定，只是在民事诉讼规则及证据规则中赋予法官证据自由裁量权，或者通过判例确立损害赔偿自由裁量规则，如达马斯卡所言，"普通法程序通常被视为自由评价证据的城堡"[③]。英国《1998 年民事诉讼规则》第 32 条第 1 款规定了"法院主导证据之权力"。[④] 英国还通过判例确立一系列的损害赔偿认定规则，及惩罚性的损害赔偿金由陪审团综合各种因素予以裁量。[⑤] 美国判例法上也确立了损害赔偿数额认定的一些规则，法官更加注重在正当程序下的自由裁量。[⑥]

[①] 参见［德］罗森贝克、施瓦布、戈特瓦尔德：《德国民事诉讼法（下）》（第 16 版），李大雪译，中国法制出版社 2007 年版，第 845 页。
[②] 日本仓田卓次法官于 1971 年 6 月 29 日在其一件判决中（东京地方裁判所）采取了合比例确定损害赔偿因果关系及数额的方式。在一件因交通事故引发的损害赔偿案件中，对于交通事故与后遗症因果关系的问题，由于肯定因果关系存在的心证度为 70%，因此法院对原告请求中的 70% 损害额予以支持。该做法在日本学界产生了相当的反响。参见［日］高桥宏志：《民事诉讼法：制度与理论的深层分析》，林剑锋译，法律出版社 2003 年版，第 469-470 页；高桥宏志（日本）、林剑锋：《证明责任》，载《证据学论坛》（第 6 卷），中国检察出版社 2003 年版。
[③] 参见米尔建·R.达马斯卡：《漂移的证据法》，李学军等译，中国政法大学出版社 2003 年版，第 23 页。
[④] 参见齐树洁：《英国证据法新论》，厦门大学出版社 2011 年版，第 56 页。
[⑤] 在 1763 年的威尔克斯诉伍德案中确立了英国侵权法上的惩罚性损害赔偿金案。该案法官认为对何种侵权行为作出惩罚性损害赔偿金的判决，属于事实问题，是陪审团裁量的范围。陪审团一般应当考量被告行为的危险严重程度和受责难的程度、行为的持续时间、被告从不法行为的获利程度、被告事后的态度和行为，以及被告的财务状况等。参见林其敏：《英国侵权法上的损害赔偿》，载《大连海事大学学报（社会科学版）》2010 年第 6 期，第 68 页。
[⑥] 在凯里诉皮弗斯案、波斯顿特里尼教堂案中，法官坚持正当程序理念，根据双方当事人证明情况及言词辩论内容酌定损害赔偿。参见［美］斯蒂文·N.苏本、马莎·L.米卢、马克·N.布诺丁、托马斯·O.梅茵：《民事诉讼法——原理、实务与运作环境》，傅郁林等译，中国政法大学出版社 2004 年版，第 109-118 页。

第三节　损害赔偿酌定的本土实践

一、立法探索

随着学界对证明责任及其分配理论的研究，特别是证明责任减轻理论于近年被提出，有效解决了证明责任分配一般规则在个案公平正义上的缺位问题。依据证明责任分配一般规则，主张损害赔偿一方当事人应就损害赔偿事实及数额负有主张和证明责任，若于辩论终结之时无法证明或者真伪不明，应由其负不利的法律后果，法院应当判决驳回其相应诉讼请求。但这样做可能是有失公平的。鉴于此，我国在立法上[①]开始对损害赔偿数额的酌定问题进行探索。率先对损害赔偿数额进行酌定的是知识产权领域。其实，我国最初的知识产权领域立法并未对损害赔偿数额酌定进行规定[②]，后来司法实践中损害赔偿数额的认定问题让当事人与法院都陷入困境，这也促成了知识产权领域率先探索并建立损害赔偿酌定制度的现实动力。最高人民法院于2001年6月19日通过的《关于审理专利纠纷案件适用法律问题的若干规定》，是知识产权领域中建立损害赔偿酌定制度最早的一份规范性法律文件。该《规定》第21条规定了法定赔偿制度，在此制度下又许可法官根据案件具体情况

[①] 此处指广义上的立法，包括全国人大及其常委会制定的法律、国务院行政法规及最高人民法院司法解释。
[②] 我国于1982年颁布的《商标法》、1984年颁布的《专利法》及1990年颁布的《著作权法》均未规定损害赔偿数额的酌定规则。

第三章 证明责任减轻的典型方法之二：损害赔偿酌定

在一定范围内酌定赔偿数额。[①] 之后于 2001 年 10 月 27 日同时修正的《中华人民共和国商标法》[②]《中华人民共和国著作权法》[③] 及于 2008 年修正的《中华人民共和国专利法》[④] 等，都在建立法定赔偿制度的同时，许可法官对损害赔偿进行酌定。当然，损害赔偿酌定制度能够率先在知识产权领域立法中得以建立，最为根本的原因还是知识产权损害赔偿自身天生不确定性的特质造成的。不能忽视的是，在知识产权损害赔偿领域之外，其他侵权诉讼案件中的损害赔偿同样面临着不确定性，如精神损害赔偿就是这样。因此，早在 2001 年，最高人民法院在《关于确定民事侵权精神损害赔偿责任若干问题的解释》第 10 条中就建立了精神损害赔偿的酌定制度。之后，在经过多年的实践探索后，于 2009 年公布的《中华人民共和国侵权责任法》第 20 条中正式确立了

[①] 该解释第 21 条规定："……没有专利许可使用费可以参照或者专利许可使用费明显不合理的，人民法院可以根据专利权的类别、侵权人侵权的性质和情节等因素，一般在人民币 5000 元以上 30 万元以下确定赔偿数额，最多不得超过人民币 50 万元。"

[②] 我国《商标法》（2001 年修正）第 56 条规定："侵犯商标专用权的赔偿数额，为侵权人在侵权期间因侵权所获得的利益，或者被侵权人在被侵权期间因被侵权所受到的损失，包括被侵权人为制止侵权行为所支付的合理开支。前款所称侵权人因侵权所得利益，或者被侵权人因被侵权所受损失难以确定的，由人民法院根据侵权行为的情节判决给予五十万元以下的赔偿。销售不知道是侵犯注册商标专用权的商品，能证明该商品是自己合法取得的并说明提供者的，不承担赔偿责任。"该法于 2013 年再次修正，相应的内容规定在第 63 条。后《商标法》又经历了 2019 年修正，2019 年修正时在第 63 条规定："侵犯商标专用权的赔偿数额，按照权利人因被侵权所受到的实际损失确定；实际损失难以确定的，可以按照侵权人因侵权所获得的利益确定；权利人的损失或者侵权人获得的利益难以确定的，参照该商标许可使用费的倍数合理确定。对恶意侵犯商标专用权，情节严重的，可以在按照上述方法确定数额的一倍以上五倍以下确定赔偿数额。赔偿数额应当包括权利人为制止侵权行为所支付的合理开支。（第 1 款）……权利人因侵权所受到的实际损失、侵权人因侵权所获得的利益、注册商标许可使用费难以确定的，由人民法院根据侵权行为的情节判决给予五百万元以下的赔偿。（第 3 款）……"

[③] 参见《著作权法》（2001 年修正）第 48 条规定。该法同《商标法》作了类似规定，在被侵权人损失难以确定的，规定一个赔偿的区间，由法院依据综合因素予以酌定。该法于 2010 年修正，相应条文设置不变，内容有所增加；于 2020 年再次修正时，在第 54 条规定："侵权著作权或者与著作权有关的权利的，侵权人应当按照权利人因此受到的实际损失或者侵权人的违法所得给予赔偿；权利人的实际损失或者侵权人的违法所得难以计算的，可以参照该权利使用费给予赔偿。对故意侵犯著作权或者与著作权有关的权利，情节严重的，可以在按照上述方法确定数额的一倍以上五倍以下给予赔偿。（第 1 款）权利人的实际损失、侵权人的违法所得、权利使用费难以计算的，由人民法院根据侵权行为的情节，判决给予五百元以上五百万元以下的赔偿。（第 2 款）……"

[④] 参见《专利法》（2008 年修正）第 65 条规定。该法也同《商标法》作了类似规定。后于 2020 年再次修正，相应内容在第 71 条中规定。

183

损害赔偿数额酌定制度①,损害赔偿酌定制度因此也得以在更广泛的领域运用。自 2021 年 1 月 1 日开始施行的《中华人民共和国民法典》"侵权责任编"第 1182 条延续了上述规定。

而在程序法领域,最早对损害赔偿酌定进行规定的是 2015 年 1 月 7 日起施行的《最高人民法院关于审理环境民事公益诉讼案件适用法律若干问题的解释》第 23 条。② 此外,2018 年 2 月 8 日起施行的《最高人民法院关于适用〈中华人民共和国行政诉讼法〉的解释》也在第 47 条就行政赔偿、补偿案件中原告所受损害的酌定问题进行了规定。③

二、实务见解

在知识产权诉讼中,实务上对损害赔偿酌定基本上持肯定意见。④ 但是,在知识产权领域外的诉讼中,司法实践对于损害赔偿无法确定时如何认定,并未完全形成统一做法。目前大致来看有以下三种立场:

一是肯定损害赔偿酌定的立场。此一观点主张在原告已经提出初步证据证明其受有损害,只是由于损害事实及数额本身的不确定性或者其自身举证

---

① 该法第 20 条规定:"侵害他人人身权益造成财产损失的,按照被侵权人因此受到的损失赔偿;被侵权人的损失难以确定,侵权人因此获得利益的,按照其获得的利益赔偿;侵权人因此获得的利益难以确定,被侵权人和侵权人就赔偿数额协商不一致,向人民法院提起诉讼的,由人民法院根据实际情况确定赔偿数额。"
② 该解释第 23 条规定:"生态环境修复费用难以确定或者确定具体数额所需鉴定费用明显过高的,人民法院可以结合污染环境、破坏生态的范围和程度、生态环境的稀缺性、生态环境恢复的难易程度、防治污染设备的运行成本、被告因侵害行为所获得的利益以及过错程度等因素,并可以参考负有环境保护监督管理职责的部门的意见、专家意见等,予以合理确定。"
③ 该解释第 47 条规定:"根据行政诉讼法第三十八条第二款的规定,在行政赔偿、补偿案件中,因被告的原因导致原告无法就损害情况举证的,应当由被告就该损害情况承担举证责任。对于各方主张损失的价值无法认定的,应当由负有举证责任的一方当事人申请鉴定,但法律、法规、规章规定行政机关在作出行政行为时依法应当评估或者鉴定的除外;负有举证责任的当事人拒绝申请鉴定的,由其承担不利的法律后果。当事人的损失因客观原因无法鉴定的,人民法院应当结合当事人的主张和在案证据,遵循法官职业道德,运用逻辑推理和生活经验、生活常识等,酌情确定赔偿数额。"
④ 曾有课题组专门进行了一项实证研究,结论是超 85% 的知识产权诉讼案件采取了法定赔偿方式。参见詹映:《中国知识产权合理保护水平研究》,中国政法大学出版社 2014 年版,第 129-130 页。当然,也有学者批评实务上过多地采法定赔偿制度,混淆了损害赔偿制度与法定赔偿制度之间的地位,将本为替代性选择的法定赔偿制度演变为基础性赔偿制度。参见王迁、谈天、朱翔:《知识产权侵权损害赔偿:问题与反思》,载《知识产权》2016 年第 5 期。

能力较弱，而导致无法确定损害赔偿数额的，法院应综合全案的证据调查情况与庭审查明情况，酌情认定损失数额。如在韩某某与某油田分公司水污染责任纠纷一案再审中，最高人民法院认为：关于 2011 年未养鱼损失数额认定问题。经审查，价格鉴定结论书对于韩某某 2010 年投入鱼苗养鱼损失系按接近于稀养的标准算得 1058796.25 元；对于 2011 年不能养鱼损失系在除承包费外没有任何投入的情况下，按中等放养密度的标准算得 1866049.11 元，远高于 2010 年投入鱼苗正常养鱼年度的损失，不尽合理。且从韩某某在变更一审诉讼请求前所主张的全部损失为 50 万元来看，价格鉴定结论书的结论不宜直接采用。因此，本院酌情判令某油田分公司参照 2010 年养鱼损失，赔偿韩某某 2011 年未养鱼损失 1058796.25 元。① 再如在栾某某等 21 人与某石油中国有限公司、某石油总公司海上污染损害责任纠纷一案中，一审、二审及再审法院观点均对因事故导致的损失数额进行了酌定。再审法院认为，原告均不能证明其在污染事故发生前三年同期平均净收入和受损期间的实际净收入。在原告（栾某某等 21 人）无法提供有效证据证明其因污染所遭受的实际损失的情况下，一、二审法院参照《某实施方案》所确定的赔偿补偿标准，依照庭审查明情况对相应的损害赔偿数额进行酌定，具有事实和法律依据。②

二是否定损害赔偿酌定的立场。此一观点倾向于认为损害赔偿事实及数额的确定应由权利主张一方当事人负证明责任，在损害事实及数额之证明不能满足证明标准要求时，应由其承担不利后果。如在东某公司与某江公司及第三人某政府、国土资源管理局财产损害赔偿纠纷一案中，双方历经一审、二审及再审，最高人民法院在关于东某公司的损失如何确定的问题中认为，东某公司举示的该公司与案外人的施工成本合同协议书、案外人向东某公司发出的月进度结算支付申请表、工程验收单、要求支付工程款的函等证据只能证明东某公司将铁矿发包给案外人采矿，但不能证明其开采了 364.84 万吨

---

① 参见最高人民法院（2018）最高法民再 415 号民事判决书。
② 参见天津市海事法院（2012）津海法事初字第 1 号民事判决书（一审）；天津市高级人民法院（2016）津民终 69 号民事判决书（二审）；最高人民法院（2017）最高法民申 14 号民事裁定书（再审审查）。

铁矿，并且全部在糯扎渡水电站蓄水过程中被淹没。另外，对于东某公司的鉴定申请也不予准许。在该案的整体态度上，法院倾向于对损害赔偿酌定采否定观点。[①] 该案再审法院认为，东某公司未能证明损害事实的存在，从而对于损害事实及可能造成的损失数额均不予认定，可见其系采严格的证明责任分配一般规则进行裁判。其实，我们从法院查明的事实可知，东某公司为证明其存在损害事实，已经提交了初步证据（间接证据），如其与案外人的施工合同、案外人向其发出的月进度结算支付申请表等材料，并申请就相应损失进行司法鉴定，若对损害赔偿酌定采积极支持态度的话，则可基于损害事实与损失数额固有的难以区分性，依自由心证进行裁量。

三是合比例酌定式的调解立场。在司法实践中，当损害（包括损害事实与损害数额）难以认定时，而法官心证认为客观上的确存在损失，若直接依证明责任分配一般规则驳回权利主张一方当事人之诉讼请求，将有失公平；若采简单酌定方式确定损失具体金额时，又存在说理困难。此时法官通常会争取促成双方当事人协商解决纠纷。[②] 实务中若法官根据心证程度合比例酌定损害赔偿的调解方案，则会有利于促成调解协议的达成。所谓合比例酌定损害赔偿方案，是法官对损害的因果关系、损害事实等要件事实虽未形成有效心证，但认为其盖然性在40%或者50%时，则依该心证程度对损失数额进行酌定后提出调解方案。此种合比例酌定式调解，也曾为日本民事诉讼法部分学者所认同。当日本法官及学者仓田卓次采用合比例认定损害（即依据因果关系心证程度认定）后，学界有观点提出从实体法的应有状态角度理解合比例认定理论有一定的合理性，但认为从诉讼法的立场对其进行正面承认颇成

[①] 参见最高人民法院（2018）最高法民终1296号民事判决书。
[②] 一般情况下，法官开展调解工作进行的释明与引导主要着眼于两个方面：一是，损失的确会客观存在，只是无法确定其具体金额；二是，正因损失客观存在，所以由双方共同承担金额无法确定的风险。同时，再听取当事人意见及做下一步的调解工作。

问题，其更多只能限于和解与调停的场合。①

三、我国损害赔偿酌定的制度与实践存在的不足

通过上述分析，可知我国立法及司法实践中均对损害赔偿酌定制度进行了有效探索与尝试，但仍然存在诸多不尽完善之处：

第一，立法仅对特定领域作了规定，未能涵盖全部诉讼领域。对损害赔偿酌定规定最早也较为完善的是《专利法》《著作权法》等知识产权领域，后来《侵权责任法》《民法典》"侵权责任编"将其进行拓展和确定。但是，损害事实及损失数额难以证明或者无法确定的情形并不仅仅在知识产权及其他侵权责任领域出现，其他如合同类诉讼同样会遇到该问题。②即使在侵权责任领域，立法上也只是针对人身损害赔偿的损失难以确定时进行酌定，但是对于财产损害及其他侵权行为造成的损失认定并未规定可以酌定。③《民法典》第1184条规定"侵害他人财产的，财产损失按照损失发生时的市场价格或者其他合理方式计算"，但未明确"其他合理方式"是否包括酌定方式。从体系解释看，与第1182条"由人民法院根据实际情况确定赔偿数额"规定相比，尚不能明确"其他合理方式"就是损害赔偿酌定。

第二，关于损害赔偿酌定的方法也存在空白之处，实体法有关损害赔偿的规定在条文表述上笼统而模糊。例如，知识产权领域立法规定的法定赔偿制度，也只是给出了赔偿的区间范围；《民法典》也没有对如何酌定进行明确规定，而是仅仅规定交由法官根据实际情况认定。因此司法实践中同样问题

---

① 相应文章可参见［日］松浦馨：《事実認定の基礎——裁判官による事実判断の構造》伊藤滋夫（ブック・レビュ-），载《判例タイムズ》1996年第18期，第18页（松浦馨：《事实认定的基础——法官判断事实的结构》，载《判例时报》1996年第18期，第18页）；山木户克己：《民事诉讼法论集》（民事诉讼法论集），有斐阁1990年版，第47页。另外，贺集唱、新堂幸司、村上博已、小林秀之及高桥宏志等均持该观点。

② 如在设备买卖合同关系中，出卖人交付的设备存在质量问题，致使买方生产出的产品不达标，从而也会产生买方丧失与其他合作伙伴的合同机会、停工损失等以及其他可得利益损失，其中可得利益损失、停工损失即可能存在不能证明或者证明有重大困难的情形。

③ 如在损害公司利益责任纠纷案件中，被侵害一方公司可以证明侵权行为、过错及因果关系等要件事实的存在，但却无法证明其实际受到的损失为多少，即使按照侵权人因侵权行为的获利作为认定标准，但也经常会因侵权人缺乏完整的财产账册而无法进行审计评估，此时只能酌定一定损害赔偿数额。

不同处理的现象严重，针对相似问题常会存在支持与驳回原告损害赔偿主张的相反判决。①

第三，民事诉讼法未能就损害赔偿酌定列有规定，损害赔偿酌定的程序保障机制未建立。现有损害赔偿如何认定的规定主要在实体法领域，以及出现在个别类型诉讼的司法解释中②，民事诉讼法及其司法解释并未对此进行规范③。但是，损害赔偿酌定作为在诉讼中整合当事人事实证明与法官自由裁量为一体的证明责任减轻行为，必然带有程序上的属性。由于缺乏程序法上的规制而导致的司法乱象，例如，自由裁量空间过大可能导致同案不同判现象④、损害赔偿酌定的不恰当使用可能会对司法裁判的确定性造成冲击⑤、缺乏相应的程序设置使得适用损害数额认定制度失之于随意⑥等，已经引起学界关注。

---

① 如在（2018）最高法民再 415 号案件中，一审、二审及再审法院基于相同的事实对同一问题（损害事实及损失数额的确定）即存在不同观点。一审法院认为，一般侵权事实的成立须由原告方举证证明，并且要进一步证明所受损害的具体数额。韩某某提供的所有证据均不能证实因某石油分公司油井泄漏造成其实际损失的存在及具体数额。判决驳回韩某某的诉讼请求。二审法院认为，被告某石油分公司对此损失数额并不认可，认为韩某某提交的购买鱼苗收据虚假，但未提供证据予以证明。判决支持韩某某的诉讼请求。再审法院针对同样的证据及查明的事实，判决支持了部分诉讼请求。
② 如上分析，程序法性质的司法解释中规定损害赔偿酌定的仅有行政诉讼法司法解释、公益诉讼司法解释。
③ 有文章提出于 2015 年 2 月施行的《民事诉讼法解释》第 198 条首次对损害赔偿数额确定问题进行了规定，认为"这是我国首次也是唯一在诉讼法上确立的关于损害赔偿数额确定的规范"。参见谷佳杰：《民事诉讼损害赔偿数额确定研究》，西南政法大学 2015 年博士学位论文，第 130 页。但笔者认为，该规定并不能视为损害赔偿酌定制度，两者有根本区别。损害赔偿酌定是法官根据证据调查及辩论全部情况依自由心证对损害事实与损害数额的自由裁量，其系当事人证明行为与法官裁量行为的结合。而第 198 条只是针对原告无法确定起诉标的物的价值而由其预估而确定，同时由法官告知其预估价值存在一定的诉讼风险。当然上述论文同时也指出了第 198 条的规范效果并非定位于损害赔偿数额的确定。
④ 参见吴汉东：《知识产权损害赔偿的市场价值基础与司法裁判规则》，载《中外法学》2016 年第 6 期，第 1483 页。
⑤ 参见刘乃贵：《使用损失的界定及其侵权损害赔偿》，载《法学》2019 年第 4 期，第 66 页。
⑥ 参见毋爱斌：《损害额认定制度研究》，载《清华法学》2012 年第 2 期，第 124 页。

第四节　我国损害赔偿酌定的制度完善

一、损害赔偿酌定的适用对象

损害赔偿酌定系针对损害事实与损害数额而为，其适用的对象应为损害赔偿请求权。无论是违反合同约定的合同之诉，还是侵权责任领域的侵权之诉，以及法律明确规定应予承担责任的诉讼，只要将其转化为损害赔偿诉讼请求的，均可适用损害赔偿酌定制度。在德国法领域，损害额酌定乃适用在损害赔偿请求权主张的情形，其可包含因法律规定或因契约而生之损害赔偿请求权。[①] 而就产生损害赔偿请求的具体责任原因及责任成立的因果关系，仍应由主张权利存在者负证明责任，并适用非常高的盖然性与完全的证明；对于责任满足的因果关系，即依《德国民事诉讼法》第286条已证明的责任原因是否导致财产上损失或者非财产损害，以及损害数额多少，一般认为可适用《德国民事诉讼法》第287条。

但是，不当得利之诉不宜适用损害赔偿酌定制度。不当得利[②]之诉，存在于取得不当利益的人与受有损失的人之间，该两者之间的法律关系（债权债务）在不当得利发生的同时即产生。不当得利请求权人提起不当得利之诉[③]，是

[①] Vgl. MünchKomm/Prütting, §287 Rn. 1.（参见穆科姆、普维庭，第287条页边码1。）
[②] 我国《民法典》第122条规定："因他人没有法律根据，取得不当利益，受损失的人有权请求其返还不当利益。"这也是我们通常所认识的不当得利的定义。
[③] 不当得利的构成要件有四个方面：一方受有利益；致他人受损害；无法律原因，受利益致他人受损害欠缺法律上原因；一方取得利益与他方受到损失之间有因果关系。参见王泽鉴：《民法学说与判例研究（重排合订本）》，北京大学出版社2015年版，第883-884页。

建立在其受有损失且对方取得利益的基础上，而通常在提起诉讼之时，对方取得的利益即可确定。如原告因个人操作失误将款项汇入他人账户，则其要求返还的金额在起诉时即可确定。另外，违约金之诉，通常发生于合同（契约）法律关系之中，守约一方当事人提起违约之诉，违约金则是合同在缔结之时即予以明确约定的，包括其金额与计算方法。[1]可见违约金的确定通常已无损害赔偿酌定的适用空间。当然，在一方当事人主张的违约金过高时，另一方当事人对此提出异议并主张调减，此时还是存在法官根据实际情况酌定的空间。

二、损害赔偿酌定的适用要件

（一）酌定的范围应包括损害事实与损害数额

损害赔偿请求权的要件事实为损害行为、因果关系及损害。[2]其中，损害包括损害事实与损害数额两个方面。对于损害数额不能证明或者证明显有重大困难的，可由法官根据证据调查及辩论全部情况依自由裁量予以酌定，已为国外及地区立法所普遍规定。我国实体立法及其司法解释作了相应规定，实务上对于损害赔偿数额的酌定也进行了有益探索，对此已无争议。我国民事诉讼立法可将其吸收。

而是否要将损害事实存在作为损害赔偿酌定的前提条件，经考察各国及地区立法例，是存在不同规定的。日本及我国台湾地区规定，对损害事实应适用传统自由心证规则，由权利主张一方当事人对其负证明责任，其证明行为无法达到通常证明标准（一般为高度盖然性）的，则认定损害不存在。而德国则将损害事实与损害数额的确定一并交由法官，根据案件全部情况，经过自由心证判断。一如前述，将损害事实与损害数额进行区分仅为理论预设，现实中常互为一体。"组织说"将损害分为损害事实的发生与否与损害数额的

---

[1] 如我国原《合同法》第114条及《民法典》第585条关于违约金条款的规定，即明确了当事人可以向对方主张合同约定的具体违约金数额，也可主张依据约定的计算方法得出违约金数额。
[2] 不论是侵权之诉，还是违约之诉，损害赔偿请求得以成立的要件均包括损害后果、损害行为及因果关系。

确认两个阶段，并不能有效解决实际上的区分难问题。因为，在实际诉讼中计算具体的损害数额时，是否区分损害事实与损害数额并无根本性差异。[①] 损害事实与损害数额其本质上为自然损害概念下的客观事实，通常只能通过自然科学的方法去发现，只是在不能证明或者证明显有重大困难时，将会涉及诉讼中的法律评价问题，此为司法的"不得拒绝裁判"的属性所致。损害数额内嵌于损害之中，对两者的证明具有同一性，对损害事实进行证明的同时通常也将实现对损害数额的证明。

本书主张，当事人对损害事实与损害数额不能证明或者证明显有重大困难时，应赋予法官根据证据调查及辩论全部情况，依自由心证进行酌定的权利。对于有论者曾提出的担心，若将损害赔偿酌定扩大至损害事实易对现有证明规则带来冲击与导致实践的混乱。[②] 这种担心有一定道理，但其实也可不必如此：一方面，损害事实的存在并不意味着权利主张一方当事人可以不用承担证明责任，只是对其提出证据责任进行减轻；另一方面，对可能出现的法官恣意裁量行为，可以通过相应的程序保障机制予以规制。

（二）存在不能证明或者证明显有重大困难的证明困境

损害事实与损害数额不能证明或者证明有重大困难，是指根据争议事实的性质[③]，使得对该事实进行证明客观上不可能，或者即使可以证明，但权利人基于其客观原因难以接近证据、无法提供证据致使证明成本较高，与裁判结果相比不符合比例原则。

1. 不能证明

所谓不能证明，乃是指从客观上可以判断对损害事实与损害数额进行证明无法进行。如火灾事故致使古画灭失，即使能够证明古画的存在，因其已经灭失且系唯一，权利人是难以证明其价值的；人身损害赔偿责任纠纷或者

[①] 参见段文波：《事实证明抑或法官裁量：民事损害赔偿数额认定的德日经验》，载《法学家》2012年第6期，第169页。
[②] 参见毋爱斌：《损害额认定制度研究》，载《清华法学》2012年第2期，第124页。
[③] 损害的性质难以证明，一般指损害需要以高度的自然科学、社会科学知识予以证明。

名誉权纠纷中，被侵害一方主张的精神损害赔偿也是客观上不能证明，是否存在精神损害事实与如何用金钱衡量损害事实两者既相互融合又无法证明。所以，"不能证明"是其自身性质所客观决定的，较少受主观判断所影响。

2. 证明显有重大困难

所谓证明显有重大困难，则是指对于损害事实与损害数额进行证明难度极大，即使可以证明，所耗费证明成本与裁判可能支持的损害赔偿数额不成比例，无法实现司法资源利用的最大化。与不能证明不同的是，证明显有重大困难之于当事人而言，并非完全不能证明，而是尚可证明或者提供一定的证据材料。所以，证明显有重大困难之判断，带有一定的主观因素。

我们可从主观与客观两方面判断证明是否显有重大困难。从主观上看，须有当事人为证明的行为，即当事人应就损害事实与损害数额为主张并提出初步的证据加以证明。与此同时，当事人还应证明再进一步举证面临重大困难，也就是"显有重大困难"本身亦为证明对象。从客观上看，根据案情除受损害之人之外的其他主体参与证明也存在重大困难，或者证明成本过高。[①]具体来说，有以下几种情形：(1)证明成本与裁判利益不符合比例原则。当事人提出证据证明其所主张的损害赔偿数额，所要花费的成本支出过大；在当事人尽其证明行为而无法证明时，法院依职权进行调查的成本支出亦过高[②]；以上证明所要耗费的总支出可能与证明成功后法院裁判支持的金额相当甚至超出，不符合诉讼经济原则。(2)缺乏市场性，难以对其市场价值进行准确掌握和评估。(3)涉及主体众多，难以分别评价。(4)幼儿死亡而产生的逸失利益损失（可得利益损失）。由于推认的资料大多为假定，故即使利用统计学的方法也时常难以形成心证，此时只能由法官进行酌定。若基于具有利用可能性的证据方法来进行事实认定可以说存在极大的困难，属于损害额举证

---

① 参见王磊：《论损害额酌定制度》，载《法学杂志》2017年第6期，第115页。
② 如不足2000元的小额诉讼，原告无法证明其损失的具体金额，法官可以依职权启动司法鉴定程序予以鉴定评估，但鉴定费用高达2万元。此时，由法官根据案件审理查明情况酌定一个损失数额无疑是相对恰当的。

极其困难的情形。[1]

（三）当事人仍须履行具体化陈述与证据初步提出义务

损害赔偿酌定制度在立法及实践上需要重点把握的是，如何建构当事人的证明权责与法院裁判权能的合理划分，以及当事人的证明活动与防止法院恣意认定的动态平衡。

损害赔偿酌定的法律性质是证明责任减轻，其没有改变客观证明责任的分配，只是证明责任分配一般规则的例外规则。减轻当事人的证明负担，并不意味着当事人不再负担证明责任。在损害客观存在的情况下，只因当事人非因个人过错与重大过失致使不能证明而驳回，显然是违反社会公众之期待与当事人之合理预期的，因此才须进行损害赔偿酌定。通过适度扩张法官的职权作用，由法官根据证据调查及辩论全部情况酌定，以减轻当事人的证明负担，具体表现为减轻当事人的主张责任与提出证据责任（主观证明责任）。所以，在损害赔偿数额确定时，并不要求请求权人（原告）就其主张（所受损害）进行完整而无遗漏的陈述，其仅需就其所主张的基础事实及存在的证据资料提出即可，这是损害赔偿酌定的证明责任减轻性质的应有之义。

因此，损害赔偿酌定不会免除当事人的具体化陈述义务和提出证据责任，负证明责任的一方当事人，仍应提出初步的证据资料和相对具体化其主张内容，只是其主张之具体化责任应视情形予以缓和和宽泛些而已。若其未尽到初步的证据提出责任和陈述具体化义务，权利主张明显为空洞无具体内容、意图射幸撞运气，致使法院进行最低限度损害数额的判断都缺乏心证基础，则应回归证明责任分配一般规则判决驳回其诉讼请求。当然，在当事人提出毫无根据和意图射幸的主张时，法院应先行使释明权，要求具体化其陈述和提供初步证据。进一步地说，就是在具体损害赔偿之诉中，请求权人仍应尽可能提出相对具体化的事实主张，而不能是没有具体内容的纯粹抽象性主张，

---

[1] 参见［日］伊藤真：《民事诉讼法》（第4版补订版），曹云吉译，北京大学出版社2019年版，第250页。

如果其没有提出任何关于损害的根据，且在法院对其行使释明权后依然不提出该项事实的最低限度证据，那么其相应主张不应得到法院的支持。[①]

日本学者也认为，在判断是否需进行损害赔偿酌定时，法院不应过度介入私法，打破诉讼平衡和侵害另一当事人的平等权益，易造成新的不正义。法院也许会受到迅速处理案件的诱惑，但不应该动辄引用《日本民事诉讼法》第248条。[②]法官在依自由心证酌定时，应当要求权利主张一方已尽最大可能举证（穷尽举证方法与手段）。当事人除了应穷尽其证明行为以外，还应当对当前损害事实与损害数额处于不能证明或者证明显有重大困难这一事实，加以说明与解释，如测算其继续收集和提出证据需要耗费的支出。不过，对于证据偏在于一方的现代型诉讼，基于武器对等原则，应当适度地允许受损害人进行摸索式的证明行为，即减轻其具体化义务和证据提出责任。作为一种证明责任减轻制度，在损害赔偿酌定中对主观证明责任的运用，主要体现为在当事人尽到初步证明后遇到证明困难，法官应其申请启动的证据调查程序，获取与损害事实与损害数额相关的证据资料，以实现减轻其证明负担的目的。

三、损害赔偿酌定的适用方法

（一）应在证据调查及考虑全部辩论意旨的基础上进行酌定

如日本学者松冈义正所言："心证之基础，固许自由，而形成心证之基础，则不许自由也。故就斟酌证据调查之结果言之，其前提条件，须于调查时为合法，而其结果，须为言词辩论之目的物。"[③]法官依自由心证进行酌定，并非凭空自由裁量，仍应在证据调查的全部结果及辩论的全部情况基础上综合全案情形进行酌定。损害赔偿酌定属于证明责任减轻范畴，只是通过酌定

[①] 参见谷佳杰：《民事诉讼损害赔偿数额确定制度研究》，西南政法大学2015年博士学位论文，第121页。
[②] 参见[日]高桥宏志：《重点讲义民事诉讼法》，张卫平、许可译，法律出版社2007年版，第54-55页。
[③] [日]松冈义正：《民事证据论（上、下册）》，张知本译、洪冬英勘校，中国政法大学出版社2004年版，第65页。

的方式减轻了当事人的主观证明责任，但其所负的客观证明责任依然不变，也更不是免除了当事人的证明责任。当事人仍应主动收集证据，便于法官掌握更加全面的证据资料，以最大限度发现案件真相，有着非常积极的意义。损害赔偿酌定建立在证据调查的全部结果之上，是指包括当事人的证明行为与法官的职权调查行为两个方面。损害赔偿酌定所审酌的证据调查情况，应以当事人的证明行为为主，只是在当事人已尽到其证明义务仍然无法证明或者证明显有重大困难的情况下，法官方可依证据调查情况及法庭辩论之全部情况进行自由裁量。或者，法官为平衡双方当事人证明能力，追求事实真相，依职权调查。但是，损害赔偿酌定并非排斥或者限制辩论主义，法院的职权调查行为应受到最大限度的限制，而不得轻易启动，以免打破当事人间的实质平衡。

（二）须在辩论主义羁束下展开损害赔偿酌定

损害赔偿酌定是辩论主义羁束下的裁量。此种羁束性裁量，主要是指法官依职权调查的权限与程度应受到严格限制与约束，并没有排斥辩论主义的基本原理。奥地利通说也认为，在数额的确定上，法官的裁量并非自由裁量，而系羁束性裁量，受拘束于法律所定的界限，无论是实体法上就责任或者损害赔偿范围等债权范围的规定，还是程序法上声明的拘束性及裁判基础资料的限定等规定。[①] 日本学者三木浩一指出，依自由心证酌定损害赔偿的法院裁量，不能认为是不受约束的随意裁量，而是应建立在权衡诸多因素（证据调查及辩论全趣旨、公平、经验等）的基础上所为的判断，并应受相当性及必要性的内在限制。[②] 损害赔偿酌定制度的规范意义就在于，平衡兼顾双方当事人在诉讼中的程序利益与实体利益，以免因当事人的举证能力不够及其他证

---

① 参见坂木惠三：《民事诉讼法 273 条规定研究》，载《民事诉讼法学的新展开》，东京成文堂 1996 年版，第 673-674 页。
② 参见三木浩一：《民事诉讼法 248 条の意义と機能》，载河野正宪、伊藤真、高桥宏志编：《民事纷争と手续理论の现在》，京都法律文化社 2008 年版，第 416 页。（参见三木浩一：《民事诉讼法 248 条的意义与功能》，载河野正宪、伊藤真、高桥宏志编：《民事纠纷与程序理论的现世》，京都法律文化社 2008 年版，第 416 页。）

明困难而造成实体利益失衡。在综合证据调查及辩论全部情况后，法官仍然无法就当事人所主张的损害赔偿形成心证，此时无须再作进一步的证据调查，而是依自由心证进行自由裁量。

损害赔偿酌定中法院的自由裁量权系受羁束的自由裁量，当然，这种羁束不能完全排除法院的职权调查。损害赔偿酌定制度的最终目的是追求公平。以追求公平为目标，若依职权调查所耗费的时间、金钱及人力资源成本并不过高，不严重违背诉讼经济原则，则应赋予法官决定是否启动职权调查之权限。基于以上考虑，德国及奥地利民事诉讼法均就证据调查与否，规定法官有自由裁量权。[1]

（三）须坚持最低正义并允许就高例外

我们追求一种正义的同时，不能导致更大的不正义。正如罗尔斯所强调的，"使我们忍受一种不正义只能是在需要用它来避免另一种更大的不正义的情况下才有可能"[2]。同样，损害赔偿酌定所保障的个案正义也只能是最低正义。否则，将会动摇辩论主义与处分原则根基，而引发新的不正义（如当事人恶意主张原本并不存在的损害事实）。从实践的角度来看[3]，在进行损害赔偿

---

[1]《德国民事诉讼法》第 287 条第 1 款第 2-3 句规定："是否依申请而调查证据、是否依职权进行鉴定以及调查和鉴定进行到何程度，都由法院酌情决定。法院就损害和利益可以讯问举证人；此时准用第 452 条第 1 款第 1 句、第 2 款至第 4 款的规定。"《奥地利民事诉讼法》第 273 条第 1 项规定："法院就证据调查有裁量权。"

[2] [美] 约翰·罗尔斯：《正义论》，何怀宏、何包钢、廖申白译，中国社会科学出版社 1988 年版，第 4 页。

[3] 如一件损害公司利益责任纠纷案中，A 公司提出诉讼请求：（1）要求被告孙某某赔偿损失 30 万元；（2）被告李某某及 B 公司等人对孙某某的赔偿责任承担连带责任；（3）各被告承担本案的全部诉讼费用。事实与理由为，孙某某在原告 A 公司任职总经理期间，与李某某等人另行开设 B 公司，两公司营业范围基本相同。在诉讼中，原告 A 公司申请对被告 B 公司的营业收入进行审计，法院要求被告 B 公司提供其成立以来的财务报表进行审计，各被告仅提供了部分期间的财务账册，并主张其余期间无营业收入，未制作账册。后经委托司法审计，后原告因认为审计费过高未交费用致使司法审计无法进行。法院经审理认为，原告 A 公司诉称基本属实，但对 A 公司因此而造成的损失无法认定。原告 A 公司诉称的事实基本可以认定，被告孙某某应当承担赔偿损失的责任，其他各被告应承担连带赔偿责任。尽管原告因审计费用过高而使得鉴定程序终止，但是在可以认定孙某某存在违反竞业禁止行为及其他各被告有共同侵权行为的情况下，A 公司因此而受到损失是可以预见的，若不对已经查明的侵权行为进行制裁，以及对受害人进行合理补偿，将不足以维护商事秩序和法律的严肃性，遂基于公平原则，酌情确定被告孙某某赔偿原告 A 公司损失 8000 元，其他被告承担连带赔偿责任。参见江苏省苏州市相城区人民法院（2016）苏 0507 民初 5286 号民事判决书。

酌定时，可以权利人一方支付的诉讼成本作为底线，包括诉讼费用（诉讼费、保全费）、适度的律师代理费用、交通费及其他因参加诉讼而产生的必要支出。设置这一底线的原因，是考虑到使主张权利一方在诉讼中已经证明对方当事人存在侵权行为及因果关系或者存在违约行为的情况下，不至于因诉讼而额外支出其他费用，以保障当事人接近司法的机会与意愿。

例外是，当事人对损害（损害事实与损害数额）不能证明，部分系因其证明能力有限及证明成本过高而致，也有部分系因证据偏在于相对方而造成。此种情况下，仅坚持最低正义标准仍无法有效实现个案上的公平正义，应允许例外地适用就高原则。如在环境污染损害赔偿责任纠纷案件中，原告主张其所经营的鱼塘因被告公司排放的污水而产生巨额损失，但其无法证明其鱼塘中饲养的具体鱼尾数（如鱼体积过小且数量巨大，无法一一核实，也难以评估鉴定）。原告只能提供其于前两年前后时间段的养鱼情况，被告提出此只是其养鱼的最高纪录并不能代表平均值甚至是最低情况。面对如此现状，法官可采就高原则按两年前同时段的标准进行酌定。[①]

需要把握的是，能够通过司法鉴定确定的，应予以优先选择。司法鉴定因其专业性与中立性，应当为法官在进行损害赔偿酌定时优先采用的酌定方法。不论是直接损失还是间接损失，不论是积极损害还是消极损害，通过启动司法鉴定程序，委托更加专业的鉴定机构进行鉴定评估，将有助于确定相应的损害数额。[②] 在司法实践中，当事人通常会主动申请司法鉴定，或者在法院释明下申请司法鉴定。[③] 但是，也有受害人因为文化程度不高、法律素养不

[①] 类似的案例，参见江西省上饶市中级人民法院（2019）赣11民终258号民事判决书。在该案中，法院通过提高原告所提交证据的证明力（如对当事人申请的具有专门知识的人的意见的证据能力予以采信并作为证明的直接证据）及综合全案其他情况，首先就高确定原告所受之鱼苗损失，然后酌情予以扣减，从而确定了本案当事人的损失（其系以专家意见给出的经济效益为基数，按30%确定其实际损失）。

[②] 如在人身损害赔偿纠纷案件中，受害人因加害行为而受到身体上的伤害，是否构成伤残、伤残等级以及相应的营养费、护理费等费用，若双方当事人对此发生争议，原告作为受害一方仅凭其举证能力显然是有重大困难的。此时，法官应向原告释明其可申请司法鉴定，以确定相应的伤残等级、营养费的天数、标准及护理天数。

[③] 参见上海市宝山区人民法院（2017）沪0113民初22406号民事判决书；上海市金山区人民法院（2019）沪0116民初6013号民事判决书。

够等原因，其认为只要提起了诉讼，案件事实查明及如何裁判便全是法院的责任了，而不愿意申请司法鉴定或者在法官释明下也不申请司法鉴定。此时，面对无法查明的损害事实与损害数额，法官应当依职权启动司法鉴定程序，应尽量避免由法官依日常生活经验酌定，以免引起当事人对酌定结果的非议。① 在财产损害赔偿纠纷案件中，特别是如因火灾而引起的损害赔偿案件、财产保险合同纠纷案件中，司法鉴定与评估运用得更加广泛。② 在该类案件中争议最大的是，司法鉴定的对象与范围的确定问题，即哪些财产损失应当被确定为鉴定评估的对象，争议自然是受害人提供的鉴定对象多，而侵权人或者保险公司认为纳入的鉴定对象少。对于如何确定鉴定对象（损害事实），应由法官依照证据规则及日常生活经验酌情认定。③ 但是，鉴定优先原则并不代表鉴定具有排他性地位。在司法实践中，在鉴定与法官直接根据全案证据及辩论情况结合日常生活经验酌定两者之间如何选择，是否符合诉讼经济原则及成本费用支出比例原则，应为重点考量之要素。④

不过，司法鉴定只能解决部分诉讼案件中的损害赔偿酌定问题，但并不

---

① 当前，在人身损害赔偿纠纷案件中，通过鉴定确定受害人的损害数额已经非常普遍。有的是，在交警部门认定事故责任时由交警部门委托相应机构进行鉴定，有的则是在诉讼中启动司法鉴定。在上述上海市金山区人民法院（2019）沪 0116 民初 6013 号案件中，当事人对诉前的鉴定意见提出不同意见，在诉讼中又重新提起司法鉴定，法院予以准许并将诉讼中的司法鉴定意见作为认定损害数额的主要依据。

② 火灾事故致使受害人的财产灭失，包括灭失的财产本身及其购买凭证（日常生活中，除了一些大件商品之外，也并不能要求人们保存所有商品的购买凭证），受害人在提起损害赔偿之诉时，除了房屋本身受损是直观可见之外，对于其他财产损失当事人自是难以有效证明其受到的损害事实及具体的损失数额。在诉讼中，法院只能根据当事人提供的证据资料，如受害人与案外人签订的买卖合同（进货合同及销售合同）、进库单、半成品明细，以及保险合同载明的保险金额、投保时注明的保险对象等，提交鉴定机构进行评估。

③ 在贺兰某橡胶公司与某财产保险公司宁夏分公司财产保险合同纠纷一案中，原告贺兰橡胶公司起诉要求保险公司依照保险合同支付保险赔偿金及利息损失、评估费、诉讼费等。在诉讼前，双方当事人各自委托了公估机构出具了公估报告，双方均对对方的公估报告不予认可。双方争议的焦点是火灾事故造成的损失范围确定问题，也即保险赔偿金如何认定问题。终审法院认为，财产保险损失赔偿的原则为投保范围内的实际损失，本案中即为贺兰某橡胶公司投保轮胎遭受火灾造成的实际损失。双方当事人各自提交的公估报告均系单方委托作出，差距较大，故需结合全案证据进行综合评判。后终审法院结合双方提交的公估报告及原告橡胶公司举证情况对其损失进行酌定。参见最高人民法院（2016）最高法民终 1194 号民事判决书。

④ 如在小额诉讼案件中，当事人主张的损失赔偿仅几百元或者数千元，但是司法鉴定费用却高达万元以上或者大大超出了当事人的诉讼主张金额，强行启动鉴定显然不符合比例原则。在实务中，因鉴定费用过高，当事人在申请司法鉴定后又放弃的情况也时常发生。参见上海市虹口区人民法院（2018）沪 0109 民初 17721 号民事判决书。在该案中，被告即以鉴定费用过高为由而放弃申请。

能解决全部不能证明或者证明显有困难的损害赔偿数额认定问题，更无法解决损害事实存在的证明问题。于此情况下，我们应当坚持最低正义原则并例外地允许就高原则。

四、损害赔偿酌定的程序保障

损害赔偿酌定通过减轻当事人的证明负担，衡平当事人之间的利益关系，以实现个案上的公平正义。损害赔偿酌定以法官自由心证为其基础，难免法官恣意可能。此种情况下，应为法官设定心证随时公开义务，抑制法官恣意，防止裁判突袭，维护法的安定性与可预测性。

现代自由心证制度，强调法官必须公开自己对事实的判断并表明自己的法律见解，即心证公开，以保证当事人进行利益衡量，获取值得当事人信赖的判断结果，彻底防范突袭性裁判的产生。[1] 心证的公开包括诉讼过程中与判决作出后的持续公开。2015 年 2 月施行的《民事诉讼法解释》第 105 条及《民事证据规定》（2019 年修正）第 85 条第 2 款对自由心证及其公开进行了规定，其为裁判文书的事后公开，并未涉及诉讼中的心证公开。[2] 既有的心证公开法理，对于心证公开的要求是零散的、不连贯的，也是不完整的，且其主要的要求体现在裁判文书对事实认定的过程及理由的公开上。此种事后公开，不具有适时预防事实认定错误的功能，事实的认定过程和认定结果仍然摆脱不了法官独白的性质。[3] 为避免这种独白式的裁判，增强当事人对司法裁判的认可度，法官应在事实认定的过程中适时地公开其认定的意见及理由，同时给予当事人对法官事实认定的意见及理由提出质疑、进行论辩的机会，此即法官心证适时公开义务。

具体而言，在当事人就损害事实与损害数额仅为主张而未提出证据证明，对方当事人对此存有争议的，法官应向受损一方当事人释明其应先提出初步

---

[1] 参见李祖军:《自由心证与法官依法独立判断》，载《现代法学》2004 年第 5 期，第 106 页。
[2]《民事证据规定》在 2019 年修改时，将原规定的第 64 条整体作为第 85 条第 2 款。
[3] 参见段厚省:《论诉审商谈主义的民事诉讼构造观——兼及对民事诉讼法修订与完善的建议》，载《中国人民大学学报》2012 年第 4 期，第 26-27 页。

证据证明，允许其就损害不能证明或者证明显有重大困难的缘由进行说明。在损害确不能证明或者证明显有重大困难时，就当事人对于损害及损害数额的证明是否达到了法官的心证度，或者未达到法官的心证但到了何种程度，法官应将其所形成的初步判断，及时向当事人开示，并由当事人就此发表意见。法官在诉讼中适时公开认证意见，给予当事人充分发表意见的机会，并同时使得当事人可以进一步补充证据证明案件事实。在损害不能证明或者证明显有重大困难时，法官公开其酌定的方法及理由，给予当事人论辩的机会。通过程序参与者充分表达其意见，并在因充分表达意见而获得的最为充分的信息基础上进行论辩，以论辩消除冲突，至少是消除法官裁判的误会，通过公正的程序实现结果的公正。[①] 最后，对于损害的酌定及其依据、理由为何，应在判决书中予以公开，以使得当事人充分了解法官的心证过程及理由，以在上诉审中针对一审裁判论辩作充分的准备。心证适时公开主义，使法官的心证能够随时呈现于当事人面前并接受当事人的质疑和论辩要求，从而确保法官的最终心证是诉审各方充分论辩的结果，可以最大限度地抑制法官的恣意擅断。

---

① 参见段厚省：《诉审商谈主义论纲——一种基于法律商谈理论的诉讼构造观》，载《上海交通大学学报（哲学社会科学版）》2011年第5期，第22页。

结　语

损害赔偿诉讼，因损害固有的不确定性，使得请求权人不能证明或者证明显有重大困难，是经常发生的样态。若单纯以证明责任分配一般规则判决由权利主张一方当事人负不利后果，有违社会公众的一般观念。损害赔偿酌定制度可在一定程度上起到减轻当事人证明责任的效果，衡平当事人的实体利益与程序利益，实现诉讼经济与个案公正。当前我国实体法就损害赔偿酌定问题已有涉及，但诉讼法对该问题的规定长期缺位，致使司法实务中裁判尺度不一，当事人的程序利益也无法得到有效保障。为解决损害赔偿诉讼中的证明难题，我国应在民事诉讼法上构建统一的损害赔偿酌定制度。

第四章 证明责任减轻的典型方法之三：证明标准降低

引 言

证明责任与证明评价相互影响，媒介为证明标准。证明标准作为法院认定当事人证明成功与否的尺度，连接着证明责任与证明评价，是证明制度的核心内容之一。围绕着证明标准的界定，大陆法系与英美法系均有着深入的讨论和理论争鸣，并形成了根基于其法律文化与社会基础的不同的民事诉讼一般性证明标准——高度盖然性（内心确信）[①]和盖然性优势[②]。我国学界对于证明标准进行了深入研究，立法及实践也作了有益探索。就实体要件事实而

[①] 以德国、日本及法国等为代表的大陆法系国家民事诉讼证明标准存在不同的表述方式，但通说基本上认为是高度盖然性（Sehr wahrscheinlichkeit）。
[②] 英美法上的民事诉讼证明标准常见表述方式有，盖然性优势/盖然性占优势（Preponderance of probability）、或然性权衡（Balance of probabilities）、证据优势/证据占优（Preponderance of evidence）等，本书以盖然性优势为主要表述。

第四章　证明责任减轻的典型方法之三：证明标准降低

言,我国现行法（主要是司法解释）已建立以高度盖然性[①]为一般证明标准[②],排除合理怀疑[③]（证明标准提高）为补充的民事证明标准体系。但是,过高的证明标准无法保障全部诉讼领域的武器对等原则与实体公正问题,对于证据偏在型诉讼[④]及因待证事实本身性质造成证明困难的案件[⑤],当事人因距离证据较远、举证能力所限无法提出有效证据,若仍按一般性证明标准进行证明评价,通常会使得待证事实处于真伪不明状态,由负证明责任一方当事人（主要是权利人）承担不利后果,这样显然有失公正,也不能为当事人及社会公众所信服。《民事诉讼法解释》（2015年）仅在第108条第3款[⑥]明确"法律对于待证事实所应达到的证明标准另有规定的,从其规定",但未对证明标准降低进行规定。[⑦]

[①]《民事证据规定》（2001年）第73条第1款规定"人民法院应当结合案件情况,判断一方提供证据的证明力是否明显大于另一方提供证据的证明力,并对证明力较大的证据予以确认"。最高人民法院对此解读认为,该条正式确立了我国民事诉讼高度盖然性的证明标准。参见李国光主编：《关于民事诉讼证据的若干规定的理解与适用》,中国法制出版社2002年版,第462页。学界对此亦持认同观点。参见李浩：《证明标准新探》,载《中国法学》2002年第4期,第132页；何家弘、刘品新：《证据法学》,法律出版社2019年版,第366页。其实,第73条第1款只是从文义推断出确立了高度盖然性的证明标准,而对此作出明确规定的是《民事诉讼法解释》（2015年）。该解释第108条第1款规定"人民法院经审查并结合相关事实,确信待证事实的存在具有高度可能性的,应当认定该事实存在"。2022年3月22日,最高人民法院对《民事诉讼法解释》（2015年）进行修改,修改后的条文仍为第108条,内容没有变化。
[②]学界曾就民事诉讼中是否存在一般性诉讼证明标准有过争论。有学者认为,基于标准的客观化、具体化的要求,构建一种抽象的、又依赖于法官主观认识的证明标准,只能是一种"乌托邦"式的空想。参见张卫平：《证明标准建构的乌托邦》,载《法学研究》2003年第4期。但是,更多观点认为诉讼证明标准是客观存在的,构建我国民事诉讼证明标准体系具有十分重要的意义。参见何家弘：《司法证明标准与乌托邦——答刘金友兼与张卫平、王敏远商榷》,载《法学研究》2004年第6期；江伟主编、邵明副主编：《民事证据法》,中国人民大学出版社2011年版,第213页；裴苍龄：《论证明标准》,载《法学研究》2010年第3期；陆嫄池：《证明,当真没有标准吗？——也谈证明标准兼与张卫平老师商榷》,载《西南政法大学学报》2012年第10期。通说主张将高度盖然性作为我国民事诉讼的一般性证明标准。参见李浩：《民事诉讼证明标准的再思考》,载《法商研究》1999年第5期；霍海红：《提高民事诉讼证明标准的理论反思》,载《中国法学》2016年第2期。
[③]《民事诉讼法解释》（2015年）第109条首次将欺诈、胁迫、恶意串通事实及口头遗嘱或者赠与事实的证明标准规定为排除合理怀疑。《民事证据规定》（2019年修正）第86条作出与《民事诉讼法解释》（2015年）第109条同样的规定。
[④]主要是现代型诉讼（环境污染损害赔偿、产品质量损害赔偿等纠纷）及其他证据偏在的案件。
[⑤]如消极事实证明问题及银行卡被盗刷（涉及伪卡交易）、数字货币投资纠纷等特定类型案件,上述事实的证明困难均非可归责于当事人自身原因。
[⑥]《民事诉讼法解释》（2022年修正）也为第108条第3款。
[⑦]此处是指实体要件事实的证明标准降低问题,以下不再专门说明。《民事证据规定》（2019年修正）第86条第2款就诉讼保全、回避等程序性事实证明标准降低制度进行了规定。

从比较法上考察，德国、日本等大陆法系国家已经建立较为完善的证明标准降低制度。我国司法实务中法官基于个案实体公正的需要已在自发地通过降低证明标准的方式，减轻负证明责任一方当事人（权利人）的证明负担，使其相对容易地证明待证事实的存在，以维持当事人之间的利益平衡。然而，由于实体事实证明标准降低缺乏系统的制度规范，导致具体适用上的混乱与裁判尺度的不统一，遭到不同程度的批评。学界对于证明标准降低的认识也仍显模糊。[1] 鉴于此，我们有必要对证明标准降低制度进行系统研究。本章从对证明标准降低的法律性质的探知开始，对证明标准降低的地位与功能进行界定，考察并反思我国证明标准降低的实践，在此基础上尝试建构符合我国法律语境的证明标准降低制度。

---

[1] 尽管有个别文章关注到该问题，但学界对证明标准降低的研究仍是寥寥，也不够深入。

第四章　证明责任减轻的典型方法之三：证明标准降低

第一节　证明标准降低的法律性质与价值功能

一、证明标准的内涵特征

与证明标准相近的提法很多，不同的国家提法有所不同。德国学界多称为证明尺度、证明标准（Beweiskriterium）、证明额度或者证明强度，认为"其为一把尺子，衡量什么时候证明成功了；证明尺度也决定对某个具体内容的心证，它决定着法官必须凭什么才算得到了心证"[①]。日本学界则相对统一地称为证明度，认为其是指"可以作出事实认定的心证程度"，即法官判定事实所需的心证要达到的何种程度[②]；个别地称为证明点，指法官获得何种程度的心证，才可以对某事实抱以确信或者应当抱以确信，而被作为法官获得确信、事实获得证明之际的证明度标准予以使用时，自始是以这一点为前提的。[③] 英美国家称证明标准（Standard of proof），指在某一类案件或某一特定案件中要求负有证明责任的一方提供证据进行证明应达到的程度。[④] 也就是，在一个具体案件中证明所要求的程度或者水平。[⑤] 民事案件中的证明标准是对概率平衡的证明，这意味着承担证明责任（说服责任）的当事人应证明其所主张的案

[①] [德]普维庭：《现代证明责任问题》，吴越译，法律出版社2006年版，第88页。
[②] 参见[日]伊藤真：《民事诉讼法》（第4版补订版），曹云吉译，北京大学出版社2019年版，第234-235页。
[③] 参见[日]新堂幸司：《新民事诉讼法》，林剑锋译，法律出版社2008年版，第371-372页。
[④]《元照英美法词典》，薛波主编，北京大学出版社2017年重排版，第1283页。
[⑤] The standard of proof is that the degree or level of proof demanded in a specific case.（证明标准是指在特定案件中所要求的证明程度或水平。）See Bryan A. Garner, *Black's Law Dictionary (Tenth Edition)*, Thomson Reuters, 2014, p.1624.（参见布莱恩加纳：《布莱克法律词典》（第10版），汤森路透，2014年，第1624页。）

件事实存在的可能性更大。①

我国台湾地区学者多称证明度。总体上倾向于认为，证明度涉及当事人提出的证据方法及证据资料，须使法院产生坚强心证，能够在内心上确信当事人的事实主张为真实的程度。

我国大陆地区学者基本上称证明标准，也有少数将其与证明要求、证明任务关联使用。有观点认为，证明标准，又称证明要求，是证明主体运用证据证明待证事实时需达到的标准或者尺度②；也有将其定义为，法律关于当事人证明其事实主张所须达到的程度方面的要求③。不过，将证明标准与证明要求，甚至是证明任务等共同使用，未能突出证明标准本身"标准"或者"尺度""尺子"的本质内涵。现在学界多将证明标准定义为，一种外在尺度，该尺度用来度量法官在诉讼中认定案件事实所要达到的证明程度，也就是用来度量证明程度的外在尺度④；或者为，用来衡量证明结果的尺度，使法官可以依据该尺度判断待证事实是否证明成功抑或是真伪不明⑤。应当说，将证明标准与评价尺度相联系，找准了证明标准的本质所在。笔者认为，证明标准是指在诉讼中用来衡量法官经证明评价后认定案件事实为真或者达到内心确信的一种尺度。证明标准与证明评价、证明责任相互影响。

要准确把握证明标准的内涵，我们还要对其突出特征加以了解。其一，主观性。诉讼中的证明活动系对历史事实的认知过程，基于证据资料与庭审陈述，对于过去知识能够还原到何种程度，系经由法官对证明活动中证据证明力的判断和证明标准的把握。证明标准是法官进行证明评价时内心所把握的一种标尺，而这种评价行为及结果形成过程都存在于法官内心，无疑具有很强的主观性。即使法律或者外界赋予其一定之标准，不论是以一般社会公众的通常认知，还是以理性第三人的认知，其都离不开人这一判断主体的存

---

① Mike Redmayne, Standards of Proof in Civil Litigation, 62 The Modern Law Review, 167 (1999).（迈克·雷德梅恩：《民事诉讼中的证明标准》，载《现代法律评论》，第62卷，1999年，第167页。）
② 参见江伟主编、邵明副主编：《民事证据法学》，中国人民大学出版社2011年版，第200页。
③ 参见卞建林、谭世贵：《证据法学》（第3版），中国政法大学出版社2014年版，第469页。
④ 参见张卫平：《证明标准建构的乌托邦》，载《法学研究》2003年第4期，第62页。
⑤ 李浩：《证明标准新探》，载《中国法学》2002年第4期，第132页。

第四章　证明责任减轻的典型方法之三：证明标准降低

在，自然也都无法避免主观性因素的存在。其二，客观性。证明标准是与诉讼活动同时产生的，"历代证据制度都有自己的证明标准，不管法律上是否作出了明确规定，但在具体的证明活动中都是有标准的"[1]。从盛行于奴隶制国家依靠神的示意作为证据以判明被告人是否有罪及罪刑轻重的神示证据制度，到中世纪后期欧洲各封建集权制国家实行的法定证据制度，均有一套供裁判者及世人评判的诉讼证明标准。[2] 自由心证主义，已为罗马法及近世各国民诉法所采用。[3] 而自由心证并非可恣意而为，仍有相应之标尺。正如日本著名民事诉讼法学家松冈义正所言，法官仍应斟酌辩论全趣旨及证据调查结果，并遵循一定标准（学识经验，及理论并实验之法则）而对待证事实之真实进行确定。[4] 所以，不论是从什么角度来判断，抽象意义抑或是具体意义，证明标准都是客观存在的，与诉讼证明制度相伴而生。其三，底线性。证明标准是法官认定待证事实为真的心证度已经达到了其内心所持的最低限度，其系最低限度的心证要求。若达到该最低限度，法官将认定待证事实为真；若低于该最低限度，法官将认定待证事实为伪。在法律没有明确规定的情况下，原则上法官不得直接降低证明标准，而将未达证明标准的证明行为认定其证明成功。也即，法官不得在内心尚未形成确信的情况下，认定待证事实为真，否则证明标准将形同虚设，恣意裁判得不到有效约束，不利于法的安定性与可预测性。当然，若出现当事人双方之间举证能力悬殊，权利主张一方距离证据较远或者提出证据极为困难，法官基于武器对等原则而降低认定待证事实为真的证明标准，以实现个案上的公平正义，应予以准许。但是，该种证明标准降低仍然是要让法官在内心已经形成待证事实可能为真的确信。

---

[1] 裴苍龄：《论证明标准》，载《法学研究》2010 年第 3 期，第 73 页。
[2] 参见陈卫东、谢佑平：《证据法学》（第 2 版），复旦大学出版社 2016 年版，第 213 页。
[3] 参见[日]松冈义正口述，熊元襄编：《民事诉讼法》，李凤鸣点校，上海人民出版社 2013 年版，第 171 页。
[4] [日]松冈义正：《民事证据论（上、下册）》，张知本译，中国政法大学出版社 2004 年版，第 63 页。

二、证明标准降低的法律性质

在对证明标准降低的法律性质进行准确分析之前,应当先梳理证明标准与证明责任之间的关系。遵循这一路径,本书尝试对证明标准降低的法律性质进行定义。

(一)证明标准与证明责任

证明评价结束,而法官对待证事实的真实与否无法形成心证,则证明责任的规范功能便开始显现。"自由证明评价和证明责任统治着两个领域,虽然这两个领域有着密切的联系,但它们之间的界限还是非常分明的。"① 证明标准与证明责任者之间,在语义表述及理论内涵上区分严格,却又相互影响。

首先,证明标准的高低决定客观证明责任的适用机会。在这里重提一下证明责任的两层含义,即当事人负有的提出证据证明其主张的责任与证明活动结束时案件事实真伪不明下的后果负担问题。证明标准是法官开展证明评价的标尺。证明评价是法官对当事人的证明行为进行评价以判断是否达到证明标准的活动。客观证明责任是法官用尽所有法律许可的手段仍然不能对待证事实成立与否形成心证的条件下,而对不利后果进行分配的方法论问题。客观证明责任判决出现的概率大小直接取决于法官形成心证的难易程度。"简言之,对证明尺度的要求越低,法官按照证明责任规则判案的数量就越少;反之亦然。"②

其次,证明标准的高低决定主观证明责任的转移与否。从理论上看,证明责任分配与证明标准之间并无直接联系。证明标准只是当事人进行证明活动和法官进行证明评价的一个视角,在证明失败时才会出现客观证明责任。但是,他们可以通过主观证明责任的履行这一桥梁取得间接的联系。负证明责任一方当事人就其事实主张提出证据证明,若法官认定其对于本证的证明

---

① [德]莱奥·罗森贝克:《证明责任论》(第5版),庄敬华译,中国法制出版社2018年版,第77页。
② [德]普维庭:《现代证明责任问题》,吴越译,法律出版社2006年版,第96页。

已达到证明标准或者使得法官形成内心确信，此时相对方当事人为避免败诉的不利后果，须提供有力反证以动摇法官已经形成的心证，即主观证明责任发生了转移。若证明标准过高，主张有利事实一方当事人的证明难度加大，对于本证的证明即难以让法官形成心证，则对方当事人并无反驳及提出证据证明其反驳的必要。

（二）证明标准降低在性质上应界定为证明责任减轻

证明标准是法官经证明评价后认为待证事实为真的最低心证限度。证明标准降低，即是指将法官经证明评价后对待证事实为真的最低心证限度较一般性证明标准再进行降低。在环境污染损害赔偿责任纠纷、产品质量责任纠纷及其他公共型诉讼中，在保险事故损害赔偿的保险合同纠纷及部分不当得利诉讼中，以及在医学、化学及物理学等的因果关系难以证明的场合中，权利人由于其自身举证能力不足或者无法接近证据而出现证明困难，若坚持一般性诉讼证明标准，其可能会因证明困难无法使得法官对待证事实为真形成最低心证，对于真伪不明的情形，法官只能适用证明责任规则判决驳回其诉讼主张。这显然是有失公正的。通过降低证明标准，使得权利主张者更容易证明成功，从而减轻负证明责任一方当事人的证明负担。从目的上看，证明标准降低作为一种具体方法，实现了证明责任减轻规则所追求的目标。证明责任减轻规则的目的在于维持当事人之间的公平。证明标准降低的目的亦指向于维持当事人之间的公平，以避免当事人因证明困难而承担败诉的不利后果。

可以说，证明标准降低与证明责任减轻的思维方式是基本相同的，前者着眼于解决具体案件中的证明困难情形，而后者则聚集于普遍的、可类型化的证明困难。[1] 其实，证明标准降低也就是证明责任减轻的具体方法和表现形式。基于以上考虑，本文将证明标准降低的法律性质界定为证明责任减轻。

---

[1] 参见［日］伊藤滋夫：《要件事实的基础》，许可、小林正弘（日）译，法律出版社2022年版，第126页。

具体从三个层面分析：

一是证明标准降低通过对主观证明责任的运用减轻当事人的证明负担。证明责任减轻是以对主观证明责任的运用为主要方式，直接或者间接地减轻负证明责任一方当事人的证明负担，以实现克服真伪不明与避免证明责任裁判的目的。[①] 应当说，证明标准降低也是在当事人遇到非因自身原因造成的证明困难时，其提供初步证据后，法官将主观证明责任转移至对方当事人，要求对方当事人就其主张提供反证予以证明。证明标准降低就是证明责任减轻制度下一种非常典型的表现形式和方法。[②]

二是证明标准降低的直接目的在于避免事实真伪不明减少证明责任裁判。证明责任减轻的目标之一是避免证明责任裁判，即通过一定的方法或者技术尽可能地查明案件基本事实，避免在法庭辩论终结时出现真伪不明状态。追求慎重及正确的裁判乃民事诉讼之基本理念之一，而为获得慎重且正确的裁判，在程序法上即应尽量设计一个可以发现甚至还原事实真相的制度。证明责任只是最后的选择，是不得已的解决路径。证明标准降低减少真伪不明出现的概率，进而减少了证明责任裁判。

三是证明标准降低的最终目标是在兼顾当事人程序利益的前提下寻求个案解决上的实体正义。通过对一般诉讼证明标准的降低，使得当事人证明成功的概率提高，避免当事人因证明能力不足而导致证明责任判决。

[①] 参见王刚：《证明责任减轻制度研究》，载《比较法研究》2021年第6期，第186页。还可参见王刚：《论民事诉讼中的损害赔偿酌定》，载王利明主编：《判解研究》（第94辑），人民法院出版社2021年版，第47-48页。

[②] 典型的证明减轻方法除证明标准降低外，还有摸索证明、损害赔偿酌定、书证命令提出（其本质上也是摸索证明的一种表现形态）等。

三、证明标准降低的地位与功能

（一）证明标准降低的地位

证明标准降低，是相对于一般性证明标准[①]而言的。证明标准降低不是对一般性证明标准的否定，而是在坚持一般性证明标准为前提下的一种例外性规则。

首先，坚持一般性证明标准是主体。对于宏观上民事诉讼而言，确立一般性证明标准并将其定为高度盖然性十分必要且有重要意义。德国、日本等均将其一般性证明标准确立为高度盖然性，并要求法官形成内心确信。[②]其主要考虑是：过低的证明标准，将导致实体法上诉讼请求权基础的泛滥；当事人轻易获胜的概率提高，导致讼灾。诉讼制度的运行是由全体纳税人所负担，若司法裁判的心证仅以盖然性为基准，难免会使普通人对法官的事实认定产生信任危机。[③]同时，随意提起诉讼的当事人可以轻易实现诉讼目的，也将造成法的不安定性。本书认同上述做法。一方面，一般性证明标准的确立，有助于统一司法裁判尺度，提升法律的安定性与可预测性，此为法治应有之义。另一方面，还可有效约束法官的自由证明评价行为，提高法官的办案质量[④]，

[①] 德国学者有将其称为法定证明标准、原则性证明标准及统一证明标准等。笔者认为，法定证明标准是建立在立法特别是民事诉讼法有明确规定的情况下，如"认为待证事实存在的具有高度盖然性/高度可能性的，则认定待证事实存在"。统一证明标准，是指存在一个统一的诉讼证明标准，其与诉讼证明标准多层次化趋势有所冲突。原则性证明标准与一般性证明标准表述无实质性区别，本书采一般性证明标准，主要缘由是将其与证明责任分配一般规则进行类比。

[②]《德国民事诉讼法》第286条第1款确立了自由心证制度与法定证明标准。通说认为第286条确定的法定证明标准为完全证明，要求法官获得完全的确信。参见[德]奥特马·尧厄尼希：《民事诉讼法》（第27版），周翠译，法律出版社2003年版，第262页。《日本民事诉讼法》第247条对自由心证主义作了规定，并将其与证明标准相关联。参见[日]新堂幸司：《新民事诉讼法》，林剑锋译，法律出版社2008年版，第386页。

[③] 参见[日]村上博己：《民事裁判的证明责任》（1980年版），第1页。转引自[日]伊藤真：《民事诉讼法》（第4版补订版），曹云吉译，北京大学出版社2019年版，第235页。

[④] 参见何家弘：《司法证明标准与乌托邦——答刘金友兼与张卫平、王敏远商榷》，载《法学研究》2004年第6期，第104页。

提高司法裁判的社会认可度。

其次，秉承证明标准降低是例外。对于微观上特定领域的民事诉讼案件而言，一般性证明标准并无法兼顾到全部的诉讼公正问题。德国民事诉讼法有不少以盖然性优势为证明标准的规定[①]，通说认为作为法定性证明标准的例外，证明标准降低是对《德国民事诉讼法》第286条完全证明的简化，即法官形成确信的证明标准简化，相应地，证明义务和实质化义务也得以简化[②]。通过证明标准降低，以实现当事人之间武器对等原则，平衡当事人之间的程序利益，实现个案审理上的实体正义。但是，证明标准降低，只能是适用特定诉讼领域，而非普遍性地适用于所有民事诉讼领域。也就是说，在民事诉讼证明标准这个体系中，证明标准降低只能是对一般性证明标准的补充和例外。

（二）证明标准降低的功能

第一，追求实体正义。对于部分特殊类型案件的要件事实——如放射性物质辐射引起的损害的因果关系认定——的证明，要求缺乏科学知识、举证能力较弱的当事人将其证明到高度盖然性，难度极大。对于存在（客观）证明困难的待证事项，如"因案件性质所带来的举证困难在本质上是无法避免的，比如举证所花费的金钱、时间等成本因素，而且根据案件所涉法律制度的旨趣、适用情形以及应当类推适用的实定法规范旨趣，在进行综合考量后，如果认为由于证明不充分而令一方当事人败诉，将明显违背举证的公平性"，那么此时可考虑降低证明标准的要求。[③]法官将待证事实存在的诉讼证明标准由高度盖然性降至盖然性优势，减轻权利主张一方当事人的证明难度，以实

[①] 参见《德国民事诉讼法》第605条第2款、第592条、第114条第1款、第331条第1款等。另外，《德国民法典》也对证明标准降低作了例外性的规定。相应的梳理可参［德］普维庭：《现代证明责任问题》，吴越译，法律出版社2006年版，第113-120、129页。

[②] 参见［德］罗森贝克、施瓦布、戈特瓦尔德：《德国民事诉讼法（下）》（第16版），李大雪译，中国法制出版社2007年版，第843页。

[③] 参见［日］伊藤滋夫：《要件事实的基础》，许可、小林正弘（日）译，法律出版社2022年版，第88页。

现个案审理上的实体正义。

第二，利于事实认定。罗森贝克指出："自由证明评价王国终结之时，正是证明责任的统治开始之时；一旦法官游历自由证明评价王国，未能作出判决，证明责任会给予其证明评价所能给予的东西。"[1]在法庭辩论终结之时，所有证明用尽之后，法官仍然无法对案件事实形成心证，此时只能适用证明责任规则作出裁判，由负证明责任的一方当事人承担败诉后果。但是，在真伪不明下适用证明责任判决只能是"最后的救济"(ultima ratio)或者"最后一招"[2]，是司法不得拒绝裁判下的无奈之举。而针对某些特殊类型案件，德国法上通过表见证明，日本法上通过大致推定，或者采用直接降低证明标准的方式，降低法官事实认定的难度，减少证明责任判决，取得了很好的效果。

第三，提升司法正当性。正当合法性，是大陆法系民事诉讼所追求的重要目标之一。对于普通诉讼，当事人之间证明能力相当，若负证明责任一方当事人未能尽到其主观证明责任，导致案件事实不能被证明存在或者真伪不明，由其承担不利后果，此系证明责任分配一般规则的必然要求。但是，若负主张和证明责任一方当事人由于自身证明能力偏弱，与对方当事人诉讼能力不对等，甚至是因案件事实本身（如主张给付错误的不当得利之诉、以遭受"冷暴力"为由的离婚之诉）为消极事实而难以举证，仍然适用高度盖然性的证明标准，无异于直接宣告其败诉。该种司法裁判显然无法得到当事人的认可，更难以经得起社会公众的评判。另外，证明责任判决同样也不受裁判者的欢迎。以一般社会理性人的视角观察，法官倾向于在事实查明的情况下作出裁判，既有法官内心良知之内在要求，也有规避法官职业风险的考虑。[3]法官根据权利主张一方当事人的初步举证，内心对待证事实认为可能存

---

[1] [德]莱奥·罗森贝克:《证明责任论》（第5版），庄敬华译，中国法制出版社2018年版，第78页。
[2] 参见[德]普维庭:《现代证明责任问题》，吴越译，法律出版社2006年版，第27页。
[3] 在司法实践中，法官最为担心的就是"判错"案件，尽管可能无法完全还原过往的事实真相是认识的局限性等客观原因造成的不可避免的情况，但人们仍然多是以判决结果与客观真实的相符程度判断一件案件的裁判"对错"与否。

在，只是因为证明困难，而判决驳回其诉讼请求。法官内心的良知告诉自己无法接受。一份裁判，同不为当事人与法官所接受，便难言其司法正当性了。正如高桥宏志所言："以通说所持的高度盖然性为原则，在例外情形下通过降低证明度的要求，从制度整体上来说有助于其稳定运行。"[①]

[①] [日] 高桥宏志:《重点讲义民事诉讼法》，张卫平、许可译，法律出版社2007年版，第37页。

第二节　证明标准降低的域外镜鉴

一、大陆法系主要国家关于证明标准降低的制度

（一）大陆法系主要国家的一般性证明标准

大陆法系如德国、法国、日本等均已确立了相对统一的民事诉讼证明标准，虽然存在不同的表述，但基本上可表述为高度盖然性或者接近于真实的非常高的盖然性，法官以此作为判断待证事实真实与否的标尺和达到内心确信。德国《民事诉讼法》第286条第1款规定："法院应当考虑言词辩论的全部内容以及已有的调查证据的结果，经过自由心证，以判断事实上的主张是否可以认为真实。作为法官心证根据的理由，应在判决中记明。"[1] 该条确立了德国法上的民事诉讼自由心证制度与法定证明标准，此亦为德国学界通说所采之观点。据通说，第286条确定的法定证明标准为完全证明，要求法官获得完全的确信。[2] 为更好地对完全证明进行界定，德国学界及判例多以（非常）高度盖然性的证明标准来说明法定证明标准，其合理地坚持了"内心确信"的肯定性的主观标准与作为判断辅助手段的盖然性的客观标准，达到了

---

[1] 参见《德国民事诉讼法》，丁启明译，厦门大学出版社2016年版，第68页。
[2] 参见［德］奥特马·尧厄尼希：《民事诉讼法》（第27版），周翠译，法律出版社2003年版，第262页。

两者之间的统一。[1] 该观点在德国联邦最高法院于1970年判决的阿纳斯塔西娅（Anastasia）案件中得到了体现。[2] 而同为大陆法系代表性国家的法国，并没有遵循完全的自由心证主义，其采取民事案件与刑事案件相同的证明标准，对于事实的认定必须达到使得法官毫无怀疑。[3] 所以，法国民事诉讼上的证明标准通常要达到排除合理怀疑，个别案件也至少要达到非常高度（接近于客观真实）的盖然性标准。

日本《民事诉讼法》第247条规定："裁判所于作出判决时，应斟酌口头辩论全趣旨以及证据调查结果，依自由心证，对事实主张的真实与否作出判断。"[4] 该条规定了日本民事诉讼上的自由心证主义，并将其与证明标准相关联。虽然日本学界就证明标准存在不同学说，但处于通说的依然是高度盖然性说，认为对待定事实的高度盖然性的证明，必要条件是普通人毫无疑义地确信其真实性，其程度可以比严密的科学证明低，但高于证据优越的程度。[5] 法官对认定为判断基础的事项必须取得确信，"该种诉讼上的证明所必要的确信的程度不同于丝毫无疑义的自然科学的证明，而是只要通常人们在日常生活中不怀疑并且达到作为其行动基础的程度就行"[6]。事实认定的心证程度并非仅仅需要达到法官的主观确信，而且需要通过对证据来认定事实存在与否是

---

[1] 罗森贝克、普维庭等将德国法定（原则性）证明标准表述为（非常）高度盖然性。参见［德］罗森贝克、施瓦布、戈特瓦尔德：《德国民事诉讼法（下）》（第16版），李大雪译，中国法制出版社2007年版，第837页；［德］普维庭：《现代证明责任问题》，吴越译，法律出版社2006年版，第130页。

[2] 德国联邦最高法院在该判决中认为："在对事实有疑问的情况下，法官允许并且必须满足于一种实践生活所需程度上的可信性（Gewissheit），该可信性要求终止怀疑，但不能完全排除该怀疑。"参见［德］汉斯-约阿希姆·穆泽拉克：《德国民事诉讼法基础教程》，周翠译，中国政法大学出版社2005年版，第267页。

[3] See Kevin M. Clemont & Emily Sherwin, A Comparative View of Standard of Proof, 50 America Journal of Comparative Law 243-275 (2002).（参见凯文·M. 克莱蒙特和艾米丽·舍温：《证据标准的比较研究》，《美国比较法杂志》，第50卷，2002年，第243-275页。）

[4] 《日本民事诉讼法典》，曹云吉译，厦门大学出版社2017年版，第77页。

[5] 持高度盖然性观点的有松本博之、加藤新太郎、新堂幸司、高桥宏志、伊藤真等。相应观点可参见［日］高桥宏志：《重点讲义民事诉讼法》，张卫平、许可译，法律出版社2007年版，第36页；［日］新堂幸司：《新民事诉讼法》，林剑锋译，法律出版社2008年版，第371页。

[6] ［日］兼子一、竹下守夫：《民事诉讼法》（新版），白绿铉译，法律出版社1995年版，第101页。

否达到高度盖然性，该高度盖然性是以通常人的确信为基准予以决定的。[①]

以上大陆法系几个主要的立法例与学界对于民事诉讼中一般性证明标准所持态度相似，均要求法官应对待证事实达到内心确信，同时借助于高度盖然性这一形式上的"量化"尺度加以衡量。以高度盖然性为民事诉讼证明的一般性标准，其主要是基于以下几点考虑：诉讼证明的对象——待证事实——是已经发生的历史事实，具有不可还原性，以及人类认知的有限性，要求达到客观真实的标准是难以实现的，此为其一。其二，民事实体法是以构成要件事实真实存在而非仅具一般盖然性为基础，民事裁判的终极目的是追求案件事实真相，裁判结果要能够最大限度地接近客观真实。其三，过低的证明标准如相对占优的盖然性，将导致实体法上诉讼请求权基础的泛滥；由于轻易获胜的概率提高，虚假诉讼将会大幅增加，导致讼灾。其四，诉讼制度的运行是由全体纳税人所负担，若司法裁判的心证仅以盖然性为基准，难免会使普通人对法官的事实认定产生信任危机。[②] 同时，随意提起诉讼的当事人可以轻易实现诉讼目的，也将造成法的不安定性。

（二）大陆法系主要国家关于证明标准降低的探索

以德国、日本为代表的大陆法系在确立了高度盖然性（内心确信）的一般性民事诉讼证明标准制度后，经过漫长的运行后发现，单一的诉讼证明标准无法有效应对全部的民事诉讼领域。故而，证明标准降低制度应运而生。

以德国为例，在德国民事诉讼法与民事实体法中均有为数不少的规定，以盖然性优势为证明标准，作为对法定性证明标准的例外。德国法上认为，证明标准降低是对第286条完全证明的简化，即法官形成确信要通过降低证明标准得以简化，相应的证明义务和实质化义务也得以简化。[③] 德国《民事诉

[①] 参见［日］伊藤真：《民事诉讼法》（第4版补订版），曹云吉译，北京大学出版社2019年版，第235页。

[②] 参见［日］村上博己：《民事裁判的证明责任》（1980年版），第1页。转引自［日］伊藤真：《民事诉讼法》（第4版补订版），曹云吉译，北京大学出版社2019年版，第235页。

[③] 参见［德］罗森贝克、施瓦布、戈特瓦尔德：《德国民事诉讼法（下）》（第16版），李大雪译，中国法制出版社2007年版，第843页。

讼法》第605条第2款规定"对附属请求的调查,只需加以说明"[①],其对票据交易中的附随请求即采取盖然性优势证明标准,并不要求请求权人将待证事实证明至高度盖然性的程度。与之相对应的即为第592条规定,仍然坚持法定证明尺度。[②] 另外,德国《民事诉讼法》第114条第1款(倘若足够)、第331条第1款(足够的希望)等也对证明标准作了例外性规定。德国民法典第252条第2句(可以期待盖然性)、第611条(经推定)、第651条(如有表见证明)等对实体法要件事实成立的证明程度进行了规定。[③] 尽管存在证明标准不可变更性的个别观点,但通说认为证明标准是可以改变的,特别是对证明标准降低持相对统一的意见。[④]

日本民事诉讼学界及实务上对证明标准降低也进行了卓有成效的探索。实务上屡有降低证明标准的案例,如著名的"鹤冈灯油诉讼案"和"东大附属医院腰椎穿刺案"。"以通说所持的高度盖然性为原则,在例外情形下通过降低证明度的要求,从制度整体上来说有助于其稳定运行。"[⑤] 加藤新太郎认为,如果存在合理的理由,可以降低对证明度的要求。[⑥] 所谓合理理由,是指存在当事人证明困难、存在不公平证明强度及证明成本过高等问题。

---

① 德国《民事诉讼法》第605条规定:"为保持票据上的请求权不必要及时作成拒绝证书时,关于提示票据,准许以申请讯问当事人作为证据方法。(第1款)对附属请求的调查,只需加以说明。(第2款)"参见《德国民事诉讼法》,丁启明译,厦门大学出版社2016年版,第138页。所谓附属请求,是指相对于提示付款请求而言的,如利息、费用等附属性主张。
② 德国《民事诉讼法》第592条规定,对于基于抵押权、土地债务等产生的请求,视为以给付金钱标的的请求。该"视为"从本质上看即为降低了证明标准。
③ 普维庭在其《现代证明责任问题》一书中对相关立法规定进行了全面梳理,也认为在法律有特别规定的情况下可以改变证明尺度,特别是在一般标准无法满足公平正义时,有必要对证明尺度予以降低。参见[德]普维庭:《现代证明责任问题》,吴越译,法律出版社2006年版,第113-120、129页。
④ 罗森贝克、穆泽拉克、普维庭等人均持证明标准可以降低观点。罗森贝克认为,法律虽然确定了具体的证明简化(降低证明难度),但是仍然要交由法院根据事实的重要性、证明的困难程度和其他情形,有区别地形成自己的确信以及相应的证明标准。参见[德]罗森贝克、施瓦布、戈特瓦尔德:《德国民事诉讼法(下)》(第16版),李大雪译,中国法制出版社2007年版,第838页。穆泽拉克提出,程序法及实体法上均明确规定了例外情况下的证明标准降低,不能并且不必完全应用第286条第1款的非常高的盖然性。参见[德]汉斯-约阿希姆·穆泽拉克:《德国民事诉讼法基础教程》,周翠译,中国政法大学出版社2005年版,第269页。
⑤ [日]高桥宏志:《重点讲义民事诉讼法》,张卫平、许可译,法律出版社2007年版,第37页。
⑥ 参见[日]加藤新太郎:《プログラム裁量論》(《程序裁量论》),弘文堂1996年版,第144页。

二、英美法系关于证明标准降低的制度

相较于大陆法系，证明标准在英美法系国家渊源更远，此与其特殊的二分式审判法庭审理结构密不可分。法官与陪审团分别负责法律适用与事实认定，其证据制度设计应矫正非专业裁判者（陪审团）的认知缺陷，帮助非专业裁判者就事实认定是否达到证明标准以促成一致同意的裁判，或者为这种裁判的隐晦作弥补。[①]英美法系分化的审判法庭使确立统一的证明标准显得更为重要，因为法官事先要向陪审团这一非专业裁判者解释事实认定的证明标准为何，以供陪审团在裁判时理解与判断。英美法系国家基本均以盖然性优势（preponderance of probability）作为民事诉讼证明标准，只是在表达方式上略有不同，但其实质内涵并无根本差异。对何谓盖然性优势标准，丹宁勋爵在1947年的米勒诉财政大臣案（Miller v. Minister of Pensions）中给予了解释："如果证据已经达到如此的程度，以至于法官可说：'存在的可能性比不存在的可能性大'，那么这种证明责任已经完成了。但是如果这种事实存在的可能性与不存在的可能性是相同的话，证明责任就没有完成。"[②]应当说，"优势证明的含义是证明能使陪审团认定争议事实的存在比其不存在更有可能"，已经成为人们普遍的认识，优势证据也就表示事实审理者对盖然性优势的确信。[③]

从判例及学理对盖然性优势含义的解读可知，对于民事诉讼中争议事实的判断，陪审团只要认为"某事实的发生较其不发生更有可能"（more likely than not），极端情况下事实发生与不发生的比例为50∶50，而当事人对事实存在的证明只要打破这个"概率平衡"且向发生概率上倾斜即可，以至于埃

[①] 美国证据法学家达马斯卡将审判法院的特殊结构、诉讼程序的集中、诉讼当事人及其律师在法律程序中的显著作用称为英美法证据制度的三大支柱。其中，审判法院的特殊结构主要是指，将事实认定与法律适用分离，分别交由非专业裁判者与专业裁判者负责，即其法庭为二元法庭，分化的法庭。参见［美］米尔建·R.达马斯卡：《漂移的证据法》，李学军等译，中国政法大学出版社2003年版。

[②] See Mike Redmayne, *Standards of Proof in Civil Litigation*, 62 The Modern Law Review, 168（1999）.（参见迈克·雷德梅恩：《民事诉讼证明标准》，载《现代法律评论》，第62卷，1999年，第168页。）

[③] ［美］约翰·W.斯特龙、肯尼斯·S.布荣、乔治·F.狄克森等：《麦考密克论证据》（第5版），汤维建等译，中国政法大学出版社2004年版，第656页。

219

格尔斯顿担心会出现根据 51% 的可能性作出的判决[1]，因为，他认为按照数学的观点，如果原告以 0.501 的可能性证明了案件就胜诉——结果被告以 0.499 的可能性证明了案件也要败诉，可能代价非常高昂。但其实，这样的结果极不可能出现，因为主持庭审的法官会根据案件的具体情况进行平衡。[2]

尽管极少会出现以 51%：49% 盖然性比例的判决，但在英美法系中裁判者对于事实发生所要求的最低心证限度已然很低。盖然性优势证明标准制度的建立本身即已考虑根据不同的情形择定适合的证明度，如在具体的案件中着眼于"减少整体的错误"或者"减少欺骗或偏见的危险"，而寻求的路径即为适度降低心证要求的证明度。[3] 以美国法为例，为了避免因证据力高低造成的差异而出现全有或全无的结果，其舍弃更高的证明标准而采优势证据降低对争议事实的证明标准，以求将错误的裁判降到最低。[4]

---

[1] See R. Eggleston, Evidence, Proof and Probability, Weidenfeld and Nicolson, London, 1983, p.129.（参见 R. 埃格尔斯顿：《证据、证明与概率》，魏登菲与尼寇森出版社，伦敦，1983 年，第 129 页。）
[2] 参见 [英] 詹妮·麦克埃文：《现代证据法与对抗式程序》，法律出版社 2006 年版，第 102 页。
[3] See Clermont, *Procedure's Magical Number Three: Psychological Bases For Standards of Decision*, 72 Cornell L. Rev 1119-1120 (1987).（参见克莱蒙特：《程序的神奇数字三：决策标准的心理基础》（修订版），1987 年，第 1119-1120 页。）
[4] 美国法认为，相当强有力的理由支持优势证据标准是，这样可将错误判决的总体成本降至最低。See Kevin M. Clemont & Emily Sherwin, *A Comparative View of Standard of Proof*, 50 America Journal of Comparative Law 93 (2002).（参见凯文·M·克莱蒙特和艾米丽·舍温：《证据标准的比较研究》，载《美国比较法杂志》，第 50 卷，2002 年，第 93 页。）

第三节 我国证明标准降低的实践

一、我国民事诉讼规范层面上的一般性证明标准

我国现行《民事诉讼法》并没有明确规定证明标准，只是在一些条文中隐含了与证明标准相关概念上的要求。如：第7条规定："人民法院审理民事案件，必须以事实为根据，以法律为准绳"；第156条规定："人民法院审理案件，其中一部分事实已经清楚，可以就该部分先行判决"；第177条第3项规定："原判决认定基本事实不清的，裁定撤销原判决，发回原审人民法院重审，或者查清事实后改判"；以及第207条第2项[①]等。正是基于上述法律条文，有学者指出，我国民事诉讼证明标准与刑事诉讼证明标准仍无实质性区别[②]，也即仍为一元化的证明标准[③]。但上述法律条文规定，并不能直接推断出民事诉讼的证明标准，至少是无法得出仍然与刑事诉讼法所要求的排除合理怀疑的证明标准。[④] 以上只是从法院认定事实的角度考量证明标准问题，毋宁说是，法院认定事实作出裁判的标准。[⑤]

[①] 我国《民事诉讼法》第207条第2项规定："原判决、裁定认定的基本事实缺乏证据证明的。"
[②] 有学者分析认为，从现有条文规定看，从立法背景、立法本意及前后法律条文的逻辑关系来看，在民事诉讼中，其证明标准仍然与刑事诉讼一样，即"案件事实清楚，证据确实、充分"。以上为分析我国现行民事诉讼法的规定而得出的结论，该文作者认为应当确立民事诉讼与刑事诉讼不同的二元制度诉讼证明标准。参见王圣扬：《论诉讼证明标准的二元制》，载《中国法学》1999年第3期，第4页。
[③] 所谓一元化的证明标准，是指要求将案件的结论建立在经确实、充分的证据证明的"客观真实"基础上，没有将证明标准在民事诉讼与刑事诉讼之间作适度的区分。参见江伟主编、邵明副主编：《民事证据法》，中国人民大学出版社2011年版，第212页。
[④] 参见吴泽勇：《中国法上的民事诉讼证明标准》，载《清华法学》2013年第1期，第75页。
[⑤] 参见张卫平：《证明标准建构的乌托邦》，载《法学研究》2003年第4期，第63页。

与民事诉讼法不同，我国民事诉讼领域司法解释则较早地开始对规定一般性证明标准进行尝试与探索。首次对我国民事诉讼证明标准作出规定的是《民事证据规定》（2001年），该规定第73条第1款规定："双方当事人对同一事实分别举出相反的证据，但都没有足够的依据否定对方证据的，人民法院应当结合案件情况，判断一方提供证据的证明力是否明显大于另一方提供证据的证明力，并对证明力较大的证据予以确认。"最高人民法院对此解读认为，该条规定正式确立了我国民事诉讼高度盖然性的证明标准。[①] 我国学界也因此倾向于认为我国民事诉讼一般性诉讼证明正式确立。[②] 第73条第1款确立的高度盖然性证明标准尚是通过文义推断，而《民事诉讼法解释》（2015年）第108条则直接确认了高度盖然性的证明标准，其将确信待证事实的存在的标准设定为"高度可能性"。[③]

通过以上考察可知，尽管我国《民事诉讼法》并未明确规定一般性诉讼证明标准，但考虑到司法解释在我国法律规范体系内的特殊意义，可以认为我国从法律规范的角度上已经确立了高度盖然性的一般性诉讼证明标准。

其实，学界曾就民事诉讼中是否存在一般性诉讼证明标准有过争论。有学者认为，基于标准的客观化、具体化的要求，构建一种抽象的、又依赖于法官主观认识的证明标准，只能是一种"乌托邦"式的空想。[④] 但是，更多的观点认为诉讼证明标准是客观存在的，构建我国民事诉讼证明标准体系具有

[①] 参见李国光主编：《关于民事诉讼证据的若干规定的理解与适用》，中国法制出版社2002年版，第462页。
[②] 相应观点可参见李浩：《证明标准新探》，载《中国法学》2002年第4期，第132页；何家弘、刘品新：《证据法学》，法律出版社2019年版，第366页。
[③] 该解释第108条规定："对负有举证证明责任的当事人提供的证据，人民法院经审查并结合相关事实，确信待证事实的存在具有高度可能性的，应当认定该事实存在。对一方当事人为反驳负有举证证明责任的当事人所主张事实而提供的证据，人民法院经审查并结合相关事实，认为待证事实真伪不明的，应当认定该事实不存在。法律对于待证事实所应达到的证明标准另有规定的，从其规定。"
[④] 张卫平：《证明标准建构的乌托邦》，载《法学研究》2003年第4期。

十分重要的意义[1]，可将高度盖然性作为我国民事诉讼的一般性证明标准[2]。

本书对民事诉讼中存在一般性的证明标准亦持认同态度，主要理由为：一方面，作为一种用来引导当事人开展证明活动和作为法官进行证明评价的依据，证明标准概念的存在是有其价值的。[3]从实践的层面观察，尽管具有一定的主观性与抽象性，证明标准的存在仍是一种客观事实，法官在判断案件事实是否得到证明时，其必然需要把握一种标准，这是不可否认的。另一方面，基于法的安定性与可预测性，确立一般性的诉讼证明标准亦有其必要性。一般性诉讼证明标准提供了稳定的预期，引导当事人根据一般性诉讼证明标准的要求进行证明活动，指导法官在何种心证程度下可以认定待证事实为真。此外，确立一般性的诉讼证明标准还可有效约束法官的自由证明评价行为，"虽然好的规则不一定能提高法官的素质，但是可以约束法官的行为和提高法官的办案质量"[4]。

二、我国实务上民事诉讼证明标准降低的现状

同一般性证明标准一样，我国《民事诉讼法》对证明标准降低制度亦未作明确规定。不同的是，虽然民事诉讼法条文未作规定，但是民事诉讼法解释及证据规定就实体事实的一般性证明标准进行了规定并形成了较为完善的制度体系。而对于证明标准降低，只有个别专项领域的司法解释就特定事实作了规定。[5]《最高人民法院关于审理食品药品纠纷案件适用法律若干问题的

---

[1] 何家弘教授认为："尽管不可能把司法证明标准规定得像'1加1等于2'那么简单明确，但是制定具有可操作性的具体证明标准绝非'乌托邦'式的空想。"参见何家弘：《司法证明标准与乌托邦——答刘金友兼与张卫平、王敏远商榷》，载《法学研究》2004年第6期。持一般性诉讼证明标准客观存在的文章还可参见江伟主编、邵明副主编：《民事证据法》，中国人民大学出版社2011年版；裴苍龄：《论证明标准》，载《法学研究》2010年第3期；等等。
[2] 相应观点可参见李浩：《民事诉讼证明标准的再思考》，载《法商研究》1999年第5期；霍海红：《提高民事诉讼证明标准的理论反思》，载《中国法学》2016年第2期。
[3] 参见陆嬿池：《证明，当真没有标准吗？——也谈证明标准兼与张卫平老师商榷》，载《西南政法大学学报》2012年第10期，第72页。
[4] 何家弘：《司法证明标准与乌托邦——答刘金友兼与张卫平、王敏远商榷》，载《法学研究》2004年第6期，第104页。
[5] 最高人民法院就消费者权益保护、知识产权保护等领域的司法解释，对侵权行为责任的部分构成要件事实的证明标准予以降低，以体现专门保护。

223

规定》第 5 条第 2 款规定消费者能够初步证明因果关系的存在即可。① 因举证能力所限，消费者通常难以对损害与食用食品或者药品存在因果关系，此处的"初步证明"即要求消费者对因果关系的证明只需达到优势盖然性即可。《反不正当竞争法》（2019 年修正）第 32 条第 1 款规定，在侵犯商业秘密的民事审判程序中，商业秘密权利人提供初步证据，相应的信息不构成商业秘密和相应的行为不构成侵权的举证责任转移至涉嫌侵权人处。此处的"初步证据"其实是将权利人对要件事实的证明标准进行了降低。《最高人民法院关于审理侵犯专利权纠纷案件应用法律若干问题的解释（二）》（2020 年修正）第 27 条、《最高人民法院关于审理侵害信息网络传播权民事纠纷案件适用法律若干问题的规定》（2020 年修正）第 13 条作了类似规定。有的部门法下的司法解释将当事人提起诉讼的条件规定为"提供初步证据"，其目的在于降低当事人起诉的门槛，主要集中在民事、检察及消费公益诉讼领域及公司法领域②，这属于程序事实的证明标准降低③。

与制度规范上的缺位形成反差的是，司法裁判则在自生自发地探索对特定待证事实的证明标准予以降低，寻求当事人之间的利益平衡，以实现个案审理结果的实体正义。

其一，通过表见证明或推定降低证明标准。对于一些当事人的主观过失难以证明，或者因果关系复杂，难以通过自然科学等手段予以论证，法官借助于逻辑原理和经验法则对案件事实予以判断，以缓解当事人的证明压力。对于当事人证明困难的特殊类型案件，在权利主张一方当事人提供初步证据，法官内心借助于经验法则已经形成对主张方的有利心证后，再要求相对方当事人提供反证，若其未能提供反证则作出对其不利的判定。如最高人民法院

---

① 该司法解释第 5 条第 2 款规定："消费者举证证明因食用食品或者使用药品受到损害，初步证明损害与食用食品或者使用药品存在因果关系，并请求食品、药品的生产者、销售者承担侵权责任的，人民法院应予支持，但食品、药品的生产者、销售者能证明损害不是因产品不符合质量标准造成的除外。"在消费者权益保护纠纷诉讼中，消费者只需要先达到初步证明即可。
② 对相应司法解释的梳理，可参见邵明、李海宏：《我国民事诉讼多元化证明标准的适用》，载《法律适用》2021 年第 11 期，第 18-20 页。
③ 关于程序事实的证明标准降低问题，可参见占善刚：《降低程序事实证明标准的制度逻辑与中国路径》，载《比较法研究》2021 年第 6 期。

公布的指导案例 52 号，在对案涉保险事故的发生是否为被保险人的"故意或者过失"所致，保险事故发生的"意外性"与保险标的的实际损失之间的因果关系，以及保险事故发生的"外来原因"的界定上，法院采取证明标准降低方式减轻了被保险人的证明负担，对待证事实的存在予以认定，使得原本处于证明困难的被保险人在举证能力上与被告保险公司对等，达到了个案审理结果上的实质公正。①

其二，直接降低证明标准减轻证明难度。对于一些现代型诉讼，由权利主张一方当事人直接证明因果关系的存在达到高度盖然性，对于一般人而言实属不可能，若直接依证明责任规则判决由其承担不利之后果，既有失公正，也并非法官意愿。在这种情况下，法官要求当事人无须经过严密的科学验证，只要达到盖然性优势的举证即可。一些因案件事实本身即属难以证明，如消极事实的证明问题，若强令主张有利一方当事人对此进行完全证明亦显属不当，法官则要求其先就消极事实通过间接证明的方式进行初步证明，该种证明并不要求达到高度盖然性，而只需达到盖然性优势证明即可。如在错误给付的不当得利纠纷案件中，原告主张其基于错误认识将款项转给被告，被告应当予以返还。对基于错误认识这一消极事实的证明，法院要求达到盖然性优势即予以认定。②再如，在黎某某与建行广东某支行银行卡纠纷一案中，法院认为黎某某提供的卡内款项被盗刷的时间、地点，以及被盗刷后公安对黎某某所作的《询问笔录》，案涉交易为伪卡交易具有较高的可信度。此处"较高的可信度"从百分比看应当在 60%-70% 之间，而很难达到 75% 以上，该

---

① 在某粮油工业有限公司与某财产保险有限公司海南省分公司海运货物保险合同纠纷案件中，在原告已经举证证明保险标的存在实际损失的情况下，对于保险事故的发生是否系被保险人的故意或者过失所引起，法院对这一消极事实的证明责任予以减轻，而以"无证据证明被保险人存在故意或者过失"为由认定被保险人不存在故意或者过失行为。另外，对于保险事故发生的"意外性"与保险标的存在实际损失的因果关系，法院采取表见证明的方式依据经验法则予以认定；而对于意外事故中的"外来原因"这一保险理赔的关系因素，依据"通常理解"这一日常生活经验逻辑予以判断，通过降低证明标准的方式认定待证事实的存在，客观上减轻了当事人的证明责任。参见《最高人民法院关于发布第 10 批指导性案例的通知》及最高人民法院（2003）民四提字第 5 号民事判决书。
② 在李某梅与李某芝不当得利纠纷一案中，一审法院认为，原告已经提交证据证明其向被告交付了案涉 10 万元款项，并作出合理说明及提交相应的初步证据，而被告对其予以反驳却未能提交证据证明，本院对原告的主张予以支持。一审判决作出后，被告不服一审判决提出上诉，二审法院对一审判决予以维持。参见湖南省高级人民法院（2019）湘民终 618 号民事判决书。

案采取的证明标准即为盖然性优势。①

其三，无明显分类特征的证明标准降低。在中国裁判文书网上，以"优势证据""证据优势"为关键词，自2015年2月4日起至2022年4月11日期间，可检索出民事判决书分别有14238份、17198份，民事裁定书分别有1402份、1440份。②如："本院认为，虎某公司提交的优势证据能够证明其享有对万某公司的债权"③；"众某公司的取证视频虽未打开书籍内容，但咪某公司的页面显示了'完'和'阅'的字样及相应字数，根据优势证据原则，可以认定咪某公司上传了侵权作品"④。在《民事诉讼法解释》(2015年)明确确定高度盖然性为一般性诉讼证明标准的情况下，仍然有大量案件以"优势证据"或者"证据优势"裁判。可见，法官根据案件性质及待证事实的特殊性对证明标准予以降低的情况客观存在，且实属必要。⑤法官采优势证据的证明标准，其目的主要在于减轻负证明责任一方当事人的证明负担，避免证明责任裁判。在原告黄某诉被告段某、詹某民间借贷纠纷一案中，鉴于当事人证明困难，法院认为可依日常生活经验推定双方存在口头约定年利率8%利息的事实，其实质上即为将证明标准由高度盖然性降低到盖然性优势。⑥

---

① 参见广东省江门市中级人民法院(2018)粤07民终3771号民事判决书。
② 以2015年2月4日为起算时间的原因是，其为《民事诉讼法解释》(2015年)的施行日期，该解释第108条将高度可能性(盖然性)明确规定为一般性诉讼证明标准。2020年12月23日、2022年3月22日的两次修改对第108条的内容未作变动。而《民事证据规定》(2001年)第73条第1款只是可以解读出将一般性证明标准规定为高度盖然性。
③ 参见广东省高级人民法院(2018)粤民终608号民事判决书。
④ 参见山东省高级人民法院(2019)鲁民终1453号民事判决书。
⑤ 尽管不能排除有错误适用证明标准的可能，但占比应该极小。
⑥ 在该案中，原告起诉被告返还借款本金10万元及按年利率6%计算的利息。被告对原告提交的借条的真实性均予以认可，但提出上述借条中的借款本金已包括按年利率8%计算的利息，并对此作出合理的解释。法院认为在无证据证明或证明困难的情况下，可以结合已查清的其他事实和生活经验对事实进行认定，遂采用推定的方式认定被告主张的前笔借款的利息被计算在后一份借款中事实的存在。参见江西省庐山市人民法院(2017)赣0483民初503号民事判决书。

第四章　证明责任减轻的典型方法之三：证明标准降低

第四节　我国证明标准降低制度的建构

司法实务上的探索说明证明标准降低有其丰富的实践土壤。但这些自生自发的实践，有其客观性的同时，也引发了诸如裁判尺度不统一、证明标准降低随意化等问题。所以，对证明标准降低进行制度建构是必要的。[①] 具体应明确以下几个方面：

一、证明标准降低的适用领域

（一）证明标准降低适用的案件类型以证据偏在型案件为主

诸如现代型诉讼及其他特殊类型纠纷（劳动争议纠纷、票据请求权纠纷等），其与普通合同纠纷、借贷纠纷、邻里纠纷等常见案件不同，证据通常偏在于处于优势地位的一方，权利主张一方当事人难以接近证据或者举证能力亦无法与相对方加害人形成对等。这种情况下，损害原因通常处于加害人所控制的领域内，而受害人无法全面掌握损害事故发生的过程及其他信息及证据资料，自是不应对其提出过于严格的证明要求。受害人或者权利人（如劳动争议中劳动者主张加班工资）处于弱势一方，要么难以掌握损害行为导致损害事故发生的过程，要么无法接触到加班打卡记录。应仍然以一般性诉讼证明标准要求权利主张一方当事人进行证明活动，否则将以证明落空为由适

[①] 近年来，有学者已经注意到降低证明标准的重要性，认为在高度盖然性的"高"标准确立并严格适用后，未来中国民事诉讼证明标准体系的作业应主要指向"降低"而非"提高"。参见霍海红：《提高民事诉讼证明标准的理论反思》，载《中国法学》2016年第2期。

用证明责任裁判，无异于迫使权利人主动放弃其权利，远离寻求司法救济的机会，而造成无序的私力救济。

在现代型诉讼中，因果关系及过错要件事实为证明标准降低的主要对象。受害方所受损害与损害行为之间的因果关系较为复杂，有时难以用自然科学手段进行有效证明。对于劳动争议及其他证据偏在型案件中，处于弱势一方的当事人难以有效证明其主张，如加班记录（劳动者无法获取）①，而只能提供同时离职员工的证人证言。为了便于查明事实，法官通常会选择降低证明标准，使得当事人证明待证事实为真的难度下降。法官依一般生活经验法则对因果关系及过错的存在与否进行判断，当形成初步的心证时，便要求对方当事人提供出反证，通过转移主观证明责任实现证明标准降低。

（二）因案件事实本身造成的证明困难也有证明标准降低的适用空间

对于消极性事实的证明，权利主张一方当事人对此自然难以提供证据予以证明。依据"规范说"的证明责任分配一般规则，当事人应就于其有利之事实负主张和证明责任。若消极性事实是权利发生的要件事实，权利主张一方当事人也应对此负证明责任。消极性事实是指未曾发生的事实或者对当事人一方不利的事实。②关于"对当事人一方不利的事实"，其通常系为该方当事人所掌握，故而不存在证明困难问题，只是从伦理学上看不适宜强迫作出对其不利的陈述及证明。而对于"未曾发生的事实"而言，罗马法有法谚云："否定者不承担证明"，不曾发生的事实无法举证证明，或者难以有效证明，若仍要求当事人就消极事实的证明达到一般性诉讼证明标准（高度盖然性），无疑是有失公正的。最为典型的是给付不当得利之诉，不当得利的构成要件

---

① 对于处于弱势地位无法获取证据的情况，也可通过适度地允许负证明责任一方当事人的摸索证明行为，以提高其证据收集和提出能力，但实务上也常会出现摸索证明无法适用的地方，如劳动者的加班记录因为公司倒闭导致许多档案资料灭失等。此时，劳动者提供了与其有利害关系的已经离职的同事的证人证言，虽然证明力较弱，但是若能让法官形成盖然性优势的证明标准，应当认为其已经实现了证明责任。

② 案件事实可以分为积极性事实与消极性事实。积极性事实是指实际发生的事实或者对当事人一方有利的事实。消极事实说最早为德国学者伊尔勒纽斯（Imerius）所创，曾一度为德国学界通说。

有四个方面：一方受有利益；致他人受损害；无法律原因，受有利益而致他人受损害欠缺法律上原因；一方取得利益与他方受到损失之间有因果关系。无法律上的原因即为消极性事实，即使应由权利主张一方当事人负证明责任，也不宜以一般性诉讼证明标准要求，只要原告通过间接举证的方式证明消极事实存在具有一定的可能性即应予以认定。

还有特定类型的案件，待证事实虽非消极性事实，但基于案件本身因素而证明困难。通常表现为：其一，新类型案件。如意外保险事故赔偿纠纷[①]；银行卡被盗刷引起的银行卡纠纷案件[②]。对于早期的银行线上贷款纠纷案件，银行起诉借款人返还贷款本金及利息，但其提供的证据（如借款合同、借款支用单、借款借据等）全无借款人（被告）签字，所有证据均为线上形成，若要求银行将待证事实的存在证明至高度盖然性，显然很难实现（早期银行进行线上放贷还未完全引入人脸识别技术，或者其成本过高而未引入），只能将证明标准予以降低至盖然性优势。[③]后来，随着银行线上贷款审批流程的不断完善，如增加人脸识别等环节，银行证明贷款系借款人本人操作的难度变小。其二，案件本身即证明困难。如离婚纠纷案件，男方以女方对其长期实施"冷暴力"为由，提起离婚诉讼并分割夫妻共同财产。根据证明责任分配规则，男方应就于其有利之事实即女方实施"冷暴力"负有证明责任，但

[①] 对于意外保险合同纠纷中保险事故发生的"意外性"，通常作为保险理赔的前提要件，但"意外性"具有非故意性、非计划性及不可预测性特征，也属于消极性事实。在司法实践中，关于"意外性"这一事实，应由谁负证明责任存在一定的争议。

[②] 在因银行卡被盗刷而引起的银行卡纠纷中，持卡人起诉银行要求其赔偿本金及利息损失，其应对案涉银行卡内的款项交易系伪卡（他人持伪造的银行卡通过银行系统支取款项）交易负证明责任。通常情况下，持卡人只能证明在卡内款项被支出时，其未到过交易地方等证据，并报警获取公安调查笔录，但无法提交直接的证据证明伪卡交易事实的存在。司法实务中，有的法官会通过降低证明标准的方式对待证事实的存在予以认定。如在黎某某与建行广东某支行银行卡纠纷一案中，关于伪卡交易问题，法院认为黎某某提供的卡内款项被盗刷的时间、地点，以及被盗刷后公安对黎某某所作的《询问笔录》，具有较高的可信度，从而认定伪卡交易事实的存在。此处"较高的可信度"显然非高度盖然性，而应当是盖然性优势。参见广东省江门市中级人民法院（2018）粤07民终3771号民事判决书。

[③] 在某行太原分行与范某某等金融借款合同纠纷一案中，对于原告银行所主张的线上金融借款合同关系，法院即以银行所提交的证据资料均为线上生成而无被告签字确认为由，判决驳回银行返还银行借款的诉讼请求。在该案中，法院仍是以高度盖然性的证明标准对借款合同关系这一事实进行判断，最后以证明责任规则作出对银行不利的判决。参见山西省太原市中级人民法院（2019）晋01民终1395号民事判决书。

"冷暴力"本身具有抽象性、不可触摸性，难以有效举证，只能通过降低证明标准的方式，以减轻受害方的证明负担。①

二、证明标准降低的适用条件

（一）案件事实本身性质决定证明困难。一如上述，证据偏在型诉讼中因果关系及过错的证明困难，是该种类型案件中双方当事人举证能力客观上不对等造成的必然结果。受害一方当事人通常处于弱势地位，距离证据较远，也无法有效收集和提交证据证明其事实主张，导致双方当事人无法实现武器对等原则。消极性事实难以举证证明，特别是难以由其本人通过直接证明的方式加以证明，此系因其事实本身性质造成证明困难。另外，案件事实本身性质决定证明困难还包括，达到一般性诉讼证明标准所需的时间和耗费的成本过高，以及可能裁判结果不符合比例原则。

（二）难以找到替代性手段实现证明。在出现证明困难时，应当先由负证明责任一方当事人尽其努力寻找替代性方式进行证明活动，比如针对消极性事实的间接证明，以使得法官对待证事实的存在形成盖然性的心证；或者对于距离证据较远无法有效收集证据一方当事人，允许其进行适度的摸索证明，而弱化其具体化义务。只有无法通过替代性手段进行证明的成本过高而不符合比例原则，或者根本无法找寻到替代性方式时，方可采取证明标准降低方式，减轻当事人的证明负担。降低证明标准应当满足的一个前提是，找不到可能的替代手段来完成与达到一般性证明标准所对等的证明，也就是说负证明责任一方当事人遇到了真正的证明困难。

（三）证明困难致使审理结果显失公正。因为出现证明困难，负证明责任一方当事人难以证明对其有利的事实主张，或者对于待证事实的证明无法达到一般性诉讼证明标准，出现真伪不明状态，而只能承担败诉的不利后果。但是，该裁判结果明显不为一般理性的社会公众所接受，同时违背实体法的

---

① 参见上海市浦东新区人民法院（2019）沪 0115 民初 45291 号民事判决书。

规范目的，那么在该案中适用的一般性诉讼证明标准无疑是过高的，应当予以降低。若仅仅出现证明困难，但根据已经进行的证据调查及辩论全部情况，作出的裁判结果并不会导致明显的不公平，则应对证明标准降低保持克制拒绝态度。

（四）证明责任仅为减轻并没有免除。在进行证明标准降低时，只是减轻了负证明责任一方当事人的证明负担，缓解其遭遇的证明困难，并没有免除或者改变证明责任的分配。权利主张一方当事人对于待证事实仍应尽力收集和提出证据加以证明，只有其证明行为使得法官对于待证事实的存在达到初步心证（或者说，至少具备盖然性占优，即达到50%以上）后，再作进一步举证将面临客观上的证明困难，此时法官将可能依证据调查及法庭辩论情况径直认定待证事实存在；或者，若被告对原告的主张不予认可并提出反驳，法官认为被告有提出证据证明的必要，将主观证明责任转移至被告处，被告未提出有力反证的，则认定原告所主张的待证事实存在。法官采取证明标准降低方式减轻当事人证明负担的前提是，其已经尽到初步的证据提出责任，再作进一步证明后遇到了证明困难。作为权利主张一方当事人，除了要对其主张的事实负有初步的证据提出责任以外，还应当对遇到证明困难负有陈述义务与解释责任。

三、证明标准降低的路径选择

（一）发挥表见证明的机能作用实现证明标准降低

证明标准是法院认定当事人证明成功与否的标尺，其连接着证明责任与证明评价。而证明标准降低则是在一般性诉讼证明标准之外，法官进行证明评价的标尺。若当事人遇到非因自身过错造成的证明困难，可以通过表见证明的机能作用降低证明标准，以减轻当事人的证明难度，避免证明责任裁判。

表见证明（Anscheinsbeweis），是德国法上的概念，由德国帝国法院（Reichsgericht, RG）及联邦最高法院（Bundesgerichtshof, BGH）从判例中发展起来。① 对表见证明进行一般性的定义和解释是十分困难的，"'表见证明'至今尚没有一个令人满意的解释"②。但可以通过外在特征对其一般性加以了解，即法官依照生活经验从已确认的事实事件中推断出与该事实相连接的其他事实。例如，货车司机将货车驶上人行道而伤及行人，依社会公众所持有的一般生活经验，可推断货车司机存在过错。在一个定型化的事态经过发生作用的情形下，可以直接对某一事实作出推定。也就是说，存在一个可以由生活经验验证的典型事件发生过程，从而可以对过去事实的实际情况进行验证，作为对比的典型事件发生过程与被推定的事实过程具有类似性。高桥宏志将其形象地比喻为，"一般的事实认定过程好比乘坐各站点都停靠的列车，而表见证明则是通过特快列车直接达到终点站来进行的特殊的事实认定"，其与"大致的推定"（大致の推定）可以在同一层面上使用。③

表见证明，多被运用在过错的认定与复杂因果关系的判断场合中。当事人只要对典型的事件发生作出证明，法院即可对推定事实作出认定，因为对过错或者因果关系推定的经验法则具有高度的盖然性。在司法实务中，法官主要根据经验法则从被确认的事实中推断出其他的事实。如在医疗事故侵权行为纠纷案件中，医生术后将手术刀遗留在病人体内，法官则推定其存在过错④；在道路交通事故损害赔偿案件中，机动车驾驶人未取得有效驾照，推定机动车一方存在过错及其行为与道路交通事故之间存在因果关系。当事人在对典型事件的发生作出证明后，如果法官对待证事实的存在可以形成初步心证，此时证明的必要性即转移至相对方当事人，若其未能就事态发展过程中存在例外的情形、以至于不符合典型的事件经过提出有力反证，则认定待证

---

① Vgl. Auch O. Jauernig, Zivilprozessrecht, 2007, §50 V.（参见奥赫·科尔宁：《民事诉讼法》，2007年，第50节 V。）
② [德]普维庭：《现代证明责任问题》，吴越译，法律出版社2006年版，第132页。
③ 在日本，虽然有观点认为表见证明与大致的推定是有所不同的，但总体上认为差异不大。所以，高桥宏志认为，"'大致的推定'可以说是一个与表见证明几乎相同的概念"。参见[日]高桥宏志：《民事诉讼法：制度与理论的深层分析》，林剑锋译，法律出版社2003年版，第460-461页。
④ 我国《侵权责任法》以及后来的《民法典》"侵权责任编"对于医疗事故责任纠纷中的因果关系未明确规定进行证明责任倒置，可以通过表见证明降低当事人的证明难度。也有学者提出，可以直接借鉴德国法在重大医疗差错案件中的因果关系倒置的学说与判例。参见周翠：《从事实推定走向表见证明》，载《现代法学》2014年第6期，第119页。

事实存在。所以，在日本的判例中，有时会使用"初步推测"（一応の推定），就是指依据具有高度可能性的经验法则来推测过失和因果关系。[1]其根本实质在于，允许当事人在遇到证明困难时，可以依据经验法则达到初步证明，以促成法官将证据提出责任进行转移。

通过对表见证明的运用，实现了降低证明标准的目的，达到了减轻当事人证明责任的效果。其一，表见证明的前提是存在一个具有高度盖然性的经验法则（典型的事件发生），从而以该前提推定结果事实的存在。从逻辑上理解，前提条件本身只是高度盖然性的经验法则[2]，以此为基础推断出的事实的盖然性势必会低于高度盖然性，至多与高度盖然性持平，可见表见证明运用的结果即为证明标准的降低。其二，表见证明的作用在于，将证明对象从要件事实转化为更容易证明的典型的关联事实。[3]若其无法体现降低证明标准的作用，由大量司法判例发展出来的表见证明制度将失去其生命力。在具体的案件中，因高的证明要求在任何因果关联证明中都带来了极大的困难并且可能导致不公平的结果，法院通常借助于表见证明对因果关系的认定降低证明标准，只是这种心证活动较少公开。

表见证明是在证明评价过程中对经验规则的应用，其本质上为证明评价的一部分，但不是独立的证明手段。通过表见证明，可以降低特定类型案件及其他证明困难案件的证明标准，减轻负证明责任一方当事人的证明难度。若法院在评价认定事实时，认为某一待证事实有表见证明的适用并准备运用，那么其采取表见证明方式进行证明评价的根本原因和动机是，认为该待证事实可借由表见证明达到可被认为已经证明的状态。如果法官采取表见证明的方式对某项事实进行推定，对方当事人只需提出反证[4]就可以推翻，而无须提

---

[1] 参见［日］安井英俊：《现代型诉讼における「一応の推定」の機能について》，载《The Doshisha law review》2007年第3期，第279页。（参见安井英俊：《现代诉讼中"初步推定"的功能》，载《同志社法律评论》2007年第3期，第279页。）
[2] 从盖然性的角度来衡量经验法则，其通常是达不到百分之百的。
[3] 参见周翠：《从事实推定走向表见证明》，载《现代法学》2014年第6期，第108页。
[4] 反证与反面证据不同，反证与本证相对，反证的提出只需动摇法官对本证的心证即可；而反面证据为本证，其应当使得法官对反面证据证明的事实存在形成心证（内心确信），而非仅是动摇其已经形成的心证。

出反面证明。相对方当事人可以直接针对表见证明运用得以适用的前提事实与结果事实本身,以及两者之间的因果关系,提出反证予以推翻。

需要明确的是,表见证明不会引起客观证明责任转换,在适用表见证明的诉讼案件中,负证明责任一方当事人提出表见证明事实认定的,只是减轻了负证明责任一方当事人的证明难度,降低了对待证事实为真的证明标准,而非对证明责任进行重新分配。为了胜诉或者反驳,对方当事人通常只需提起反证足以动摇表见证明得出的结论即可,不必将反证事实证明到更高的盖然性。[1]

(二)直接降低证明标准

所谓直接降低证明标准,是指法官在证明评价中将对待证事实认定为真所要求的心证程度直接予以降低。通常为法官无法通过表见证明方式降低证明难度,而由法官依证据调查及辩论全部情况,根据自由心证对待证事实予以认定。

表见证明被用来降低证明标准的情形,主要是针对因果关系与过错的认定。司法实践中仍有大量其他要件事实难以证明,如消极事实,表见证明对其并无法形成有效证明。针对消极事实,表见证明的前提条件——具有高度盖然性的经验法则所认定的典型的事件发生——难以证明,也就是,对此负证明责任一方当事人直接就消极事实进行证明难度较大,或者其即使进行证明(如陈述事件的发生经过),但也难以提供相应的证据佐证。罗森贝克认为,对于未发生的事实,虽然不能以直接方式证明,但仍可经由以下方式加以举证,即:某事物被发现,但若事实存在时,该事物不应被发现;或相关事实未被发现,然如其存在,应被发现。但对间接方式的证明,以能够使法官形成初步心证为可,而无须要求一定达到较高程度的心证要求。如以长期遭受"冷暴力"为由提起离婚诉讼的一方当事人,可通过提交其与配偶之间的微信聊天记录,证明长达一年时间内只有其发出信息而无对方的回音(既无微信回应,也无通话及短信回复)。虽然对方可能会提起其常与原告当面

---

[1] 参见周翠:《从事实推定走向表见证明》,载《现代法学》2014年第6期,第119页。

交流，但根据生活经验可以判断原告所主张的"冷暴力"存在比不存在的可能性高即可，而不宜对证明标准提过苛的要求。[①]部分不当得利案件同样如此。

通过直接降低证明标准的方式，减轻负证明责任一方当事人的证明负担，法官认定待证事实存在达到盖然性优势的判断，也多为借助于生活经验。法官在进行证明评价时总是会运用经验法则[②]，这种法则多来源于法官自身的经验知识，然而当法官在具体案件中裁判事实问题时，其通常并非采用以科学测验为基础的经验知识，而是根据其日常生活经验中获得的认知[③]。当然，生活经验并非表见证明所独有的现象。其实，不论采取什么样的证明标准，证明评价依然是法官对待证事实进行评价是否达到其内心所掌握的尺度的内心活动，主观性是证明评价所无法回避的特征。对于存在证明困难情形的，法官无法形成心证，适用证明责任裁判明显不符合实体正义的，法官才会采取

[①] 笔者在中国裁判文书网上以婚姻家庭纠纷为案由的生效民事判决书为检索对象，以"冷暴力"为关键词，在2018年1月1日至2019年12月13日期间的裁判文书有206篇（可能有部分案件因涉及个人隐私而未上网）。原告提出"冷暴力"主张后，通常无法提供有力证据证明，而法院也多不会支持其主张。若支持原告的离婚请求，也多以其他事实与理由作裁判基础。

[②] 所谓经验法则，是建立在经验基础上的，通过大量同类事实得出的一般性结论，其或者是一般生活经验，或者是专门的专业知识。与具体事实相反，经验法则涉及抽象的学说。参见［德］奥特马·尧厄尼希：《民事诉讼法》（第27版），周翠译，法律出版社2003年版，第265页。

[③] 一般认为，这种经验知识可能建立在科学的基础上，更有可能是建立在日常生活中，并且具有较高程度的可靠性。通常获取经验法则的途径有，法官的个人阅历、鉴定意见、专家意见及其他方式。在司法实务中，法官可能会同时借助于其对生活常识的理解和个人的亲自实践也可以作为一种经验法则的来源。比如在民间借贷案件中，原告起诉要求被告返还欠款50万元及利息；提供借款借据和收据一份，载明借款本金为50万元，其中30万元通过银行转账、20万元现金交付，借据确认以上款项均收到。被告辩称，对借款借据的真实性予以认可，确已收到30万元银行汇款，但是20万元现金并未实际收到。双方就20万元现金是否实际交付产生争议。原告在诉讼中申请证人出庭作证，该证人为两人共同的朋友，证明当时在出具借款借据时他看到现场有一个蓝色长条形的袋子，原告告诉其里面装的是现金，后来他因为临时有事走开了。被告对证人语言质证认为，首先没有收到现金，其次证人与原告串通撒谎。法官先让证人退庭，询问原告当时袋子里有多少现金，厚度大概是多少？原告回答20万元现金，用手比画了厚度。法官让其再三比画，最后确认厚度大约10厘米。为了确认20万元现金的厚度，法官查阅了一张崭新的人民币厚度，后因为考虑到人民币新旧的不同，又专门到银行取了5万元现金（均为新币），通过该5万元现金厚度来推测20万元现金都是新币的情况下为多厚。法官查阅一张新人民币的厚度和亲自取5万元现金以推断20万元厚度，即为依经验法则对事实进行判断。类似案件在司法实践中时有出现，相关文书可参见：江苏省宿迁市中级人民法院（2019）苏13民终2793号民事判决书；江苏省南通市通州区人民法院（2015）通余民初字第0367号民事判决书，在该案件中，法官即采取了来自一般生活经验中的经验法则"根据日常生活经验，82600元现金的厚度远不止四五厘米"对当事人主张事实的真实性进行判断。

直接降低证明标准的方式,以减轻当事人的证明难度与负担。另外,针对证据偏在型案件,负证明责任一方当事人已经就待证事实提出初步证据,法官无须形成过高的证明标准即可将证据提出责任转移至证据偏在一方当事人,若该方当事人未能尽到提出证据责任,则法官可视未被提出证据的性质及重要性,决定将待证事实存在的证明标准降低或者直接认定待证事实存在。

法官可以通过证明评价活动在实质上提高或者降低证明标准,即使设定比较明确的证明标准,也难以使其摆脱法官证明评价中主观性因素的制约,因为除非明显违背人类公认的常识或者规律,法官之外的人没有理由将自己理解的证明标准强加给法官。[1]证明评价活动中的主观性在所难免,这一点不容回避。[2]只是,对于直接降低证明标准应当予以最大限度的克制。

四、证明标准降低的规制

证明标准降低制度是建立在法官自由心证的基础上,不可避免地存在法官恣意裁判的可能。在对证明标准降低制度进行建构的同时,应当注重对制度运行的规制,强化程度把握与程序规制。

(一)程度控制

证明标准降低是以一般性诉讼证明标准为高起点向下降低,其降低的程度应受控制,而非不受节制地降低。上文已经分析,根据我国法律规范层面、司法实务及学界整体倾向于认为一般性诉讼证明标准为高度盖然性。那么,所谓证明标准降低即以高度盖然性为高点向下降低。如果以德国诉讼法学者埃克罗夫(Ekelöf)所设计的刻度盘来计算,证明标准降低的下限为大致可

---

[1] 参见段厚省:《证明责任、证明标准和证明评价的实践互动与制度协调》,载《南京师大学报(社会科学版)》2007年第3期,第26页。
[2] 即使在个别证据偏在并不那么明显的案件中,也可能会涉及法官运用生活经验进行证明评价的情况。法官在证明评价中运用表见证明对证明标准进行间接的降低,或者依据生活经验进行直接的降低。如在最高人民法院指导案例第128号案件中,法院即依据生活经验及结合专家意见等对被告是否有污染环境的行为进行认定。参见最高人民法院指导案例第128号[李某诉某置地(重庆)有限公司环境污染责任纠纷案],发布时间2019年12月26日。

第四章 证明责任减轻的典型方法之三：证明标准降低

能，即从非常可能下降到大致可能，由非常可能的下限 75% 降低至大致可能的下限 51%。若是 50%：50%，则为法官的心证平衡，待证事实陷入真伪不明。埃克罗夫的观点其实是建立在北欧（以瑞士、瑞典为代表）国家的优势原则（51%-74%）基础上。①

尽管证明标准是法官在自由证明评价时内心对待证事实真实与否的心证程度，其是法官内心的自由评价，任何人不得随意进行干涉。但是，法官内心对证明标准的降低，仍然需要有程度上的把握，而非可恣意而为。首先，证明标准降低存在下限的规定，即达到 51% 以上，这是证明责任分配一般规则的基本要求，证明标准降低并非免除证明责任，而只是主观证明责任上的减轻。而若逾越 51% 达到 50% 及以下，将突破证明责任的基本原理。其次，法官对证明标准的调整仍然需要满足一般理性的法官所普遍认知的程度。法官的内心确信应当为思想、自然和经验法则的耦合。但是，这种一般理性的法官所普遍认知的程度，同样不能违背一般社会公众的普遍认知，即对待证事实为真的心证程度，也应当是普通人也通常会认为确实如此。不论法官为了追求事实真相还是保障实体正义的需要，将证明标准降低到 51% 以上的何种程度，其仍须达到内心的心证程度，即至少要达到心证平衡（50%：50%）以上。

---

① 埃克罗夫认为，可以通过一个假定的刻度盘来表述法官在诉讼证明评价中要求达到的程度，这个刻度的顺序依次是"不可能""不太可能""可能""大概""一定"到"明显"，它们分别代表不同的证明评价点。他把要求证明的刻度称为证明责任点，证明责任的出现是因为某个盖然性值低于证明责任点，不是基于真伪不明的存在。这个刻度盘对应的百分比为：1%-24%＝非常不可能，26%-49%＝不太可能，51%-74%，75%-99% 非常可能。刻度盘的两极：0%＝绝对不可能，50%＝完全不清楚，100%＝绝对肯定。参见［德］普维庭：《现代证明责任问题》，吴越译，法律出版社 2006 年版，第 102-104 页。

（二）程序控制

一如上述，自由心证在尊重法官自由裁量权的同时，也带来另一层面的问题——恣意裁判。对于司法实务上法官降低证明标准的行为，若不加以合理约束与规制，无疑会严重破坏法律的安定性。所以，有必要对证明标准降低进行程序控制，并至少应当把握两个方面：

其一，证明标准降低的心证过程及结果应及时公开。在诉讼中，法官适用证明标准降低评价待证事实的真实性，并以此作出初步判断时，应及时将心证的形成过程及结果向当事人公开。如认为主张有利事实一方当事人已就待证事实提交了初步证据，法官根据该方当事人提出的证明困难的主张进行评估，认为其确系证明困难故而将主观证明责任予以转移。这一心证及结果的及时公开，意在保障相对方的知情权与参与权，避免裁判上的突袭。

其二，证明标准降低结果应允许当事人论辩与上诉。民事诉讼是由原告、被告及法院共同构成的三角架构关系，相互对立的当事人之间的对抗行为与审判权的居中裁判构成了相对稳定的等腰三角形，这种结构通过审判权的居中判断有助于督促双方当事人就于其有利之事实为主张和证明责任，以查明案件基本事实。诉讼的推进与案件事实的查明，由法官和双方当事人共同完成。法官对事实与规范之间逻辑关系的认证，须给予当事人充分阐明观点与意见的机会。这也是哈贝马斯的商谈法律理论的理论基础——程序合理性的要义所在。所以，最后一个环节就是，应当保障当事人对证明标准降低的心证形成理由及其认定结果享有提起上诉的权利。

结　语

　　一般性诉讼证明标准的确立，有助于统一司法裁判尺度，提升法律的安定性与可预测性。但是，一般性证明标准无法兼顾到全部诉讼案件的公平问题。对于证据偏在、案件自身性质异于普通诉讼以及其他特殊民事诉讼案件，由于证明能力不足而出现证明困难，当事人尽其努力仍然无法对待证事实的存在与否实现有效证明，若适用证明责任裁判于其有失公正。对此，有必要采取一定方式降低法官对待证事实为真的心证要求，减少真伪不明情况的出现，在查明事实真相的基础上裁判，实现个案上的正义。证明标准降低，可以起到减轻当事人证明责任的效果。我国民事司法实践已对证明责任降低规则进行有益探索，但是民事诉讼法立法（包括司法解释）层面仍处于缺位状态。笔者认为，我国民事诉讼法有必要构建统一的证明标准制度，明确一般性证明标准与证明责任降低规则。若《民事诉讼法》进行立法规定时机尚未成熟，可以考虑先从民事诉讼法的司法解释层面进行规定。

第五章　建构我国证明责任减轻制度的基本思路

我国证明责任分配理论及制度，需要进行修正与完善。针对非可归责于当事人自身原因造成的证明困难情况，应当建构一定的规则体系减轻当事人的证明负担，克服真伪不明，追求实体正义。这既是完善证明责任分配理论体系以达成逻辑自洽的需要，也是对经验实证上的自发实践的回应，还是追求个案审理结果实体正义的应有之义。通过对证明责任减轻的基本理论的研究，以及对证明责任减轻的典型方法进行类型化研究，为提出建构我国证明责任减轻制度打下了基础。建构我国证明责任减轻制度，应当注意基于我们自己的"问题"意识，建立在客观分析我国证明责任分配现状的基础上，借鉴比较法上的经验，对我国证明责任减轻的模型、范式及其他具体的制度进行细化，提出符合实际又具有可操作性的建议。

第一节 我国证明责任分配的现状

一、我国证明责任分配的制度现状

（一）关于证明责任分配一般规则的规定

以罗森贝克的"规范说"作为证明责任分配一般规则的理论基础，在德国、日本等大陆法系主要国家已经发展得较为完备并形成体系。[1]罗森贝克的证明责任分配理论自引入我国以后，经过学界先辈们持续不断地解读与研究，已经逐渐成为我国理论界的主流观点。以"规范说"为基础确立我国民事诉讼证明责任分配原则已为学界多数学者所主张[2]，并应当以"规范说"为基础构建我国民事诉讼证明责任分配的一般规则[3]。

尽管我国历史上第一部《民事诉讼法（试行）》（1982年10月1日施行）第56条规定了"当事人对自己提出的主张，有责任提供证据"，且在1991年

---

[1] 上文已经分析，尽管"规范说"受到一定挑战，并因此形成诸如危险领域说、利益衡量说、消极事实说等新的学说，但这些新的学说相较于"规范说"而言更加具有不确定性、随意性及其他缺陷。故而，"规范说"仍是德、日等国及我国台湾地区的通说。

[2] 持该观点的文章有：张卫平：《民事证据法》，法律出版社2017年版，第287-291页；李浩：《民事判决中的举证责任分配——以〈公报〉案例为样本的分析》，载《清华法学》2008年第6期；王亚新、陈杭平、刘君博：《中国民事诉讼法重点讲义》，高等教育出版社2017年版，第105-107页，当然该书作者也提到了"规范说"自身也在不断地修正与调整；胡学军：《法官分配证明责任：一个法学迷思概念的分析》，载《清华法学》2010年第4期，第87页，该文认为我国证明责任分配应采取并实际上是采取了"规范说"；任重：《论中国"现代"证明责任问题——兼评德国理论新进展》，载《当代法学》2017年第5期，第19页，该文认为罗森贝克证明责任论可以肯定地确认已为我国民事诉讼的理论共识。

[3] 肖建华、周伟：《民事证明责任分配体系刍论》，载《北京科学大学学报（社会科学版）》2009年第4期，第48页。

施行的《民事诉讼法》及其以后的历次修正中得以延续，但仍不能称为现代意义上的证明责任分配。[①]而我国民事诉讼法上述的"谁主张，谁举证"规定是典型的主观证明责任，显然不能作为客观证明责任分配的原则。[②]不过，学界持续地对证明责任理论的研究及已经形成的观点共识，还是为我国民事诉讼规范上的制度建设提供了坚实基础，这些在《民事证据规定》（2001年）中得到了体现。证明责任问题贯穿整个规定，这也是我国最早对证明责任分配问题进行规定的具有指导裁判效力的规范性文件。该规定第2条第1款从主观证明责任的角度规定了证明责任分配原则，第2款则是关于客观证明责任的分担的规定。[③]"规范说"确立的证明责任分配原则在该规定中也得到了体现，如第5条针对合同纠纷案件及代理权争议的规定即为如此。[④]然而，从表述的明确性及体系性看，《民事证据规定》（2001年）仍不能称为已经确立证明责任分配的一般规则，其仅是针对部分类型案件的证明责任分配作了部分规定。

2012年，我国对《民事诉讼法》作出了大幅度修订，最高人民法院于2015年针对修改后的《民事诉讼法》出台《民事诉讼法解释》（2015年）（后分别于2020年12月、2022年3月对该司法解释进行修正），通过第90条、第91条[⑤]及第108条第2款对证明责任的概念及分配规则进行了规定，摒弃了对合同纠纷等不同案件类型单独设定证明责任分配规则的做法，而是选择

[①] 现代证明责任体系是以客观证明责任为核心建立起来的，融入主观证明责任，将真伪不明与证明落空紧密联系在一起，由承担客观证明责任的一方当事人负不当后果。
[②] 张卫平：《民事证据法》，法律出版社2017年版，第286页。
[③] 《民事证据规定》（2001年）第2条规定："当事人对自己提出的诉讼请求所依据的事实或者反驳对方诉讼请求所依据的事实有责任提供证据加以证明。没有证据或者证据不足以证明当事人的事实主张的，由负有举证责任的当事人承担不利后果。"
[④] 《民事证据规定》（2001年）第5条规定："在合同纠纷案件中，主张合同关系成立并生效的一方当事人对合同订立和生效的事实承担举证责任；主张合同关系变更、解除、终止、撤销的一方当事人对引起合同关系变动的事实承担举证责任。对合同是否履行发生争议的，由负有履行义务的当事人承担举证责任。对代理权发生争议的，由主张有代理权一方当事人承担举证责任。"
[⑤] 《民事诉讼法解释》（2015年）第91条规定："人民法院应当依照下列原则确定举证证明责任的承担，但法律另有规定的除外：（一）主张法律关系存在的当事人，应当对产生该法律关系的基本事实承担举证证明责任；（二）主张法律关系变更、消灭或者权利受到妨害的当事人，应当对该法律关系变更、消灭或者权利受到妨害的基本事实承担举证证明责任。"上述修正后的条文没有发生变化。

规定一个统一性分配规则,首次正式确立了我国民事诉讼证明责任分配的一般规则。[①]起草者确认第91条的理论依据是罗森贝克的"规范说"。[②]第91条从法律关系的存在、变更或消灭、妨害角度对证明责任承担作出规定,该项原则实际上是采用了法律要件分类说来确立分配证明责任分配的一般规则。[③]而《民事证据规定》(2019年修正)[④]删去了原证据规定中针对合同纠纷、代理权争议、特殊侵权纠纷及劳动争议的证明责任分配条文,更进一步确认了《民事诉讼法解释》(2015年)中关于证明责任分配一般规则的规定。

(二)关于证明责任减轻规则的规定

以"规范说"理论为基础确立的证明责任分配一般规则系针对通常诉讼而言,但并无法有效应对全部诉讼的证明责任分配问题,特别是在出现证明困难时,如何克服真伪不明,追求案件审理的实体正义,则需要对证明责任进行减轻。我国《民事诉讼法》未对证明责任减轻规则作出规范[⑤],只是在民事诉讼方面的司法解释中有所涉及。最早与证明责任减轻规则有关联的是《民事证据规定》(2001年)第75条关于证明妨碍的规定。[⑥]针对当事人的证据收集能力不足,特别是环境侵权等特殊类型的诉讼,因遭遇证明困难而败诉,严重影响当事人实体权利的保障和实体公正的实现,《民事诉讼法解释》(2015年)第112条规定了文书提出命令制度。[⑦]《民事证据规定》(2019年

[①]《民事诉讼法解释》(2015年)正式明确地提出了我国民事诉讼证明责任分配的一般规则,这一观点得到了诸多学者的认可。相应文章可参见李浩:《规范说视野下法律要件分类研究》,载《法律适用》2017年第15期,第3页;张卫平:《民事证据法》,法律出版社2017年版,第289页;胡学军:《我国民事证明责任分配理论重述》,载《法学》2016年第5期,第44页。
[②] 参见最高人民法院修改后民事诉讼法贯彻实施工作领导小组编著:《最高人民法院民事诉讼法司法解释理解与适用(上)》,人民法院出版社2015年版,第316页。
[③] 李浩:《规范说视野下法律要件分类研究》,载《法律适用》2017年第15期,第3页。
[④]《民事证据规定》(2019年修正)保留对原规定条文未作修改的仅11条,对原规定条文修改41条,新增条文47条;删除了针对证明责任分配规定的第2条、第4条、第5条、第6条及第7条。
[⑤] 周翠:《从事实推定走向表见证明》,载《现代法学》2014年第6期,第108页。
[⑥]《民事证据规定》(2001年)第75条规定:"有证据证明一方当事人持有证据无正当理由拒不提供,如果对方当事人主张该证据的内容不利于证据持有人,可以推定该主张成立。"
[⑦]《民事诉讼法解释》(2015年)第112条规定:"书证在对方当事人控制之下的,承担举证明责任的当事人可以在举证期限届满前书面申请人民法院责令对方当事人提交。申请理由成立的,人民法院应当责令对方当事人提交,因提交书证所产生的费用,由申请人负担。对方当事人无正当理由拒不提交的,人民法院可以认定申请人所主张的书证内容为真实。"

修正）在《民事诉讼法解释》第 112 条的基础上，完善了"书证提出命令制度"，进一步提升当事人的举证能力，以减轻负证明责任一方当事人的证明负担。① 另外，有观点认为，该规定第 9 条对免证事实的规定，特别是第 1 款第 3 项关于法律推定和事实推定②、第 4 条第 1 款关于证明责任倒置的规定，以及《侵权责任法》中关于特殊侵权行为证明责任分配的规定均为证明责任减轻规则③。但证明责任倒置、法律推定及事实推定、免证事实等并非本书所讨论的严格意义上的证明责任减轻规则。④ 总而言之，虽然我国民事诉讼司法解释对证明减轻规则进行了初步规定，但尚未形成完善的证明责任减轻规则体系。

二、我国证明责任分配的司法实践

证明责任与证明责任减轻在我国学界与实务中出现了两个截然相反的背离现象。⑤ 在证明责任上的背离为，客观证明责任在学界已形成理论共识与主观证明责任在实务上更受法官所推崇形成了鲜明的对比；法官在审理案件时更多的是采用反复的证明转换，通过循环论证直到形成心证为止，只在个别案件中不情愿地适用客观证明责任裁判，特别是在出现当事人遭遇非因自身原因的证明困难时更为明显。

---

① 参见江必新主编：《关于理解和适用新民事证据规定的几个问题》，载《人民法院报》2020 年 1 月 9 日，第 5 版。《民事证据规定》（2019 年修正）第 45、46、47、48 条对"书证提出命令"制度作了进一步细化的规定。
② 《民事证据规定》（2001 年）第 9 条对免证事实进行了规定，其中第 1 款第 3 项为"根据法律规定或者已知事实和日常生活经验法则，能推定出的另一事实"。《民事证据规定》（2019 年修正）将该条改为第 10 条，修改后第 1 款第 3 项、第 4 项分别为："根据法律规定推定的事实"和"根据已知事实和日常生活经验法则推定出的另一事实"。
③ 参见周翠：《〈侵权责任法〉体系下的证明责任倒置与减轻规范——与德国法的比较》，载《中外法学》2010 年第 5 期。
④ 证明责任减轻并没有改变客观证明责任的分配，只是通过主观证明责任的转移或者减轻其主观证明责任的提出，以达到减轻当事人证明负担的目的。证明责任倒置是由法律直接将客观证明责任在当事人之间进行了分配，将其倒置于被告处，并不存在证明责任减轻问题。而法律上的推定亦是由法律明确地推定，并不涉及证明责任减轻问题。事实上的推定，类似于表见证明，其应纳入证明评价范畴，通常只是进行证明标准降低的主要手段，而其本身并非证明责任减轻制度。
⑤ 笔者经过考察分析发现，我国证明责任与证明责任减轻概念存在两个背离，而且两个背离的方向截然相反。体现在证明责任概念上，是学界主张客观证明责任，实务上推崇主观证明责任。而在证明责任减轻概念上，是学界研究的不温不火与实务上的自发实践形成对比。

（一）主观证明责任更受法官青睐

从立法到司法适用，主观证明责任备受推崇。当然，上述背离现象尚未被普遍认可，有文章表示客观证明责任理论已经在我国司法实务中深入人心[1]；也有学者认为，在我国审判实务中法官们已能自觉地按照罗森贝克"规范说"进行证明责任分配[2]。但是，随着背离景象没有消减反而加剧的态势，已引起学界的关注与反思。[3] 客观证明责任理论成为理论与实务的共识，可能只是一个美好的愿景。不能回避的是，理论研究对司法实践的指导意义未能达到预期。[4] 根据客观证明责任理论，只有在辩论终结时案件事件事实处于真伪不明之状态，也就是案件要件事实被证明为真或者为伪的概率各在50%，才有适用客观证明责任进行裁判的必要。而司法实务中法官不会轻易选择客观证明责任裁判，即使其作出裁判也极少会在裁判文书中明确表述"真伪不明"，而是选择其他变通方式，如"原告主张成立案涉法律关系的证据不足"[5]"原告所举证据不够充分，不足以证明其主张的事实"[6]"根据现有证据难以认定原告主张的事实存在"[7]"根据现有证据，对原告所主张的请求难以支持"等，最终判决驳回原告的诉讼请求。法官据以作出裁判的法律规定基本上均为《民事诉讼法》第67条第1款以及《民事诉讼法解释》（2015年、2021年、2022年）第90条、第91条，之前则是《民事证据规定》（2001年）

---

[1] 如有论者在文章提出，"什么是民事诉讼中的证明责任，这难道还有疑问？罗森贝克证明责任论难道还有必要继续讨论？"与三大民事诉讼基础理论问题（诉讼目的、诉权和既判力界定）在我国呈现的学术热和实践冷这一截然相反现象不同的是，证明责任论从其被引入伊始便为实务界所一致认同。参见任重：《罗森贝克证明责任论的再认识——兼论〈民诉法解释〉第90条、第91条和第108条》，载《法律适用》2017年第15期，第18页。

[2] 参见李浩：《民事判决中的举证责任分配——以〈公报〉案例为样本的分析》，载《清华法学》2008年第6期。

[3] 国内已有学者注意到相关问题，但仍多是从理论的角度强调客观证明责任本质论，并没有完全认识到实务上法官自发地选择主观证明责任有其深刻的实践理性。相关文章可参见李浩：《证明责任的概念——实务与理论的背离》，载《当代法学》2017年第5期；胡学军：《法官分配证明责任：一个法学迷思概念的分析》，载《清华法学》2010年第4期；许尚豪：《证明责任理论的证据语境批判》，载《政治与法律》2016年第11期。

[4] 参见王刚："两维度"证明责任分配标准的运用》，载《人民司法》2016年第10期，第85页。

[5] 参见湖北省黄石市黄石港区人民法院（2017）鄂0202民初2299号民事判决书。

[6] 参见北京市西城区人民法院（2017）京0102民初13995号民事判决书。

[7] 参见江苏省苏州市相城区人民法院（2017）苏0507民初2510号民事判决书。

第 2 条。

以（2017）京 0102 民初 13995 号民事判决书（案由：房屋租赁合同纠纷）为例。法院经审理认为，原、被告之间的房屋租赁合同关系依法成立并生效，双方均应按约履行。关于原告要求两被告支付 2017 年 4 月的房屋租金损失的诉讼请求及两被告要求原告退还押金及注册保证金的反诉请求。原告主张涉案房屋因被告未将注册地迁出导致房屋空置损失，双方之间合同到期终止，被告公司已在合同到期前将房屋交还原告，原告提交证据不足以证明涉案房屋空置损失系因被告注册地未迁出所致，故本院对其要求以押金抵扣房屋租金损失并要求两被告支付一个月租金损失的主张不予支持。关于两被告主张的支付利息及返还租金请求，亦缺乏合同约定和法律依据，本院不予支持。据此，法院判决驳回原告的全部诉讼请求；驳回两被告的反诉请求。[①]

在"中国裁判文书网"上，以"驳回"为关键词进行搜索[②]，时间跨度选定为 2018 年 1 月 1 日至 12 月 31 日[③]，基层法院审理的民事案件一审判决书有 1427261 份，其中，判决结果为驳回原告全部诉讼请求或者部分诉讼请求的判决书，基本都与上述（2017）京 0102 民初 13995 号民事判决书类似，从主观证明责任角度进行说理。依据判决书的说理逻辑，提出事实主张一方负有提出证据加以证明的责任，即"谁主张，谁举证"，因为其未尽到充分举证责任，故只能对其主张不予支持。如果业务再强一些或者更加注重诉辩交流的法官，可能会在庭审中进行法律释明，告知当事人应当对其主张举证，若未能尽到举证责任可能会承担不利的法律后果。但并非每位法官都愿意在庭审

[①] 原告震某公司起诉要求被告前某公司及奥某公司赔偿房屋租金损失及房屋和办公设备损失，认为两被告在承租其房屋期间未尽修缮注意义务及租赁期限届满未及时搬出造成了租金损失和损坏损失。两被告辩称，与原告存在租赁合同关系，但其已与原告正常交接房屋，不存在逾期交付的租金损失；其对房屋及办公设备损失不知情，且在退租时亦不存在损失。在该案中，两被告还提出了反诉请求。参见北京市西城区人民法院（2017）京 0102 民初 13995 号民事判决书。
[②] 采取"驳回"作为搜索的关键词的缘由在于，一般判决驳回诉讼请求的案件，基本上是因为原告未能尽到证明责任（其提交的证据无法证明其主张的事实或者不足以证明其主张的事实成立），即证明评价结果为伪。而在客观证明责任理论并未完全被实务所接受和运用的情况下，证明评价为真伪不明的情况通常应被包括在证明为伪的情形中。下文若未作特别说明，以"驳回"与"真伪不明"为关键词进行检索和对比，其用意均为如此。
[③] 此处只是随机选取一个年度进行检索统计，旨在能够说明问题即可，故并没有将时间跨度设置过大。以下检索的时间设置基于同样考虑，不再单独说明。

中作此法律释明，当事人理解便罢，若当事人不能理解法官释明之用意，可能会当庭指责法官未审先判、先入为主，从而申诉、上访。

即使最高人民法院作出的驳回诉讼请求或者裁定驳回申请文书，其在说理部分亦是以主观证明责任为中心展开。在"中国裁判文书网"上，以"驳回"为关键词进行搜索，时间跨度选定为 2018 年 1 月 1 日至 12 月 31 日，最高人民法院审理的民事案件判决书及裁定书有 5097 份，其中，在判决驳回诉讼请求及裁定驳回申请文书中，也多表述为"申请人主张存在某事实，但未提供充分的证据加以证明""申请人主张缺乏充分的证据支持"等。[1]

以最高人民法院（2018）最高法民申 111 号民间借贷纠纷案件为例。盛某公司不服云南高院终审判决向最高人民法院申请再审。盛某公司申请再审称，其与恒某公司不存在混同情形，原审未对两者之间是否存在财务混同进行查明，也未同意申请人的调查申请和鉴定申请。最高人民法院经审查后认为，盛某公司的申请再审事由不能成立。理由是：一、盛某公司关于其与恒某公司财产相互独立的主张缺乏充分的证据支持。……据此，最高人民法院裁定驳回云南盛某房地产开发有限公司的再审申请。

从上述最高人民法院"盛某公司关于其与恒某公司财产相互独立的主张缺乏充分的证据支持"的说理可知，也是采用主观证明责任的说理方法。其实，在最高人民法院发布的作为全国法院裁判指导的公报案例和指导案例中，也几乎见不到客观证明责任裁判或者运用客观证明责任原理进行说理而作出的裁判。最高人民法院在一些公报案例及指导案例中的说理逻辑是，被告对其主张负有主观证明责任，但其未提供有效证据加以证明，所以由其承担相应不利的后果，即其主张不被法院所支持。此时，法官对原告所主张之案件要件事实形成心证，即认为案件事实为真的情况下的裁判，非为案件事实真伪不明下的客观证明责任裁判。

如在公报案例宋某诉某银行南京某支行借记卡纠纷一案中，原告宋某在被告银行办理的银行卡于 2015 年 8 月 5 日凌晨连续被盗刷，6 笔合计金额

---

[1] 参见最高人民法院（2018）最高法民申 111 号民事裁定书。

14094元（含手续费94元），后宋某办理银行卡挂失手续，并向警方报案。被告银行辩称不能认定被盗刷构成伪卡交易，并在二审中辩称原告对于密码泄露自身存在过错。法院经审理认为，根据原告提供的现有证据可以认定案涉盗刷行为为伪卡交易，被告银行未能尽到对其所发出的银行卡的安全保障义务应负赔偿责任。被告银行主张不构成伪卡交易，其既未能举证证明案涉银行卡交易系合法交易的事实，也未能举证证明原告对泄露交易密码存在过错，以及原告未尽到妥善保管银行卡的义务，应由其承担举证不能的法律后果。最终判决认定被告应向原告赔偿损失14094元。① 在最高人民法院第64号指导案例（刘某某诉中国某通信集团某有限公司某分公司电信服务合同纠纷案）中，最高人民法院对被告某通信集团公司某分公司之主张不予支持的理由为"被告主张'通过单联发票、宣传册和短信的方式向原告告知了有效期'，但未能提供有效的证据予以证明"。②

（二）法官自发地采取循环动态证明

虽然民事诉讼法司法解释确立了证明责任的分配规则，但是由于人们对其具体内涵并不了解，如何具体地进行操作也并不统一。应当说，作为证明责任分配的一般规则并没有在民事诉讼实践中得到充分运行。尤其是针对社会发展变迁而引发的环境污染、食品安全及消费者权益保护等方面的现代型诉讼，证明责任分配一般规则作为一种事先确定的规则，并无法对证明负担在当事人之间进行有效的分配，从而引发一系列个案审理上的不公平问题。主观证明责任因其可转换性的特质，而深受纠纷的裁判者所青睐。对于根据证明责任分配一般规则无法解决的公平问题，法官通过掌控主观证明责任的分配与转移，实现了当事人之间的武器对等原则。虽然证明责任减轻规则制度上的缺位，但是来自法官群体的自发式实践，较好地解决了当事人的证明困难问题。如最高人民法院第23号指导案例（孙某某诉南京某超市江宁店买

---

① 参见《最高人民法院公报》2017年第12期。
② 参见最高人民法院第64号指导案例（刘某某诉中国某通信集团某有限公司某分公司电信服务合同纠纷案），发布时间为2016年7月5日。

卖合同纠纷案），原告孙某某从被告处购买玉兔牌香肠，后发现部分香肠已过保质期。原告在结账后便立即到服务台索赔。原告的诉讼请求为，要求被告支付14包香肠售价十倍的赔偿金5586元。经审理后，江苏省南京市江宁区人民法院作出判决支持了原告的诉讼请求。法院认为：关于原告孙某某是否属于消费者的问题。[1] 在该案中，原告孙某某作为消费者相对于被告超市而言，在收集和提出证据的能力方面显然无法形成对等，在原告已经提出初步证据后，法官将证据提出责任转移至被告处，而被告未尽到相应的证据提出责任，法官遂根据现有的证据调查及法庭辩论情况认定原告主张成立。

三、实务与理论"背离"的根源分析

一如上述，从基层人民法院到最高人民法院，仍然多是从主观证明责任的角度进行说理，或者借助于主观证明责任实现对陷于证明困难的当事人的证明负担予以减轻，以克服真伪不明，实现实体正义。现代意义上证明责任理论在我国民事诉讼法学界开花结果，但在司法实务中却遭遇了"滑铁卢"。本书试图从三个视角进行解读。

（一）从概念把握难易程度的视角进行解释

客观证明责任概念是现代证明责任理论的核心所在，与之相关概念种类繁多，如罗森贝克提出的确认责任、普维庭提出的抽象的证明责任等，其概念内涵晦涩难懂，难以为实践中所准确理解和适用。[2] 客观证明责任是一种风险负担，其适用的前提是案件要件事实真伪不明。也就是，法官要适用客观证明责任裁判，需要在裁判文书中将真伪不明和风险负担这两个概念进行说明。然而，要在讲究精练、简洁且又通俗易懂的裁判文书中，将客观证明责任、真伪不明与风险负担这三个概念阐释清楚又能让当事人接受，不得不说

---

[1] 参见最高人民法院第23号指导案例（孙某某诉某超市江宁店买卖合同纠纷案），发布时间为2014年1月29日。
[2] 大陆法系证明责任概念的确存在复杂化、烦琐化与抽象化的问题。

是一件较为困难的事情！确实，实务上采取这种说理方式的文书并不多。[①]

相对而言，主观证明责任概念则简单明了，也更易于掌握。"谁主张，谁举证"不仅是在法官、律师及其他法律职业共同体中形成共识，即使在社会公众之间业已被广为接受。[②]法官适用主观证明责任进行裁判时，说理也更加直观。通常表述有："被告主张其已经向原告返还货款1万元，原告对其不予认可，此时被告应就其主张提供证据加以证明，但其未尽到充分举证责任，故本院对被告的相应主张不予支持""原告主张其与被告之间存在某设备买卖合同，被告对此不予认可，原告应当提出相应证据予以证明，但其并未提交证据证明，故应由其承担举证不利的法律后果"，等等。这些主观证明责任裁判式的表述，清晰易懂，即使是一般社会人也能够一目了然知晓其意思及裁判基础所在。正如托克维尔所言："一般而言，征服人心的都是些简单的观念。一个阐述清晰而精确的观念，尽管是错误的，却总比一个正确但复杂的观念更具有力量。"[③]如日本学者新堂幸司提出证明的必要性这一概念[④]，从当事人参与证明的必要性角度使得主观证明责任更加易于理解。而像普维庭那样再将主观证明责任细分为主观抽象的证明责任和主观具体的证明责任似乎并不是十分必要，只会进一步增加概念的复杂性和模糊性。

（二）从价值功能的视角进行解释

主观证明责任的终极目的是发现案件事实真相。主观证明责任的形式功能是确定对具体要件事实提供证据。主观证明责任的本质功能则实际上是使

[①] 笔者在中国裁判文书网上以"客观证明责任"为关键词检索，检索对象为各级法院作出的已经公开的民事判决书，时间跨度为2019年1月1日至12月31日，检索出含有"客观证明责任"的文书仅有11份。而同时期公布的民事判决书有4741969份。那这是不是代表在司法实践中在辩论终结时案件事实处于"真伪不明"状态的只有这11件案件呢？显然不是的。以同样的时间跨度、检索对象，以"真伪不明"作为关键词进行检索，相应的民事判决书有8482份。这说明法官在面对真伪不明这一情况时，有相当一部分是回避客观证明责任概念，而选择更容易解释的主观证明责任概念进行说理。
[②] 实务中，当事人及其代理人有时也会主动提到如"'谁主张，谁举证'，既然你声称你已经还钱，就请你拿出证据来"等反映主观证明责任原理的表述。
[③] [法] 阿列克西·德·托克维尔：《论美国的民主》，曹冬雪译，译林出版社2012年版，第102页。
[④] 即，一方当事人随着诉讼进程的变化而有必要提出证据证明其观点或者主张。

法官在保持中立的情况下获得查明案件事实所需证据资料，最终使法官根据全面的证据调查和辩论情况获得对要件事实的正确心证，从而排除真伪不明状态的发生。与之相比，客观证明责任的根本目的则是提供真伪不明时的裁判方法或者技术，避免法官因具体要件事实真伪不明拒绝裁判。适用客观证明责任裁判的前提是要件事实真伪不明，但是，应当清楚的是作为实际承担裁判结果反向影响的裁判主体——法官来说，最不希望看到的便是在事实真伪不明的情况下作出裁判。[1] 从形式功能上看，客观证明责任是为在要件事实真伪不明时提供裁判方法和分配风险负担。从本质功能上看，客观证明责任应是为法官规避错误裁判的风险提供出逃的路径。

客观证明责任虽然具有实体法的性质，却可以体现出追求程序效率的功能；主观证明责任虽然属于程序法的领域，却可以体现追求实体正义的功能。[2] 两者之于诉讼活动均十分重要，不宜过于绝对地判定主观证明责任的作用弱于客观证明责任，或者说主观证明责任仅仅只是客观证明责任的投影。就追求案件事实真相来说，主观证明责任是要优于客观证明责任的。也正是基于主观证明责任在追求事实真相的优点，法官在审判中更倾向于运用主观证明责任原理进行事实调查和证明评价。当然，如果主观证明责任运用得好，可最大可能地接近案件事实真相，在裁判时陷入真伪不明状态的概率便会降低；如果主观证明责任运用得不好，接近案件事实真相的可能便会减小，在裁判时陷入真伪不明状态的概率便会增加。也正是因为法官与当事人的最终目的均是追求事实真相，所以在现实中出现案件事实真伪不明的情况相对较少。

（三）从法官主体自我风险防范的视角进行解释

不论是辩论主义还是职权主义诉讼模式，法官都是诉讼活动的最为重要的参与主体，最重要的区别在于法官是否完全受当事人的主张及其提供的相

---

[1] 反向影响是指，法官作为作出裁判结果的主体，其会受到当事人对裁判结果不满带来的不确定风险及影响，如败诉一方当事人的投诉、信访。当事人是受到裁判结果直接影响的主体，此为正向影响；而法官受到的则是反向影响。
[2] 参见吴彩丽：《合同证明责任分配问题研究》，复旦大学2012年硕士学位论文，第23页。

应证据资料所约束，但是最终的裁判结果均是法官综合全案证据、案件事实查明情况和辩论全部情况作出的，也就是对裁判结果负责的是法官，这一主体不会发生根本变化。既然要承受裁判结果可能带来的反向影响，法官在采用哪种方式作出裁判上便会仔细权衡，这是一种正常的趋利避害现象。我国一直有着追求客观真实的法律传统文化，不论是在过去，还是当下，我们始终倾向于查清事实真相后再进行裁判。如果公开承认案件事实真伪不明，并在此基础上作出证明责任裁判，等于告知当事人及社会公众，司法在放弃对发现事实真相的追求与努力，此既使得法官内心无法安定，也容易引发当事人乃至社会公众的不满。[1]

主观证明责任是从当事人的视角解释证明责任，并不当然固定于提出诉讼请求的一方当事人，只是在提起诉讼阶段和法官进行初次证明评价时需要由提出诉讼请求的一方当事人负担。随着诉讼程序的推进，若被告对原告的主张予以认可，则法官当然可以形成心证裁判诉讼程序终结。若被告对原告就其主张提交的证据资料不予认可，或者对其要证明的事实不予认可，法官经证明评价活动后认为就争议事实无法形成心证，可能要求原告继续提供证据证明；若法官能够形成心证，可能会要求被告就其辩驳进一步举证，此时发生了主观证明责任的转移。也就是说，辩论主义下，主观证明责任当然分属于双方当事人负担。当前，我国民事诉讼中主观证明责任属于当事人自己负担的观念业已深入人心，法官也更加倾向于选择通过主观证明责任方式说理和裁判。相对必然的行为责任基本属性和分属当事人自行负担的行为意义上的证明责任的基本属性，是主观证明责任重要的两个基本特征。[2] 因为主观证明责任可以随着诉讼的推进而不断地转换，法官正是利用其可转换性根据其不同时段的心证程度而要求双方当事人进行举证。在司法实践中，有时会出现个别疑难复杂案件，特别是涉及案件基本事实难以查清而案件结果又有

---

[1] 参见段厚省：《证明责任、证明标准和证明评价的实践互动与制度协调》，载《南京师大学报（社会科学版）》2007年第3期，第25页。
[2] 参见毕玉谦：《关于主观证明责任的界定与基本范畴研究》，载《西南政法大学学报》2008年第3期，第46页。

着重大社会影响，法官会多次开庭审理。有人批评庭审效率不够高，此可能为原因之一。但更为重要的原因可能是法官认为案件事实仍然未查清，而案件影响重大；或者，已经有当事人威胁若判决结果对其不利将上访、申诉甚至做出极端事件等，于此法官便不敢擅自裁判了。作为法官来说，经过权衡之后的最佳选择就是反复调查，以追求查明事实真相作出裁判。也希望通过这种反复调查行为，让当事人感受到法官在认真负责地对待案件，赢取当事人理解，减少其对法官的不信任感及败诉一方当事人的不满情绪。上述主观证明责任对于追求事实真相与法官防范职业风险的作用，是客观证明责任所不能及的。客观证明责任强调的是从法官的视角来解释证明责任，即使当事人未尽到主观证明责任，其也可能因主张的事实得到对方当事人的认可而得到法官的支持；或者，法官依职权调取证据获得心证，而不会出现真伪不明。

证明责任减轻论
Issue on the Reduction of Burden of Proof

第二节　证明责任减轻制度建构的意义

一、证明责任理论研究的发展

（一）大陆法系证明责任理论研究的发展

1. 德国证明责任理论研究的发展

证明责任概念肇始于罗马法时代。早在罗马法初期，古罗马法学家便使用了证明责任概念，并形成了如何分配证明责任的学说。[①] 罗马法的证明责任分配原则对直到19世纪末期德国的证明责任理论都产生了深远的影响。

德国法上的证明责任被写作"Beweislast"，其为复合词，含有证明和责任、负担的意思。[②] 对于主观证明责任和客观证明责任的含义进行明确的最大贡献者为莱昂哈德，他通过提出证明责任分配的"完全性说"对证明责任具体内涵进行界定，又引入"反驳责任"降低原告的证明负担。莱昂哈德的证明责任理论对后罗森贝克的"规范说"证明责任分配理论具有直接的启发意义。罗森贝克最早将客观证明责任区分为主观证明责任和确认责任，其在1900年博士学位论文《德国民事诉讼法和民法典中的证明责任》[即《证明责任论》（第一版）]中更多地使用"确认责任"这一概念。同时，他将客观证

[①] 最初，罗马法学家提出两大证明责任分配原则："原告必须证明"（Actor probare debet）和"证明义务在主张的一方，不在争议的一方"（ei incumbit probation, qui dicit, non qui negat）。后经演变形成的一般规则为"原告就其诉讼原因的事实为举证，被告就其抗辩的要件事实为举证"。
[②] 如罗森贝克的《证明责任论》的德文名字即为"Beweislast"，另一本被称为"证明责任研究的休止符"的证明责任研究专著，即汉斯·普维庭的《现代证明责任问题》的德文表述为"Gegenwartsproleme der Beweislast"。

明责任与确认责任在内涵上作同等以观。不过,罗森贝克证明责任论正式成为德国通说被认为是在 1923 年。现代证明责任法意义上的"Beweislast"包含主观证明责任和客观证明责任双重含义,客观证明责任是证明责任的本质,主观证明责任是适用客观证明责任判决的结果派生而得,已成为德国学界及实务共识。

罗森贝克的证明责任理论得到了其弟子施瓦布及再传弟子普维庭等人的修正发扬。普维庭对主观证明责任和客观证明责任的概念内涵和相互关系作了进一步的研究和梳理,重新构建了证明责任基本理论体系。普维庭没有对客观证明责任的概念进行直接界定,而是通过分析其功能、性质以阐释客观证明责任的本质;他强调,主观证明责任具有相对独立性,与客观证明责任、主张责任共同构成证明责任基本理论体系。[①] 德国学界致力于主观证明责任的独立性意义和价值的研究一直没有中断,其中不乏对客观证明责任理论构成实质性挑战的学说出现。这些学说并未集中主观证明责任这一纯粹抽象概念上的研究,而是通过阐明义务、证明妨碍、事案解明义务及文书命令提出义务等与主观证明责任相关的概念为中心展开。[②]

总体上,德国证明责任理论经历了主观证明责任概念一枝独秀——客观证明责任被提出并发展成为证明责任本质的论断——主观证明责任研究的重新兴起的发展历程,不过可以确定的是罗森贝克的证明责任理论仍处于通说地位。德国学界认为,"德国通说并未抛弃罗森贝克证明责任论,而是在充分肯定其可适用性的前提下对其理论逻辑的再补充和再完善"[③]。但是,尽管在对主观证明责任进行研究的过程中,学界起初并没有明确提出证明责任减轻的概念,但其所追求的共同目的都是通过对主观证明责任的利用,避免证明责任裁判。特别是,德国学界围绕证明妨碍、证明标准及摸索证明及具体化义

---

① 参见[德] 普维庭:《现代证明责任问题》,吴越译,法律出版社 2006 年版,第 36 页。
② 围绕主观证明责任展开的讨论长达半个世纪之久且没有停下的态势,具体见本书导论部分。
③ Vgl. Prütting, ZZP 123 (2010), S. 135 ff.(参见普维庭:《民事诉讼杂志》第 123 卷(2010 年),第 135 页以后。)转引自任重:《论中国"现代"证明责任问题——兼评德国理论新进展》,载《当代法学》2017 年第 5 期,第 28 页。

务展开的讨论，以及前后态度上的变化，为证明责任减轻（后来正式提出了"证明减轻"概念）的提出打下了基础。

2. 日本证明责任理论研究的发展

德国证明责任理论被引入日本后的发展进路并非一帆风顺，也是经历了被全盘吸收、广受批评、渐为通说、时而涌现新说的过程。早期日本学界将证明责任称为举证责任[①]或者立证责任[②]，即便直到现在日本学界还有人将证明责任与举证责任或者立证责任通用[③]。从日本对德语"Beweislast"的译语使用态度上来看，客观证明责任在日本学界的通说地位并不像其母语国那样坚如磐石，其时刻伴随着挑战而逐步被确立为通说，但同时主观证明责任的回归呼声也一直存在并有赶超之势。

20世纪50年代起莱昂哈德的证明责任学说被全面介绍到日本，并经兼子一、斋藤秀夫等学者所采纳，自此客观证明责任概念在日本得以正式确立并逐渐成为通说。最早将罗森贝克的《证明责任论》翻译成日文的仓田卓次法官认为，从逻辑角度看也许不能说罗氏的证明责任理论是天经地义，但可以将此作为一种预设的"公准"或"公理"来看待。[④] 伊藤真也主张，（客观）证明责任概念不可欠缺，由何方当事人承担证明责任是于诉讼前已由法律规范统一确定的，不会被审理中当事人的举证活动所左右，即使当事人存在"证明必要"的事实上负担，证明责任的不利益也不会发生转移。[⑤]

主观证明责任退居非主流学说，但日本学界对客观证明责任的反思及批判一刻没有停止过，对主观证明责任的研究和推崇在20世纪80年代初期达到顶峰，即相当一部分学者再次呼吁主观证明责任的现象。战后日本第三代民事诉讼法学领军人物新堂幸司提出了证明必要说，也就是所谓的具体的证

[①] 称为举证责任的较为常见。
[②] [日]中村英朗：《新民事诉讼法讲义》，陈刚、林剑锋、郭美松译，法律出版社2001年版，第203页。
[③] [日]高桥宏志：《民事诉讼法：制度与理论的深层分析》，林剑锋译，法律出版社2003年版，第421页。
[④] 参见[日]谷口安平：《程序的正义与诉讼》，王亚新、刘荣军译，中国政法大学出版社1996年版，第236-237页。
[⑤] 参见[日]伊藤真：《民事诉讼法》（第4版补订版），曹云吉译，北京大学出版社2019年版，第253页。

据提出责任,在原告尽到其证据提出责任后,若法官形成内心确信,被告若争取有利结果,其便产生了提出证据动摇法官业已形成的心证的必要。[1]松本博之、小林秀之、并木茂进一步地发展了证据提出责任的概念,并成为主观证明责任的主要倡导者。小林秀之认为其可以从两个维度发挥作用,一个维度是法官维度,通过法院释明敦促一方当事人提出证据;另一维度是当事人维度,控制当事人举证活动,防止证据突袭。[2]由于证明责任为裁判规范,作为与其相区别的行为规范,主观证明责任概念的重新提出与回归[3],是具有一定意义的。[4]并木茂则竭力主张取消客观证明责任这一概念,他的观点极具颠覆性,对证明责任概念的理解又回到了德国证明责任理论引入之前的状态,"表达了一种复杂回简单的愿望,但是,这种愿望在纷繁复杂的现代诉讼世界中必然要灰飞烟灭"[5]。佐藤彰一、井上治典也持客观证明责任否定说,认为真伪不明时作为裁判规范的证明责任不能很好发挥规范当事人举证活动的行为规范的机能,所以应当提倡基于生活行为规范的证明责任。[6]佐上善和、龙崎喜助等人也对主观证明责任与客观证明责任的内涵及功能进行研究,并提出了主观证明责任的独立价值。

上述坚持主观证明责任的观点,虽然极具挑战性,但其因其自身固有的严重缺陷而并未成为通说。因为,这种以行为规范为基础的主观证明责任观具有严重的不确定性。在判断乃至规制方面都缺乏安定性,不能以其具体地

---

[1] 参见[日]新堂幸司:《新民事诉讼法》,林剑锋译,法律出版社2008年版,第394页。
[2] 参见[日]高桥宏志:《民事诉讼法:制度与理论的深层分析》,林剑锋译,法律出版社2003年版,第431页。
[3] 此处称回归,是指在客观证明责任理论被引入日本之前,占据日本学界主流的是证据提出责任,也即主观证明责任概念。
[4] 参见[日]伊藤真:《民事诉讼法》(第4版补订版),曹云吉译,北京大学出版社2019年版,第253页。
[5] 宋朝武:《民事证明责任原理研究》,中国政法大学2006年博士学位论文,第13页。
[6] 参见[日]佐藤彰一:《举证责任论中行为责任的兴起与客观举证责任概念的意义》,载《立命馆法学》1982年第165-166号,第582页;[日]井上治典:《民事程序论》,1993年版,第41页以下。转引自[日]伊藤真:《民事诉讼法》(第4版补订版),曹云吉译,北京大学出版社2019年版,第253页。

构建行为责任分配原则，更不能作为一种原理性的学说予以定位。[①] 相较而言，新堂幸司虽提出了证明的必要性概念以强化主观证明责任的地位，但其并不完全认同上述独尊行为意义上的证明责任。[②] 但是，不能忽略的是，上述主观证明责任的重新提出及挑战，对于完善证明责任分配规则体系有着十分重要及深远的积极意义，并对日本实务界也产生了越来越大的影响。

3. 大陆法系证明责任理论研究发展的评价

德国、日本作为大陆法系代表性国家，其证明责任概念发展进路相似，都是经历着从主观证明责任为主要学说到客观证明责任的提出与逐渐取得通说地位（日本则是客观证明责任的引入并逐渐取得通说地位），再到主观证明责任向客观证明责任本质论提出挑战的发展轨迹。罗森贝克的证明责任理论并不是完美无缺的，其亦有固有缺陷和力有不逮之处，如在兼顾个案公正上因为缺乏对主观证明责任的充分运用而有所缺失。从日本证明责任概念发展进路看，主观证明责任理论虽然仍居于少数说，但其直击客观证明责任裁判规则在实践中无法统一适用于纷繁复杂的具体案件这一"痛点"，则体现出其理论的价值意义和生命力。

（二）我国证明责任理论研究的发展

1. 证明责任的"双重含义说"

我国对证明责任问题的研究起步晚得多，真正形成系统性的研究应该是从20世纪90年代初期开始。[③] 我国证明责任概念最早是以日本为中介输入的德国法上的概念。1906年，日本民事诉讼法学家松冈义正受晚清政府邀请

[①] 参见胡学军：《从"抽象证明责任"到"具体举证责任"——德、日民事证据法研究的实践转向及其对我国的启示》，载《法学家》2012年第2期，第166页。
[②] 参见[日]新堂幸司：《新民事诉讼法》，林剑锋译，法律出版社2008年版，第392页。
[③] 自20世纪90年代中期伊始，民事诉讼法学教材及证据法方面专著开始就证明责任问题进行讨论。而研究证明责任、举证责任方面的论文则更是不胜枚举，笔者在中国知网以证明责任、举证责任为题名进行搜索，在1990年至1999年期间，以举证责任为题目的论文有240余篇，以证明责任为题目的论文有65篇；而在1980年至1989年期间，以举证责任为题目的论文仅有42篇，以证明责任为题目的论文仅有5篇。

来华指导立法并担任教学工作。① 正是他将证明责任理论介绍到了中国，其在早期著作中经常混用"立证责任"和"举证责任"概念。松冈义正将举证责任定义为："举证之责任者，简言之，即当事人为避免败诉之结果，而有证明特定事实之必要（Notwendigkeit）也。"② 从其表述可知，松冈义正是从主观证明责任角度对证明责任进行定义的。松冈义正的主观证明责任理论对旧中国民事诉讼理论影响很大，当时一些学者也是从主观证明责任角度来理解证明责任概念。③ 新中国成立之后，我国民事诉讼法学理论的构建深受苏联民事诉讼理论的影响，其中证明责任理论自不例外，从而暂时中断了与以德国为首的大陆法系证明责任理论的联系与吸收借鉴。

进入20世纪80年代中后期，学界持续对德国、日本以及英美法系的证明责任理论进行研究，现代证明责任理论逐渐被引入到我国。④ 随着诉讼模式及诉讼追求的变化，学界已就证明责任包含主观证明责任和客观证明责任两个方面含义形成共识。⑤ 一方面是"结果意义上的证明责任"，经过当事人的攻防活动之后才会在诉讼终结时发挥作用，具体指，如果当事人的证明行为没有使得法官形成心证（待证事实为伪或者真伪不明），则由其承担不利后果及败诉风险；另一方面是"行为意义上的证明责任"，其从诉讼开始即发挥作用，具体指，当事人负有收集和提出证据证明其事实主张的负担或者必要，以避免其主张的事实不被认定。⑥ 上述观点与德国当前主流观点是一致的，德

---

① 松冈义正于1906年来华，担任京师法律学堂民法学、民事诉讼法和破产法等课程的教学，自1908年起开始指导民法典等立法工作。参见［日］松冈义正：《民事证据论》，张知本译，中国政法大学出版社2004年版，"勘校导言"，第2-3页。
② 参见［日］松冈义正：《民事证据论》，张知本译，中国政法大学出版社2004年版，第30页。
③ 参见李浩：《民事证明责任研究》，法律出版社2003年版，第13-14页。
④ 经检索中国知网，在1980-1989年期间以"举证责任"和"证明责任"为题目有文章近50篇，而自1990年起相关文章已近300篇。
⑤ 参见周翠：《〈侵权责任法〉体系下的证明责任倒置与减轻规范——与德国法的比较》，载《中外法学》2010年第5期，第699页。
⑥ 参见王亚新：《民事诉讼中的举证责任》，载《证据科学》2014年第1期。

国所有的教科书或者法条评释都承认证明责任的双重含义观点。[①]

自20世纪90年代起被学界所逐渐认可，到现在客观证明责任成为绝对主流观点。[②] 客观证明责任作为一种证明上的负担，在诉讼终结时对要件事实真伪不明承担不利后果的法律风险。对于客观证明责任与案件要件事实真伪之间的关系，理论上虽然有不同表述，但其核心要义没有本质区别，如"证明责任是指事实真伪不明时，法官因不得拒绝裁判而采用的处理办法，依照预先规定的裁判规范由当事人所承担不利后果的一种负担"[③]；"客观证明责任则在对裁判具有显著意义的事实处于真伪不明（non liquet）时，决定哪一方当事人承担证明不能（Beweislosigkeit）的后果"[④]。

不过，近几年证明责任理论发展出现了新的动向，学界开始关注客观证明责任的固有缺陷，有文章提出回归主观证明责任或者相关概念。基于抽象证明责任对诉讼实践解释的困难而不断发展出来的"补丁"（表见证明、摸索证明、间接反证等），以弥补抽象证明责任理论的困境，提出了具体举证责任概念，以此作为旗帜对上述"补丁"进行概括。[⑤] 具体举证责任甚至开始被认为是在我国证明责任领域中"真正的现代证明责任问题"，"在双重含义这一理论共识下，具体举证责任论进一步对证明责任的内涵和外延进行了提纯，以建立'法律问题（证明责任）—事实问题（具体举证责任）'的二元结

[①] Vgl. MunchKomm/Prütting, ZPO (2008), §286 Rn. 93 ff.（参见穆科姆、普维庭:《民事诉讼法》，2008年，第286条，页边码93以下。）Baumbach/Lauterbach/Albers/Hartmann, ZPO (2009), Anh. §286, Rn. 2.（鲍姆巴赫、劳特马赫、埃尔伯斯、霍特曼:《民事诉讼法》，2009年，第286条，页边码2。）转引自周翠:《〈侵权责任法〉体系下的证明责任倒置与减轻规范——与德国法的比较》，载《中外法学》2010年第5期，第699页。
[②] 参见李浩:《证明责任的概念——实务与理论的背离》，载《当代法学》2017年第5期，第4页。作者认为，现在任何一本有影响力的民事诉讼法教科书，在阐述证明责任时，都会把证明责任与事实真伪不明联系在一起，都会说明证明责任是指作为裁判基础的法律要件事实在作出裁判前处于真伪不明状态时，一方当事人承担的裁判上的不利后果。在学术著作和论文中，客观证明责任也基本上一统天下。笔者认为，从现有教材、专著和论文来看，学者们对于客观证明责任概念的理解如李浩教授所言，已基本达成共识。
[③] 张卫平:《证明责任概念辨析》，载《郑州大学学报（社会科学版）》2000年第6期，第61页。
[④] 周翠:《〈侵权责任法〉体系下的证明责任倒置与减轻规范——与德国法的比较》，载《中外法学》2010年第5期，第699页。
[⑤] 参见胡学军:《从"抽象证明责任"到"具体举证责任"——德、日民事证据法研究的实践转向及其对我国的启示》，载《法学家》2012年第2期。

构"①。还有文章提出，对证明责任分类体系进行重新认识和建构。②

2. 立法上证明责任概念的演变

一方面，民事诉讼法上客观证明责任概念尚未确立。新中国历史上第一部《民事诉讼法（试行）》（1982年）第56条的规定，从文义表述看，这是典型的主观证明责任概念，此与当时我国深受苏联民事诉讼法理论影响有着直接关系。此后一段时期内的民事诉讼法教材也体现的是主观证明责任观，这是当时立法和学界的共同认识，将证明责任界定为"当事人对自己提出的主张提供证据加以证明的责任"③。立法规定及教科书中均未涉及真伪不明问题，是存于当事人、立法者、法官脑海中的，还是倾向于认为案件事实通常情况下可以查明，而几乎未意识到真伪不明问题。当时我国民事诉讼与刑事诉讼一样追求客观真实的证明标准。1991年《民事诉讼法》颁布实施④，但是，关于证明责任的规定没有变化，包括后来2007年、2012年、2020年、2022年及2023年的多次修正也均未变动。

另一方面，司法解释上客观证明责任概念逐步被提出。与立法不同，我国司法解释则有了一个相对转变的过程。司法解释最初同《民事诉讼法（试行）》一样从主观证明责任角度来理解证明责任。⑤自20世纪80年代中期以来，法院系统开始进行民事审判方式改革，希望通过减少对个案上司法资源的投入，以实现提高司法效率的目的；该项改革以"强化当事人举证责任"为口号，强调应当把法院依职权收集证据为主的通行做法转变为证据主要由当事人自己收集并提交，法院负责审查证据的分工方式。此次民事审判方式的改革使得证明责任相关概念及学说理论得以大量引进，也使得从"客观真

---

① 参见任重：《改革开放40年：民事审判程序的变迁》，载《河北法学》2018年第12期，第33-34页。
② 参见周洪波：《证明责任分类的体系重构》，载《法制与社会发展》2020年第3期。
③ 王怀安：《中国民事诉讼法教程》，人民法院出版社1992年版，第154页。
④ 1991年4月9日第七届全国人大第四次会议通过。
⑤ 最高人民法院于1992年7月14日公布的《关于适用〈中华人民共和国民事诉讼法〉若干问题的意见》第74条规定："在诉讼中，当事人对自己提出的主张，有责任提供证据。"其与《民事诉讼法（试行）》同样持主观证明责任态度。

实"到"法律真实"的观念转变。①作为此次民事审判方式改革的成果之一即为,最高人民法院于2001年12月21日公布《民事证据规定》,证明责任问题贯穿于整个司法解释。该《民事证据规定》第2条第1款规定的是当事人负有的主观证明责任,第2款规定开始涉及客观证明责任概念。不过,严格地说,第2款规定的"客观证明责任"与现代证明责任理论还存在本质上的不同,因为其并未明确规定案件要件事实真伪不明情况下如何分担证明责任问题。"只区分了'证据足以证明'和'证据不足以证明',而未将证明责任与'真伪不明'联系起来,而后者恰是德国客观证明责任理论体系的出发点。"②不过第73条第2款规定"因证据的证明力无法判断导致争议事实难以认定的,人民法院应当依据举证责任分配的规则作出裁判",已经有了些许"案件事实真伪不明"的含义了。应当说,客观证明责任在《民事证据规定》中呼之欲出。这也是我国广义立法视角下首次出现"真伪不明"之意思表示,具有十分重要的理论和实践意义。2015年2月4日起施行的《民事诉讼法解释》对待"真伪不明"的态度相对明朗化,除了在第90条对《民事证据规定》第2条规定予以确认外,首次提出了"举证证明责任"这一概念,同时在第108条提出了"待证事实真伪不明"概念。③如果说第90条还不能称为严格意义上的客观证明责任规定的话,那么结合第108条对待证事实真伪不明的规定,可以说《民事诉讼法解释》已经对客观证明责任进行了初步规定,尽管其体系尚不完整。

真正意义上的客观证明责任体系应当是直接将案件事实真伪不明与不利裁判结果相联系,是对于不利裁判的风险的法定分担方式。其实,从《民事

---

① 参见王亚新、陈杭平、刘君博:《中国民事诉讼法重点讲义》,高等教育出版社2017年版,第103-105页。
② 周翠:《〈侵权责任法〉体系下的证明责任倒置与减轻规范——与德国法的比较》,载《中外法学》2010年第5期,第700页。
③ 《民事诉讼法解释》(2015年)第90条规定:"当事人对自己提出的诉讼请求所依据的事实或者反驳对方诉讼请求所依据的事实,应当提供证据加以证明,但法律另有规定的除外。在作出判决前,当事人未能提供证据或者证据不足以证明其事实主张的,由负有举证证明责任的当事人承担不利的后果。"第108条第2款规定:"对一方当事人为反驳负有举证证明责任的当事人所主张事实而提供的证据,人民法院经审查并结合相关事实,认为待证事实真伪不明的,应当认定该事实不存在。"

证据规定》和《民事诉讼法解释》起草者的解读来看，立法者既对学界已经对客观证明责任理论形成共识非常清楚，也对客观证明责任乃证明责任的本质的观点予以认同。起草者认为："结果意义的举证责任建立在法官不能因事实不清而拒绝裁判的理念之上，它解决的是待证事实真伪不明时法官如何裁判的问题，实质上是对事实真伪不明的一种法定的风险分配形式。"[①]

二、证明责任减轻制度构建的现实必要[②]

"规范说"立足于既有规范的分配规则，可能造成无法应对立法时尚未考虑到的诉讼案件类型的证明责任分配问题。罗森贝克"规范说"的方法论——不适用规范原则——是建立在大陆法系民事诉讼司法推理三段论的基础上。抽象的法律规范构成大前提，被确认为真实的具体案件事实构成小前提，当作为小前提的具体案件事实被证明为真时，可以将其运用到已有的大前提即法律规范上；当作为小前提的具体案件事实被证明为伪时，则无法将其运用到已有的大前提法律规范上；而当案件事实真伪不明时，罗森贝克认为此时也不适用对主张一方有利的法律规范。但是现实中，许多法律规范的大前提不能直接适用于具体的生活事实，因此应当将法律要件具体化，将从大量事实链条中甄别出来的重要事实与法律要件相联系，从而进行三段论式的推理，即用生活事实这个小前提去比较法律要件这个大前提，然后得出逻辑结论。所以，德国学者恩继希将其形象地描述为"（法官）在法律要件和生活事实之间不停地左顾右盼"[③]。这种司法推理三段论的法律适用方法建立在完善的成文法基础上，如果实体法并未达到十分健全的程度，"规范说"的适用空间将会受到影响。在德国这样成文法发达的国家，德国民法典充分地考虑到证明责任的分配问题，"规范说"这一方面缺陷可能不会特别凸显。但在其

---

① 参见最高人民法院修改后民事诉讼法贯彻实施工作领导小组编著：《最高人民法院民事诉讼法司法解释理解与适用（上）》，人民法院出版社 2015 年版，第 310 页。
② 关于证明责任减轻提出的实践意义，本书在导论部分已经加以分析，本部分在导论的基础上进一步加以阐述。
③ [德] 普维庭：《现代证明责任问题》，吴越译，法律出版社 2006 年版，第 163 页。

他国家，即使如日本这样有民法典且制定法体系较为完善的国家也同样会遭遇诸多麻烦，如日本民法典的起草者都承认只有少数的条文考虑到了证明责任的分配问题。与德国力图以立法来解决建立举证规则不同的是，日本如梅谦次郎等法学家以及其他政府官员却认为在立法中考虑证明责任会使条文变得更加零碎而作为法律应当写得明白易懂。[①] 如果一个国家成文法上缺乏上述"三段论"最重要的一环——法律规范——这一大前提，则"规范说"的运用自是会受到一定程度的限制。如 2001 年发生在重庆的烟灰缸致人损害案，因缺少实体法上的依据，最后法官便依经验法则推定楼上住户存在过错。[②] 我国《民法典》从立法条文表述上来看也未对证明责任分配问题予以全面规定。

即使有了实体法规范，司法实践中，不同案件涌现的事实争议千变万化，许多问题仅仅通过事先制定的实体法规范尚无法逐一应对，严格按照一套既有的分配规则对复杂多变的案件在当事人之间进行证明责任分配，有时难免会使得责任分配过于机械流于僵化，从而导致裁判结果与事实真相背离，而引发个案上的不正义。如假设有这样一个案件（原告李某诉被告赵某保证合同纠纷案），根据证明责任分配的一般规则，原告李某应对其债权请求权未经过保证期间及主张后的诉讼时效承担证明责任，但是原告尽其举证能力也只能提供证人证言，而被告作为案件事实（原告李某是否去被告赵某家中主张过权利）可能的亲历者，在经过法官多次释明仍拒不到庭或者接受法官当面

[①] 在日本明治时期制定日本民法典时，在制定之初就没有考虑通过立法建立举证规则，而且当有立法委员建议为了明确举证责任应在但书中作一定规定时，还遭到了著名法学家梅谦次郎及其他政府官员的否定，故而日本民法典并没有明确规定证明责任分配基本规则，以及在条文中对证明责任规则也较少涉及。参见〔日〕谷口安平：《程序的正义与诉讼》，王亚新、刘荣军译，中国政法大学出版社 1996 年版，第 240 页。

[②] 当时，我国《侵权责任法》尚未颁布实施。2001 年 5 月 11 日凌晨，重庆市民郝某被临路楼上坠落的烟灰缸砸中头部。后其被鉴定为 3 级智能障碍伤残等。2001 年 8 月，受害人郝某将可能坠落或者被抛出致人损害之物的楼房一定楼层以上的所有住户及开发商均起诉至法院，要求所有被告共同赔偿其医药费等各种费用 17 万余元。重庆市渝中区人民法院经审理认为：郝某对于开发商的诉讼请求于法无据，不能支持。郝某对于所有住户的诉讼请求，难以确定该烟灰缸的实际所有人，当天房屋有人实际居住的住房均不能排除扔烟灰缸的可能性。据此，依据经验法则推定所有楼上住户存在过错，判决由当时有人居住的一定楼层以上的 20 户住户分担赔偿责任。一审判决作出后，20 户住户不服，提起上诉。二审法院判决维持原判。参见最高人民法院侵权责任法研究小组编著：《〈中华人民共和国侵权责任法〉条文理解与适用》，人民法院出版社 2010 年版，第 578-579 页。

询问。在这种情况下若仍然适用证明责任规则判决原告负不利后果，是有失公平的。证明责任分配一般规则确立的前提之一是诉讼双方当事人主体地位的完全平等，着眼于诉讼双方证据收集和提出能力、证明能力及诉讼认知等方面的相对平衡，这是一种理想主义情形支持下的诉讼构造。而现实中民事法律行为发生时、在纠纷产生后及诉讼过程中，双方当事人有时并不拥有对等的攻击防御机会。

以客观证明责任为根基建立起来的证明责任分配规则，追求通案的正义，以"规范说"为其理论基础，符合法律安定性的要求，但有时会忽略个案的特殊性，而造成实体正义被破坏。我国长期以来重视引进和研究客观证明责任理论，但是针对现代型诉讼及部分新类型诉讼等证据偏在案件及因待证事实性质造成当事人证明困难的其他案件，证明责任分配一般规则在这种特殊情境下无法有效地查明案件事实真相，导致裁判结果于实体上不公正。为避免这种可能出现的个案裁判结果不公正问题，司法实践中法官在自发地采取循环证明与动态证明的方式，以最大限度地查明事实真相，竭力避免证明责任裁判。然而这种自发式的探索并不能完全保障所有案件裁判结果的实体正义，亦存在法官自由裁量权过大甚至恣意裁判的风险，也不利于司法裁判标准的统一。若能对这种"自生自发"的减轻证明责任的探索进行中国语境下的理论提升，将会有更为深远的实践意义。

第三节　建构我国证明责任减轻制度的设想

不论是"规范说",还是围绕"规范说"缺陷进行批判而兴起的其他证明责任分配学说,在对证明责任进行分配时所考量的无外乎实体法上的规范目的及政策追求,以及程序法上的证据距离、证明难易等因素。但无论依据何种学说,证明责任分配必须保障当事人之间的平等地位与实现案件实质上的公平正义。即使被奉为通说的"规范说"也有其适用的盲区,而须进行例外性的规定,以确保实现上述目的。针对非可归责于当事人原因造成的证明困难情况,我们应当建构一定的规则体系减轻当事人的证明负担,克服真伪不明,追求实体正义。

一、证明责任减轻制度建构的基本追求

(一)查明案件事实真相

证明责任减轻的目标之一是,避免证明责任裁判,即通过一定的替代方法或者法律技术尽可能地查明案件基本事实,避免在法庭辩论终结时出现真伪不明状态。当事人将其遭遇的纠纷诉诸司法,其所期待的是法院依法公正地审理案件,在查明事实真相的基础上作出裁判,从而保障其实体利益。证明责任判决,只能是最后的救济。从保护系争的实体利益角度来看,诉讼法上要有一个发现真实的要求——法官应作出慎重而正确的裁判,要发现案件的客观上的真实。在依一般规则对证明责任在当事人之间进行分配后,基于

各当事人举证能力的限制与不同、举证意愿的高低与大小，可能会出现于辩论终结之时案件事实真伪不明状态。以主观证明责任为基础建立起来的文书命令提出、证明妨碍、摸索证明、证明标准降低等规则，可以构成证明责任减轻制度的有机内容，以实现发现真实的目的。

（二）保障武器平等原则

所谓武器平等原则，也称武器对等原则，简单地说就是在诉讼中保障当事人都有平等收集和提出证据资料以支持其诉讼主张的机会。武器平等原则要求，法院能够公平地对待双方当事人，保障当事人平等地提出事实主张及证据进行证明，也就是使得双方当事人享有平等的攻击防御机会。从当事人的角度来看，即为武器平等原则或者当事人对等原则；而从法官的角度来看，则是双方审理（寻审）主义。[1]保障当事人之间实现武器对等原则，是司法的公正性的必然要求，也是法治要求的应有之义。对于普通性诉讼而言，当事人之间通常可以享有对等的收集和提出证据资料的机会与能力，但在证据偏在型及因案件自身性质导致的证明困难的情况下，则当事人之间并无法实现真正意义的对等地位。证明责任减轻制度建构的基本要求之一，即应为通过不同技术方法或者规则以缓解遭遇证明困难一方当事人的证明压力，平衡诉讼地位悬殊的程序利益与实体利益。

（三）实现个案实体正义

与证明责任分配一般规则所具有的普遍适用性而兼顾公正与效率不同，证明责任减轻规则则以追求个案实体正义为首要价值。针对某特定类型案件或者个案上出现的证明困难问题，通过证明责任减轻规则对失衡的利益进行平衡与矫正，以实现个案裁判结果上的正义。司法的公正首先应当体现在个

---

[1] 参见［日］伊藤真：《民事诉讼法》（第4版补订版），曹云吉译，北京大学出版社2019年版，第181页。

案之中，并经由无数个案的正义汇聚成为司法的整体正义。

二、证明责任减轻规则建构的基本设计

（一）规则体系：一般与例外

证明责任分配规则建构的体系性可从以下两个层次进行考虑：

首先，确立证明责任分配的一般规则。以"规范说"为理论基础构建我国民事诉讼证明责任分配一般规则，已经取得理论共识。我国民事诉讼基本上属于规范出发型诉讼，与大陆法系传统国家一样以三段论来构造民事诉讼[①]，与此一致，证明责任的分配理论基础也主要是实体法上的要件分类。经由《民事证据规定》（2001年）初步规定，并最终由《民事诉讼法解释》予以系统性地规定，且在《民事证据规定》2019年修正时将与一般规则重复的个别类别案由的证明责任分配规定予以删除，在规范建设层面上取得良好基础。证明责任分配的一般规则的确立，有助于促进法律的安定性，将使得民事诉讼证明责任的分配具有可预测性与可期待性。因此，我国应在《民事诉讼法》中通过立法的形式对证明责任分配的一般规则予以规定。

其次，确立证明责任分配的减轻规则。对于证明责任分配的一般规则无法兼顾的个案公正问题，主要是针对证据偏在型诉讼及案件固有性质造成非因当事人原因造成的证明困难，建构证明责任减轻规则，以克服案件事实真伪不明，避免证明责任裁判。梳理民事诉讼层面司法解释关于证明责任减轻规则的个别性规定，将其在民事诉讼立法层面予以规定。

最后，明确减轻责任规则是一般规则的例外。应准确界定减轻规则与一般规则之间的关系问题，确立以"规范说"为理论基础的证明责任分配规则为一般规则，而证明责任减轻规则为例外的定位。作为一般规则的例外规则，

[①] 即根据大前提（实体法规范）和小前提（符合实体法规范的要件事实），将小前提运用大前提中推导出结论（判决主文）。

证明责任减轻没有改变客观证明责任的分配,权利主张一方当事人仍应就其事实主张收集和提出初步的证据加以证明,且负担案件事实真伪不明的败诉后果。针对存在非因当事人原因造成的证明重大困难,对当事人由于证据偏在及欠缺证据收集手段而造成的举证能力不足问题,证明责任减轻规则可通过要求掌握证据的对方当事人负证据提出责任来加以减缓。

(二)减轻前提:证明困难

不论是证据偏在的诉讼类型,还是特殊的案件类型,抑或是个案的需要,适用证明责任减轻规则的前提均是出现了非可归责于当事人自身原因造成的证明困难。所以,普维庭等人所著的德国《举证责任手册》将德语"Beweiserleichterung"称为证明减轻[1];也有称为证明救济,即放宽举证责任。[2]

一方面,案件事实本身造成证明困难。案件事实本身造成证明困难,是指非因当事人自身原因所造成,具有客观性。证明困难包括"不能证明"或者"证明重大困难"两个方面。"不能证明",是指从客观上可以判断对待证事实进行证明无法进行。如对于火灾事故中灭失的祖传古画及工艺品,非为从市场购入没有交易凭证,损害事实本身与损害数额均无法证明。再如证据偏在于一方,负证明责任一方当事人无法接近证据或者缺少证据收集和提出手段。"证明重大困难",是指待证事实虽非"不能证明",但若对其进行证明所耗费的成本支出与裁判可能支持的利益不符合比例原则。如在损害赔偿之诉中,受损害一方当事人为证明其所受损失所耗费的成本支出及占用的司法资源,将远大于其所主张或者证明成功后裁判可能支持的金额。

---

[1] Laumen/Prütting, Handbuch der Beweislast, Band I, 4. Aufl., 2019, § 12 Rn. 4.(劳曼、普维庭:《举证责任手册》(第1卷),2019年第4版,第12节页边码4。)
[2] See Matthias Schmidt & Piotr Bogdanowicz, The infringement procedure in the rule of law crisis: How to make effective use of Article 258 TFEU, 55 Common Market Law Review 1061–1100(2018).(参见马蒂亚斯·施密特和彼得·博格达诺维奇:《法治危机中的侵权程序:如何有效利用欧盟运行条约(TFEU)第258条》,载《共同市场法评论》,第55卷,2018年,第1061-1100页。)

另一方面，证明困难致使审理结果显失公正。在特定类型案件中，因出现证明困难导致待证事实的存在与否无法证明，导致负证明责任一方当事人承受不利的后果，于结果上明显有失公正。而该证明责任分配导致的后果负担明显有失公正，且也不符合社会公众之合理期待。如银行卡被盗刷案件、给付型不当得利之诉、环境污染损害赔偿纠纷及损害数额无法确定的赔偿之诉等，权利人无法有效收集和提出证据证明其所主张的事实，导致承受败诉的后果。虽然出现证明困难，但法官经对证据调查及辩论情况进行综合评估，作出的裁判结果不会导致明显的不公平，应对适用证明责任减轻规则保持克制。

（三）证明过程：动态证明

证明责任减轻，是通过一定的规则（证明标准降低、允许适度摸索证明或者损害赔偿酌定等）缓解其证明困难，减轻其证明负担，但并没有免除提出权利主张一方当事人的证明责任。前文通过对三类证明责任减轻典型方法的类型化研究，对其中共性的证明特点进行提炼可知，在具体案件的证明中能够通过动态证明减轻证明困难一方当事人的证明负担，法官可以通过对主观证明责任的运用更加轻松地掌握动态证明的程度。

通常意义上的动态证明，是指就某项要件事实当事人已经尽到证据提出责任，法官对案件事实的存在形成心证，若对方当事人对此提出异议，则应由其提出证据加以反证，也即主观证明责任发生了动态的转移。与动态证明相关的概念是证明的必要，其由日本学者新堂幸司首次提出。[①] 这种证明模式，也正是实务上为法官所更喜欢的证明方式。

相对而言，证明责任减轻视域下的动态证明，在就某项要件事实负证明责任的当事人尽到举证义务后，对于法官心证程度的要求有所不同。负证明

---

① 新堂幸司认为，在原告就其主张的事实提出有力证据后，法官对此抱以确信，被告便陷入了必须提供反对证据以动摇法官确信的境地，否则将面临败诉。参见［日］新堂幸司：《新民事诉讼法》，林剑锋译，法律出版社 2008 年版，第 394 页。

第五章 建构我国证明责任减轻制度的基本思路

责任的当事人就待证事实的存在所进行的证明（本证），使得法官可以形成初步的心证（也就是，心证程度并不要求一定要达到一般性诉讼证明标准，如高度盖然性，有的达到盖然性占优即可）时，此时另一方当事人为避免败诉则产生证明的必要性，即其应当针对待证事实的不存在提出证据加以证明（反证），至少使得法官内心对待证事实的存在与否形成心证平衡（即陷入真伪不明），否则将承受败诉的风险。若反证成功，则再进入本证证明阶段。如此循环证明，其本质上是主观证明责任在双方当事人之间不停地来回转换，形成了动态的证明现象。

在负主观证明责任的当事人未提出任何证据且对方当事人未进行自认时，法官可直接以其未提出证据证明其主张为由而判决负证明责任的一方当事人败诉，而无须再将主观证明责任转移至对方当事人。针对非因当事人自身原因造成证明困难的情形，若根据其所提交的证据，法院对待证事实能形成一定的心证，可以认为其已经尽到主观证明责任；此时，若对方当事人不予反驳，则认定事实存在；若对方当事人提出反驳的证据，则主观证明责任便再次发生转移。此与英美法系的证明责任分层理论在证明过程上有一定的相似之处。[1]

动态证明有助于法官通过主观证明责任保障存在证明困难的案件双方当事人之间实现武器对等。当负证明责任的一方当事人已经尽到主观证明责任，但因非可归责于其原因遇到了证明困难，此时法官考虑到待证事实的特殊性（如损害赔偿之诉中的事实与金额难以证明），并无法将其转移至被告处（因为被告可能也无法掌握相应的证据资料），若作出证明责任裁判，会明显有失公平，则可根据证据调查及辩论情况依自由心证予以酌定。

---

[1] 根据英美法系证明分层理论，对有关争点，首先由主张该事实存在的当事人承担提供证据责任，当主张者履行了初步责任后，提出证据责任便转移至对方当事人。参见［美］约翰·W. 斯特龙主编：《麦考密克论证据》（第5版），汤维建等译，中国政法大学出版社2004年版，第655页。但是，英美法系的证明责任模式是建立在陪审团审判的基础上而发展起来的，不以"规范说"作为主要理论依据，且就证明标准而言大陆法系（通常为高度盖然性）高于英美法系（优势证据），故证明分层理论并不能直接作为本文讨论的证明责任减轻的参考依据。

至此，证明责任减轻模型下待证事实的证明进程可以描述为：对于存在证据偏在以及案件事实使得当事人出现非因自身原因造成的证明困难，为保障当事人之间武器平等，法官应当采取一定的技术手段或者规则减轻负证明责任的一方当事人的证明负担。法官通过主观证明责任掌握整个诉讼的证明进程，负证明责任的一方当事人应当先就事实提出初步的证据，只需让法官形成较低的心证程度，即可认定该方当事人尽到其证据提出责任。此时，若待证事实本身具有特殊性，对其进行主观证明责任的转移也无法解决实体上的公平问题，则依证据调查与辩论情况依自由心证直接认定。若不存在上述问题，则将主观证明责任转移至对方当事人，特别是当证据偏在于该方当事人时，其持有与掌握能够证明案件事实的证据资料，要求其提出相应的证据资料可以弥补负证明责任的一方当事人举证能力不足的问题，同时也有助于查清案件事实真相。证据偏在方当事人尽到其证据提出责任的，法官便应当就待证事实存在与否进行评价，若就待证事实仍然无法形成心证，则判决负证明责任的一方当事人承担不利后果；反之，若证据偏在方当事人未能尽到相应的证据提出责任，法官可对待证事实存在所应达到的证明标准予以降低，甚至直接认定待证事实存在，而无须进行证明责任裁判。

在动态证明的基础上，本文试图对证明责任减轻规则的范式进行提炼：第一步，负证明责任的一方当事人应尽其能力先提出初步证据，证明待证事实的存在具有一定的可能性，促成法官内心对待证事实形成初步心证，同时提出并合理解释其面临非可归责于自身原因而造成进一步举证的困难。第二步，法官区分待证事实的不同性质以决定是直接依自由心证认定，还是将证据提出责任（主观证明责任）转移至对方当事人；若将证据提出责任予以转移，而对方当事人未尽到证据提出责任，则接下来不再发生证据提出责任的转移，此时，由法官对待证事实是否存在进行判断，原则上判定对方当事人

（不负证明责任的一方）负不利后果。第三步，若对方当事人尽到证据提出责任，则法官可以再将证据提出责任转移至负证明责任的一方当事人，或者法官直接根据证据调查及辩论情况依自由心证进行认定，判断待证事实是否成立，而客观证明责任仍由原当事人负担。本书将其命名为证明责任减轻的"三步递进"范式。

三、证明责任减轻规则建构的程序保障

证明责任减轻的具体方法如损害赔偿酌定、证明标准降低以及对摸索证明许可性的判断，均建立在法官自由心证的基础上，不可避免地存在法官恣意裁判的可能。自由心证要求法官对事实判断根据逻辑与经验法则作出，本质上排斥任何法律规则，有利于根据诉讼案件具体情况作出正确的事实估量，但它的缺点是容易可能导致法官裁判存在一定的随意性，造成当事人对证据证明力预期的不确定性。[1] 所以，在建构证明责任减轻制度的同时，应当通过合理的制度设计，维护当事人的程序利益，限制法官恣意，防止裁判突袭。

（一）心证适时公开

所谓自由心证原则，意旨在证明评价中，法律一般不对证据方法（证据资格、证据适格）、证据资料以及事实推定等事项作事先规定，直接将其交由法官依照经验法则予以判断。[2] 自由心证是相对的，应有限制法官随意的保障措施。[3] 现代自由心证制度，强调法官必须公开自己对事实的判断并表明自己的法律见解，即心证公开，以保证当事人进行利益衡量，获取值得当事人信

---

[1] 参见马贵翔：《论证据裁判主义与自由心证的衡平》，载《北方法学》2017年第6期，第70页。
[2] 张卫平：《自由心证原则的再认识：制约与保障——以民事诉讼的事实认定为中心》，载《政法论丛》2017年第4期，第15页。
[3] 陈卫东、谢佑平：《证据法学》（第2版），复旦大学出版社2016年版，第162页。

赖的判断结果,彻底防范突袭性裁判的产生。① 心证公开,包括诉中与诉后两个阶段,即在诉讼过程中与判决作出后,法官均应及时向当事人公开心证形成的依据及结果。我国《民事诉讼法解释》(2015 年)第 105 条及《民事证据规定》(2019 年修正)第 85 条对自由心证及其公开进行了规定,其为裁判文书的事后公开,并未涉及诉讼中的心证公开。② 对摸索证明予以许可的阶段包括诉讼前和诉讼中,若仅为裁判文书的事后公开,可能会造成纠纷在未进入诉讼之前即已造成当事人之间的权益失衡。如法官适用证明标准降低评价待证事实的真实性,并以此作出初步判断时,应及时将心证的形成过程及结果向当事人公开。

(二)程序参与保障

所谓程序参与保障,是指应允许当事人论辩与上诉。民事诉讼是由原告、被告及法院共同构成的三角架构关系,相互对立的当事人之间的对抗行为与审判权的居中裁判构成了相对稳定的等腰三角形,这种结构通过审判权的居中判断有助于督促双方当事人就于其有利之事实为主张和证明责任,以查明案件基本事实。诉讼的推进与案件事实的查明,由法官和双方当事人共同完成。法官对事实与规范之间的关系认证,须给予当事人充分阐明观点与意见的机会。正如哈贝马斯所指出的,商谈的法律理论把司法判决的合理可接受性不仅同论据的质量相连接,而且与论辩过程的结构相连接,其理论基础之

---

① 参见李祖军:《自由心证与法官依法独立判断》,载《现代法学》2004 年第 5 期,第 106 页。
② 《民事诉讼法解释》(2015 年)第 105 条规定:"人民法院应当按照法定程序,全面、客观地审核证据,依照法律规定,运用逻辑推理和日常生活经验法则,对证据有无证明力和证明力大小进行判断,并公开判断的理由和结果。"
《民事证据规定》(2019 年修正)第 85 条规定:"人民法院应当以证据能够证明的案件事实为根据依法作出裁判。(第 1 款)审判人员应当依照法定程序,全面、客观地审核证据,依据法律的规定,遵循法官职业道德,运用逻辑推理和日常生活经验,对证据有无证明力和证明力大小独立进行判断,并公开判断的理由和结果。(第 2 款)"
《民事证据规定》(2001 年)第 64 条规定:"审判人员应当依照法定程序,全面、客观地审核证据,依据法律的规定,遵循法官职业道德,运用逻辑推理和日常生活经验,对证据有无证明力和证明力大小独立进行判断,并公开判断的理由和结果。"

一即为程序合理性概念。[①]当事人的参与权，不仅为保护当事人的程序权所必要，也系赋予其程序选择权所必需，当事人可以就法官心证公开情况明确争点，从而对其诉讼主张加以调整，这关系到当事人的程序利益与实体利益，理应将选择权和决定权赋予当事人本人。

四、证明责任减轻制度建构的立法建议

我国可在民事诉讼法上尝试构建一套完备的证明责任分配及减轻规则制度体系。本书尝试从以下几个方面提出建议。

（一）建立多元证明责任分配规则

建立以罗森贝克"规范说"为基础的证明责任分配一般规则，并规定例外情况下可以适用证明责任减轻规则进行修正。

建议对《民事诉讼法》第67条[②]进行修改，修改后的条文表述为：

"当事人应就于其有利的事实主张，负有证明责任。但法律另有规定，或者依其情形显失公平的，不在此限。

在法庭辩论终结后，当事人未能提供证据证明其事实主张成立或者待证事实真伪不明的，由负有证明责任的当事人承担不利的后果。

当事人及其诉讼代理人因客观原因不能自行收集的证据，经当事人及其诉讼代理人申请，人民法院可以调查收集。

人民法院认为审理案件需要的证据，可以依职权调查收集。

人民法院应当按照法定程序，全面地、客观地审查核实证据。"

[①] 参见［德］哈贝马斯：《在事实与规范之间——关于法律和民主法治国的商谈理论》，童世骏译，生活·读书·新知三联书店2014年版，第277-278页。
[②] 我国现行《民事诉讼法》第67条规定："当事人对自己提出的主张，有责任提供证据。当事人及其诉讼代理人因客观原因不能自行收集的证据，或者人民法院认为审理案件需要的证据，人民法院应当调查收集。人民法院应当按照法定程序，全面地、客观地审查核实证据。"

（二）进一步确立自由心证主义制度

虽然我国民事诉讼司法解释已初步承认并建立自由心证制度，但是从立法层面上尚未建立完全的自由心证主义。

建议在《民事诉讼法》第十二章"第一审普通程序"第五节"判决和裁定"增加一条"自由心证制度"，相应的立法条文可表述为：

"人民法院在作出判决时，应当根据证据调查结果及辩论全部情况，依自由心证，对事实主张的真实性作出判断。作为法官心证根据的理由，应在判决中予以公开载明。"

（三）建立多元证明标准制度

我国民事诉讼法有必要构建统一的证明标准制度，明确一般性证明标准与证明标准降低规则，并辅以证明标准提高规则。

建议在第六章"证据"中增设以下条文：

"（一般性诉讼证明标准）人民法院根据证据调查结果及辩论全部情况进行审查，确信待证事实的存在具有高度可能性的，应当认定该事实存在。

（证明标准降低）但是，负证明责任的当事人遇到非因自身原因造成证明困难的，人民法院认为待证事实的存在具有较高可能性的，可以认定该事实存在。

（证明标准提高）当事人对于欺诈、胁迫、恶意串通事实的证明，以及对于口头遗嘱或赠与事实的证明，人民法院确信该待证事实存在的可能性能够排除合理怀疑的，应当认定该事实存在。"

（四）适度地许可摸索证明

我国民事诉讼对于摸索证明可持谨慎的许可性态度，即：总体上否定，例外地对特定类型、特定情形及特定阶段下的摸索证明予以许可。摸索证明的许可与否关涉着当事人证据收集和提出问题，其于起诉前与诉讼中均有适用空间。但是，对于起诉前和诉讼中的摸索证明的态度应有所区别，起诉前应较诉讼中更加倾向于许可摸索证明。鉴于我国《民事诉讼法》已经建立了证据保全制度（第84条）及举证期限制度（第68条），且当前我们仍应对摸索证明持谨慎的许可性态度，暂可通过最高人民法院司法解释的形式予以规定，待时机成熟后再予以立法规定。

建议在《民事诉讼法解释》中增加一条关于证据保全的细化规定，或者对《民事证据规定》（2019年修正）第25条[①]进行修改，在第1款中增加一句"当事人因客观原因无法知晓需要保全的证据的基本情况的，应当说明需要保全的证据与争议事实的关联性"。修改后的第25条表述为：

"当事人或者利害关系人根据民事诉讼法第84条的规定申请证据保全的，申请书应当载明需要保全的证据的基本情况、申请保全的理由以及采取何种保全措施等内容。当事人因客观原因无法知晓需要保全的证据的基本情况的，应当说明需要保全的证据与争议事实的关联性。

当事人根据民事诉讼法第84条第1款的规定申请证据保全的，应当在举证期限届满前向人民法院提出。

法律、司法解释对诉前证据保全有规定的，依照其规定办理。"

（五）损害赔偿酌定制度

为解决损害赔偿诉讼中的证明难题，我国应在民事诉讼法上构建统一的损害赔偿酌定制度。

建议在《民事诉讼法》第十二章"第一审普通程序"第五节"判决和裁定"增加一条"损害赔偿酌定"，相应的立法条文可表述为：

[①] 该规定第25条规定："当事人或者利害关系人根据民事诉讼法第八十一条（注：实际应为第八十四条，后民事诉讼法又有修正，下同）的规定申请证据保全的，申请书应当载明需要保全的证据的基本情况、申请保全的理由以及采取何种保全措施等内容。当事人根据民事诉讼法第八十一条第一款的规定申请证据保全的，应当在举证期限届满前向人民法院提出。法律、司法解释对诉前证据保全有规定的，依照其规定办理。"

"当事人对于是否有损害以及损害的数额存有争议,主张损害赔偿一方当事人不能证明或者证明存在重大困难的,人民法院应当根据证据调查结果及辩论全部情况予以酌定。

人民法院对损害及损害数额酌定的依据与理由,应当在庭审中适时地予以公开,给予当事人陈述意见的机会,并将其记明于裁判文书。"

结 语

证明责任减轻概念的出现，并非凭空而生，而是有其理论价值和实践意义的。首先，它弥补了以"规范说"为基础建构的证明责任分配理论的缺陷，而这种缺陷是"规范说"仅靠自身无法克服的。其次，它回应了法官自发地采取动态证明方式追求案件事实真相的实践。证明责任减轻，不是对证明责任分配一般规则的否定，而是在认可一般规则作为证明责任分配基本规则的前提下的减轻规则。两者之间的关系定位为一般规则与例外规则。所以，证明责任减轻不是洪水猛兽，没有颠覆传统证明责任分配理论，而只是对传统证明责任分配理论的发展与完善。本书由经验事实出发，转向理论探讨，目的是建构证明责任减轻的理论及制度。合理设计证明责任减轻的理论模型，是最为核心的内容。从规则体系（一般规则与例外规则）、减轻前提（证明困难）、证明进程（动态证明）三个方面设计我国证明责任减轻的制度模型，在某种程度上是结合了我国证明责任分配的制度现状与司法实践。我国司法实务上的动态证明经验，为我们提炼证明责任减轻规则的"三步递进"范式提供了实践基础。

我们不用担心，证明责任减轻会赋予法官过大的自由裁量权，追求实体正义是证明责任减轻理论的主要价值追求。所以，在制度模型设置时就应规定严格的适用条件：出现负证明责任的一方当事人陷入证明困难的情境，且无其他可替代式的证明，或者证明成本过高违背比例原则，此时若当事人仍负有证据初步提出义务，则案件审理结果可能显失公正；同时，基于程序保障规则，要求法官适时公开心证，赋予当事人程序参与权，允许当事人论辩并有权就相应法律适用及规则适用提起上诉，以限制可能产生的法官裁判恣意。最后要明确的是，证明责任减轻的适用主体是遇到非可归责于自身原因而遭遇证明困难的负证明责任的一方当事人，并不局限于原告，被告同样可能会是证明责任减轻的适用主体。

公正是司法裁判的生命线，实体公正是证明责任分配一般规则与证明责任减轻规则的共同的最高追求。不同的是，一般规则追求的是抽象正义，以维护法的安定性和可预测性；减轻规则追求的是个案正义，以维护证明责任分配规则的弹性。不论经济社会发展到什么阶段，民事诉讼理论发展到什么程度，任何一种民事诉讼制度对于公正的追求是永远不变的。被称为"民事诉讼的脊梁"的证明责任分配制度，决定当事人在一件民事诉讼案件中的胜败，其更应以公正为最高目标。本书通过分析证明责任减轻提出的理论价值与实践意义，提出了进行证明责任减轻研究和建构的必要性。全文论证遵循"先归纳、后演绎"路径，从基本理论研究到对证明责任减轻典型方法的类型化研究，再到完善理论体系与制度建构这一路径，实现了对证明责任减轻的体系化研究。

但是，由于理论基础、学术造诣等方面的不足，笔者深感本书对于体系庞大的证明责任减轻理论的研究，一定会有不足和未能顾及的地方。为此，我将继续努力。

后　记

　　此书是以我的博士学位论文为基础进行修改完成的。

　　证明责任减轻及证明责任理论问题博大精深，在我的研究过程中深深地感受到了这一点。对于研究中不到位的地方，恳请学界同仁及实务专家批评指正。

　　感谢我的导师段厚省教授对于本书的选题、写作及完善上的无私指导。感谢复旦大学法学院及有关老师在我求学期间对我的关心与帮助。感谢我的工作单位苏州市相城区人民法院对我工作的关心和求学的支持。感谢这些年一直关心和支持我的领导、老师、朋友。感谢中国法制出版社对本书的出版给予的支持。

　　感谢我的妻子袁红对我学业和事业一以贯之的支持，感谢女儿、儿子用努力的学习和欢乐的笑语让我可以安心研学，感谢我的父母、岳父岳母给予我们的无私的爱！感谢我的亲人们！

王　刚

2023年5月于苏州

图书在版编目（CIP）数据

证明责任减轻论 / 王刚著 . —北京：中国法制出版社，2023.9
ISBN 978-7-5216-3904-9

Ⅰ.①证… Ⅱ.①王… Ⅲ.①举证责任—研究 Ⅳ.① D915.130.4

中国国家版本馆 CIP 数据核字（2023）第 180134 号

责任编辑 刘晓霞　　　　　　　　　　　　封面设计 杨泽江

证明责任减轻论
ZHENGMING ZEREN JIANQINGLUN

著者 / 王　刚
经销 / 新华书店
印刷 / 北京虎彩文化传播有限公司
开本 / 710 毫米 × 1000 毫米　16 开　　　印张 / 18.25　字数 / 260 千
版次 / 2023 年 9 月第 1 版　　　　　　　　2023 年 9 月第 1 次印刷

中国法制出版社出版
书号 ISBN 978-7-5216-3904-9　　　　　　　　定价：69.00 元

北京市西城区西便门西里甲 16 号西便门办公区
邮政编码 100053　　　　　　　　　　　　　传真：010-63141600
网址：http://www.zgfzs.com　　　　　　　　编辑部电话：010-63141675
市场营销部电话：010-63141612　　　　　　 印务部电话：010-63141606

（如有印装质量问题，请与本社印务部联系。）